知识生产的原创基地
BASE FOR ORIGINAL CREATIVE CONTENT

超级创始人

独角兽的成功密码

Super Founders
What Data Reveals About Billion-Dollar Startups

[美] 阿里·塔马塞布（Ali Tamaseb）著
慕兰 王璠 译

中国广播影视出版社

图书在版编目（CIP）数据

超级创始人：独角兽的成功密码/(美)阿里·塔马塞布(Ali Tamaseb)著；慕兰，王璠译.—北京：中国广播影视出版社，2022.5

书名原文：SUPER FOUNDERS: WHAT DATA REVEALS ABOUT BILLION-DOLLAR STARTUPS

ISBN 978-7-5043-8810-0

Ⅰ.①超… Ⅱ.①阿…②慕…③王… Ⅲ.①创业—经验 Ⅳ.①F241.4

中国版本图书馆CIP数据核字(2022)第046040号

本书版权登记号：图字01-2022-0156

Super Founders: What Data Reveals About Billion-Dollar Startups
Copyright©2021 by Ali Tamaseb Simplified Chinese edition copyright©2022 by Beijing Jie Teng Culture Media Co., Ltd.
This edition published by arrangement with PublicAffairs, an imprint of Perseus Books, LLC, a subsidiary of Hachette Book Group, Inc., New York, New York, USA. through Bardon-Chinese Media Agency
ALL RIGHTS RESERVED

超级创始人：独角兽的成功密码

[美] 阿里·塔马塞布　著
慕兰　王璠　译

策　　划	颉腾文化
责任编辑	王　萱　胡欣怡
责任校对	龚　晨

出版发行	中国广播影视出版社
电　　话	010-86093580　010-86093583
社　　址	北京市西城区真武庙二条9号
邮　　编	100045
网　　址	www.crtp.com.cn
电子信箱	crtp8@sina.com

经　　销	全国各地新华书店
印　　刷	北京市荣盛彩色印刷有限公司

开　　本	710毫米×1000毫米　1/16
字　　数	222（千）字
印　　张	17.5
版　　次	2022年5月第1版　2022年5月第1次印刷

书　　号	ISBN 978-7-5043-8810-0
定　　价	79.00元

（版权所有 翻印必究·印装有误 负责调换）

Praise 赞誉

《柯克斯书评》杂志（*Kirkus Reviews*）

对于创业公司文化的复杂性，作者塔马塞布有其独到的见解，他是这一领域极具影响力的建言者，这与他的教育背景、个人经历和接触层面都密不可分。大多数与创业有关的书籍都着眼于警示故事，而在这本书中，塔马塞布开创性地整合了历史资料、数据、理论、经济学等多维视角，并结合了对著名创始人和投资人的深度访谈，读来令人耳目一新。与其说这本书是一部技术史，不如说是给后来人的实操创业指南，字里行间皆是创业高手对成功之道与失败之因的深刻洞见。

托尼·法德尔（Tony Fadell）

——Nest 公司创始人，iPod 发明人，iPhone 共同发明人

《超级创始人》一书向创始人、企业家和投资人发起了挑战，让他们重新思考创建企业时什么才是最重要的。其中见解深刻的故事有助于打破创业过程中的偏见，我真希望在自己职业生涯的早期能拥有这样一部伟大的创业指南。

袁征（Eric Yuan）

——Zoom 创始人兼 CEO

阿里·塔马塞布对初创企业的成败进行了非同寻常的审视，加上对公司内幕情况的披露及对杰出初创企业领导者的采访，这本书实属创业必读。

伊利亚·斯特雷布拉耶夫（Ilya Strebulaev）

——斯坦福大学商学院金融学教授

这可能是一位远见卓识的风险投资家对创业公司及创业投资所做的全面、充分的研究之一，本人强烈推荐这本书。

基斯·拉博伊斯（Keith Rabois）

——YouTube、来福车（Lyft）、Yelp及领英（LinkedIn）公司的投资人

《超级创始人》为天使投资人、风险投资人以及创业者分析研究创业公司提供了一个无与伦比的视角，其中对独角兽公司究竟是如何诞生的独家访谈，对有志于此的人来说，简直太引人入胜了。

林君睿（Alfred Lin）

——红杉资本合伙人，爱彼迎（Airbnb）等公司的投资人

阿里·塔马塞布揭开了关于伟大创始人的迷思和误解，他的作品鼓励我们在成为下一个超级创始人的路上做到最好。

罗恩·康韦（Ron Conway）

——谷歌、脸书、爱彼迎等公司的天使投资人

看到这样的首创研究真是令人振奋，以数据为导向解读创业公司的成败之谜，这样的研究一直是我们所缺乏的，本书填补了这一空白。

汤姆·艾森曼（Tom Eisenmann）

——哈佛商学院教授

创业成功的传统智慧比比皆是。塔马塞布用庞大的数据支撑，以严谨的态度和全新的视角，验证了一些不争的事实，也驳斥了许多偏见。对有志于创业和风险投资的人来说，本书不容错过！

Foreword | 译者序

成为"超级创始人"

对于创业公司,尤其是那些大获成功的创业公司,我们并不陌生,在媒体、社交网络或其他场合,都可以听闻创始人的故事、创业公司的神话以及一些未必经过证实的传闻。但如果你正在创业或打算创业,或希望一览创业世界的真实面貌,聆听创始人群体的真知灼见,借鉴创业运营过程的中肯建议,学习系统全面的创业知识,有效提升自身创业的成功率,那么,你需要的正是《超级创始人》这本书,它能让你少走很多弯路。

众所周知,创业是一条难走的路,创业公司能活下来实属不易,能成为独角兽公司的更是凤毛麟角。什么是独角兽公司?国际上对独角兽公司的定义是成立时间短(不超过10年)、发展迅速(估值超过10亿美元)的新生态公司,是创业公司的标杆,已成为衡量一个国家和地区市场活力的指标。从总量看,2019年我国独角兽企业为107家,仅次于美国的214家。[①]

那么,是什么成就了独角兽公司?这样的公司在最开始时是什么样子?它们的脱颖而出有没有什么秘密或规律?还有,最关键的,它们究竟是如何做到的?本书通过事实和数据证明,许多人认为的与成功相关的因素并没有那么重要,许多先入为主的刻板印象和偏见给人们带来了严重的误导,许多公司的成功并没有一个固定的或最佳的模式。但是,作者发现了一个创业成功的关键因素,那就是——在成功的创业公司背后站着的,大多数是"超级创始人"。

"超级创始人"是作者给出的一个新定义,是指以前至少创办过一家达到一定规模和取得适度成果的公司,后来以年收入超过1000万美元(在不同的地域和时代,这个

---

① 《中国青年创业发展报告(2020)》。

数值应因地制宜、因时而异）或类似规模退出的人。数据显示，至少创办过一家公司，即使是一家并不十分成功的公司，也会大大增加创办独角兽公司的可能性。独角兽公司的成功创办往往是从试错开始的。想要创办一家百年企业，最好的准备就是先开始创办一家公司。如果你从来没有创办过公司，那么最好的准备就是开始创造一些东西，可以是一个俱乐部，或者是一个副业项目。

这本书充分佐证了创业不是纸上谈兵，而是一门实践。反复地实践，需要不断尝试、不断试错、不断总结，只有不遗余力、不言放弃，才能最终实现创业的目标。

"超级创始人"之所以走上创业之路，是因为他们追求更多的是一种创新精神，他们创业的目的是创造价值、优质的产品及服务。他们带着想象力改善人们的生活，为工作和生活带来前所未有的便利，同时履行一份社会责任。

本书的一大亮点是基于事实，用数据说话。作为曾经的企业家和现在的投资人，本书的作者没有选择复制、粘贴什么流行的内容，而是费时费力进行了一项历时4年的独立研究，选取了近200家独角兽公司，并将其与对照组的普通公司进行对比研究，手动收集了3万个数据点，时间跨度为14年，对每家创业公司超过65个因素进行了比较研究和细致分析。

除了提供客观的数据，本书的另一大亮点是创业实践访谈。作者与15位业界知名的创业家及投资人进行了面对面访谈，访谈覆盖了金融服务、健康医疗、大数据、递送服务、科技、教育、家电、视频通信、天使投资、风险投资等内容。几乎在每一章的最后，我们都可以看到创始人口传心授他们的创业经，分享他们在市场"摸爬滚打"的真实感受，在面临危机时做出的关键选择，总结创业的成败及未来的趋势。可以说，每一个创业故事都是一个真实的案例，每一位创始人的体悟洞见都会给读者带来一些启发。

本书通过清晰的思考框架，串联起丰富翔实的内容，几乎解答了人们关于创业的所有问题，具体包括：

关于创始人：创始人的年龄限制、教育程度是什么？行业经验有哪些？是选择单打独斗还是与人联手创业？如何成为能够打造出独角兽公司的创始人？

关于公司：如何想出创业的点子？原来的想法行不通如何及时转型？选择进入哪些行业？在哪个地点？制造"维生素"还是"止痛药"类的产品？为客户省时间还是省钱？选择什么样的市场？面向消费者还是面向企业？如何把握市场时机？如何与强大的对手

竞争？如何建立起防御的"护城河"？

关于募集资金：是选择自力更生，还是寻求风险投资？如何获得天使投资？参与创业加速器，如何赢得推介？如何了解风险投资公司看重什么？

总之，无论你是否在创业，都可以借由本书进入真实的创业世界，了解创业的真实历程，打破过往的偏见束缚，真正了解与创业有关的方方面面。

衷心希望本书能为广大的创业者、企业家以及对创新创业感兴趣的人带来一些启发，激发其蓬勃的创业精神，切实提高创业的成功率。同时希望有更多的"超级创始人"和优秀的创业公司涌现出来，抓住时代的发展机遇，结合我国市场的创业实践，用创新驱动发展，为社会的美好前景做出卓越的贡献。

由于时间仓促和译者水平有限，难免出现疏漏，敬请广大读者批评指正。

慕兰 王璠
2022 年 1 月

Contents 目录

引言······xii

相关不等于因果关系：关于研究方法与统计数据的说明······xvi

第一部分 关于创始人······001

第1章 关于创始人背景的迷思······002

    1.1 创始人的年龄······002

    1.2 独立创始人······006

    1.3 创始人的技术背景······010

    1.4 联合创始人的关系······013

    21岁创办独角兽公司：

    采访金融服务提供商 Brex 创始人亨里克·杜布格拉斯······015

第2章 关于创始人教育背景的迷思······020

    2.1 辍学生······020

    2.2 名校生······023

    创建多家独角兽公司的大学教授：

    采访凯德药业和 Allogene 公司创始人阿里·贝尔德格伦······027

第 3 章 关于创始人工作经验的迷思 ········· 032

3.1 工作经验 ········· 032
3.2 领域专长 ········· 038

毫无医学背景却打造了估值 20 亿美元的癌症大数据公司：
采访 Flatiron Health 公司联合创始人纳特·特纳 ········· 042

第 4 章 超级创始人 ········· 048

今日的超级创始人将打造明日的独角兽公司 ········· 051

二次创业成功的创始人：
采访 Instacart 公司创始人马克斯·穆伦 ········· 060

第二部分 关于公司 ········· 065

第 5 章 创业点子的由来 ········· 066

源于大型科技企业的独角兽公司：
采访 Confluent 公司联合创始人尼哈·纳尔赫德 ········· 072

第 6 章 转型 ········· 076

第 7 章 在哪里？做什么 ········· 084

必须在硅谷吗 ········· 088

从硅谷搬到丹佛的独角兽公司：
采访 Guild Education 公司联合创始人雷切尔·卡尔森 ········· 093

第 8 章 产品 ········· 101

8.1 "维生素"与"止痛药" ········· 101
8.2 省时与省钱 ········· 104
8.3 系统集成与深科技 ········· 106
8.4 高度差异化与山寨模仿 ········· 109

热衷打造高度差异化产品的创始人：
采访 Nest 创始人暨苹果手机共同发明人托尼·法德尔 …………… 111

第 9 章 市场 ……………………………………………………………… 116

9.1 小型成长市场与大型现有市场 ………………………… 118
9.2 创造新市场与竞争现有市场份额 ……………………… 119
9.3 面向消费者与面向企业 ………………………………… 121

开辟新市场并玩转老市场的创始人：
采访贝宝与 AFFIRM 公司的联合创始人马克斯·列夫琴 …………… 123

第 10 章 市场时机 ……………………………………………………… 129

把握完美市场时机的独角兽公司：
采访 Oscar Health 创始人马里奥·施洛瑟 ……………………… 134

第 11 章 竞争 …………………………………………………………… 139

11.1 在分散市场竞争 ………………………………………… 143
11.2 与资金雄厚的初创公司竞争 …………………………… 145

与强大的老牌对手竞争：
采访 Zoom 公司创始人袁征 ……………………………………… 148

第 12 章 护城河 ………………………………………………………… 153

12.1 网络效应 ………………………………………………… 156
12.2 善用品牌赢得消费者 …………………………………… 157

第三部分 关于资金募集 ……………………………………………… 159

第 13 章 风险资本与自给自足 ………………………………………… 160

13.1 风险资本：反直觉的数学模型 ………………………… 165

13.2 自给自足与自筹资金 ··· 169
创业前 5 年自力更生，终成估值 75 亿美元的独角兽公司：
采访 Github 联合创始人汤姆·普雷斯顿-维纳 ······································ 172

第 14 章 牛市与熊市 ·· 179
起步于经济衰退谷底的独角兽公司：
采访 Cloudflare 公司联合创始人米歇尔·扎特琳 ·································· 184

第 15 章 资本效率 ·· 189
从资本密集型到资本高效型 ··· 194

第 16 章 天使投资与创业加速器 ·· 198
孵化器与加速器项目 ·· 204
从多产的天使投资人到风险投资人：
采访 Founders fund 公司的基斯·拉博伊斯 ·· 206

第 17 章 风险投资人 ·· 211
17.1 风险投资公司看重什么 ··· 217
17.2 估值的奥秘 ··· 219
17.3 变现 ·· 222
爱彼迎、DoorDash、Houzz、Zipline 等公司的著名投资人：
采访红杉资本的合伙人林君睿 ··· 224

第 18 章 资金募集 ·· 233
18.1 他们都能马上拿到钱吗？·· 237
18.2 独角兽公司是多久炼成的？··· 242
18.3 两轮融资之间 ·· 244
18.4 融资建议 ··· 244

脸书、Spacex、Stripe 等公司的传奇投资人：
　　采访彼得·蒂尔 ·················· 249

要点回顾 ·················· 254

引言 | Introduction

> 一切都是模式：模式之上的模式，影响其他模式的模式，模式背后的模式，模式之中的模式。若能看得通透，历史无非不断重复上演。所谓"混乱"，只是我们尚未识别的模式；所谓"随机"，只是我们未能破译的模式。无法理解的东西，我们称之为"胡言乱语"；读不懂的东西，我们称之为"无稽之谈"。
>
> ——查克·帕拉纽克（Chuck Palahniuk），
> 《幸存者》（*Survivor*）

几年前，我开始创建自己的第一家公司，当时，我对成功创业公司的概念主要来自看过的电影、读过的文章，以及满天飞的知名公司的创业神话。脸书（Facebook）的故事让我相信，大多数成功的创始人都是从大学起步的，就像马克·扎克伯格（Mark Zuckerberg）一样。苹果公司（Apple）的故事让我相信，要想获得巨大的成功，你需要两位联合创始人，其中一位是技术天才，另一位是商业奇才（直到很久以后我才知道，苹果公司最初创办时其实还有第三位联合创始人）。

估值 10 亿美元的创业公司被风险投资家艾琳·李（Aileen Lee）称为"独角兽"（Unicorns）。恰如其名，"独角兽"相当罕见，在初创公司中所占的比例不到千分之一。

多年之后，我转型为一名风险投资人，直到那时我才意识到媒体报道有多么以偏概全，而我却深受其影响。作为风险投资人，我每年审查、评估、跟踪数百家初创公司，亲眼见证了其中一些公司成长为价值 10 亿美元的独角兽公司。即便如此，我仍然无法分析出大获成功的公司与未能成功的公司之间究竟有何差别，或许其他人也无从分辨。除了凭直觉判断，迄今为止尚无确切数据的支撑。因此，我决定踏上旅程，去潜心探索那些久久挥之不去的问题：价值 10 亿美元的初创公司在起步时究竟是什么样子？它们是否第一天就能从众多公司中脱颖而出？如果真的是这样，它们是如何做到的？

于是，从2017年开始，我翻阅了大量互联网档案资料，阅读了数百份采访稿，查阅了数千份在领英和Crunchbase平台上的个人资料，研究了所有能找到的公共及私人的数据源。为了收集这些数据，我在4年内花了数千个小时手动凑齐了3万个数据点，对每家创业公司超过65个因素进行了分析，从公司的早期竞争对手到防御因素，从创始人的年龄到他们所在大学的排名，从公司投资者的质量到融资的时机乃至更多的信息。众所周知，如果不与基线组进行比较，任何研究都没有意义。因此，我随机选取了在同一时期内成立的、规模类似但未达到10亿美元估值的初创公司，收集了同样的数据。

在收集数据的过程中，我不断听到其他投资者和创始人对创业成功的刻板印象。例如，大多数估值10亿美元的公司是由常春藤大学的辍学生创办的，这些公司必须经历过著名的加速器项目，其创始人必须解决了一项个人问题，或者他们的想法必须第一个进入市场并且缺少竞争者。虽然有少数估值10亿美元的创业公司确实符合这些典型特征，但是大多数的公司并非如此。关于10亿美元规模的公司，我的数据集显示，它们的创始人更有可能拥有博士学位而不是中途辍学，许多公司的联合创始人根本不是什么技术天才，而经历了加速器项目的公司只占不到15%，大量的公司并没有解决什么个人问题，而且，鲜有公司是市场先行者。

我想知道，究竟有多少公司因为不符合已知的成功模式而未能获得融资，又有多少有志于成功的创业者一开始就因为同样的原因而没有创业？这些问题促使我在数据集之外去做更进一步的探讨，从这些价值数十亿美元的公司（不仅仅是知名公司）的创始人那里收集了第一手的创业故事，然后撰写了本书。

在我的研究所涉及的时间段内，即2005年至2018年，有超过200家10亿美元规模的公司成立，其中许多家你可能没有听说过。除了本书中介绍的优步（Uber）、爱彼迎（Airbnb）和Zoom之类的公司，还有像Nevro一样估值达10亿美元的创业公司，该公司生产的医疗设备利用电刺激神经减少慢性疼痛，以此来替代药物。另外，也有如开发终端安全管理软件的Tanium等公司。在典型的科技中心地带之外，也存在着许多价值10亿美元的创业公司，如总部位于伊斯坦布尔的开发流行手机游戏的Peak公司。

这些数据为我的论证以及对创始人和投资人的访谈提供了依据。为了帮助你了解数据背后的生动细节，我将访谈的内容附在大多数章节的末尾供你品读。在关于创始人工作经验的章节中，你会读到两位创始人如何在毫无行业经验的情况下颠覆癌症治疗技术市场。在关于转型的章节中，你会读到 YouTube 如何因灵活转型而大获成功。在关于风险投资与自给自足的章节中，你会读到 GitHub 在以 75 亿美元被收购之前，如何在长达近五年的早期阶段自力更生。在关于资金募集部分，你会读到如 Peloton 和爱彼迎这样的公司在早期如何苦苦筹集资金。你还会看到，我的一些研究表明某些因素根本就不重要（所以让自己解脱并停止担心吧）。此外，你也会看到一些更有可能让创始人取得成功或者创业想法得以实现的因素，这可能会启发你改变思维。在本书中，我会回答这样一些问题：

- 有多少创业公司在创立时有多个竞争对手？
- 创始人在创业之前有多少年的工作经验？这些经验是否在相同的行业内取得？
- 大多数创始人以前是否创办过其他公司？如果是，那他们之前的创业是否成功？
- 从公司开始创业到获得第一笔投资通常需要多长时间？所获得的投资是否来自知名投资机构？

除了收集数据之外，我还进行了一些面对面的访谈，这让我有机会从创始人那里听到原汁原味的创业故事。在一些情况下，这些案例是数据的代表性样本，但在另一些情况下，它们却是离散值。然而，离散值也很重要，它们表明有时即使与数据相悖，你也能获得成功。在本书中，你将有幸见到很多第一手的洞见，包括贝宝（PayPal）和 Affirm 公司的联合创始人马克斯·列夫琴（Max Levchin）关于创造市场和扩大市场的看法；Nest 公司创始人、iPod 发明者托尼·法德尔（Tony Fadell）谈及产品的差异化；Cloudflare 公司联合创始人米歇尔·扎特琳（Michelle Zatlyn）讲述在经济衰退期间创办公司的经验；Zoom 创始人袁征（Eric Yuan）对竞争的看法。此外，我还采访了一些投资人，包括投资脸书、SpaceX 和 Spotify 等公司的彼得·蒂尔（Peter Thiel），投资爱彼迎和 DoorDash 等公司的红杉资本（Sequoia Capital）的林君睿（Alfred Lin），以及 Founders Fund 公司的基思·拉博伊斯（Keith Rabois）。透过访谈了解他们在听取商业计划推介时主要关注的是什么，以及创业公司应当如何为融资做出最好的准备。我与这些业界专家一一访谈，仔细了解他们的个人背景、创业经历和投资故事，同时就他们如何经营自己的公司等更广泛的话题进行交流。

我的数据集中包括所有一度超过 10 亿美元估值的创业公司，无论它们是通过上市

（通过首次公开募股，即IPO）、被收购，或是通过私人投资达到这样的估值。因此我的研究范围更广，不局限于独角兽公司通常所指的私人投资者估值。有些人可能会提出，独角兽公司的价值只是在纸面上。的确如此，许多独角兽公司的价值被高估，或者后来失去了独角兽的地位。尽管如此，大多数估值10亿美元的初创公司都算得上是一种突破性的现象。毕竟一般的创业公司通常会遭遇失败和倒闭，而估值10亿美元的初创公司大都拥有数百名员工，创造的产品被大批客户使用。虽然估值本身并不是定义"成功"的理想指标，但是，由于缺乏有关公司收入、利润或社会影响的可用数据，尽管以估值区分创业公司略显武断，却也不失为界定研究对象的一个不错的方法。

希望本书中的见解不仅能让你大开眼界，还能对你的创业之旅切实有用。一些创业者可能会遵循特定的做法，以特定的方式组建团队，或者以更符合刻板印象的方式创建公司。在这里，我将用数据来澄清什么才是真正重要的。你会发现，那些在开创项目、领导项目或副业方面犯过错误的人，有着更大的机会成功创建10亿美元级别的公司。虽然这些创始人平均拥有近10年的工作经验，但其中许多人对自己所颠覆的行业一无所知，而且很多人从未料到他们能取得如此之大的成功。你还会看到，创造高度差异化的产品非常重要，而率先进入市场并不那么重要。

本书提及的一些公司有可能会在某个时刻失去其独角兽地位，因为这里介绍的并非经久不衰的百年老店，而是那些在早期取得了突破性的成功、抓准了客户的想法并成为估值超过10亿美元的创业公司的案例。

本书不是去预测谁能成功，或者谁能打造下一个大获全胜的初创公司，而是以数据为导向，研究那些估值10亿美元的公司，洞察其成长模式及发展脉络，因为这样的"创业史"在未来很可能还会重演。希望书中提供的数据可以为你提供借鉴，披露的访谈内容可以带来启发。在写作时，我致力于展现创始人多元的背景，沿着他们的创业历程，追踪他们的失败与成功，消除一些错误观念与偏见，不让它们有损创始人与投资人的雄心壮志。在你读罢全书掩卷沉思之时，可能会发现自己比预想的更像一个"超级创始人"。

最后需要补充的是，在做这项研究时，我注意到这些创业公司的创始团队比较缺乏多样性。在本·霍洛维茨（Ben Horowitz）的启发下，我决定将本书的收益捐赠给非营利组织及慈善事业，以此推动社会流动性及多样性的进一步发展。

相关不等于因果关系

关于研究方法
与统计数据的说明

本书致力于减少偏见和错误观念，不希望带来任何误导，因此，我先就支撑全书的研究方法及统计数据做一个说明。

在本书中，你会读到大量的数字和百分比数据，如果不了解其确切的语境背景，有时容易从数据中得出错误的结论。举个例子，如果在估值10亿美元规模的公司当中，有10%的创始人名叫约翰，这个数据并不等于说名叫约翰就会增加成功创办价值10亿美元公司的机会，这其中可能混杂了其他因素：有可能是全国10%的人都叫约翰，也可能是叫约翰的人大多来自经济背景较好的家庭，因为父辈的殷实，他们更有能力自己创业而不是去打工，或者，也可能是风险资本（VC）投资者更偏爱投资给名叫约翰的那些人。

为了更好地诠释这些数据，我们需要了解基线的情况。最理想的做法是查看每一个曾经创办过公司的人，计算其中有多少人名叫约翰，但那样恐怕行不通，因为创业公司多达数十万家。为了说明风险投资者可能存在的偏见，最好能知道在风险资本所投的公司中，有多少创始人名叫约翰。如果在风险资本所投的所有公司中，只有1%的公司是由叫约翰的人创立的，而估值10亿美元公司的创始人当中有10%名叫约翰，那么，也许约翰这个名字真的有种魔力，我们都应当去改名！

在本书中，我收集了独角兽公司（估值10亿美元的初创公司）的数据，并且将非独角兽公司的数据作为基线组，然后将两组数据进行比较。从2005年到2018年底，即数据集所反映的时间段内，约有2万家初创公司成立，其中每一家至少融资300万美元。未来也许能使用人工智能和自然语言处理自动收集这些公司的数据，但目前主要还是通过手工来完成。例如，为了确定竞争对手或防御因素，我手动收集、研究了涉及的每家初创公司的大部分数据，这要结合判断力和相当广泛的研究，所以收集所有（2万家公司）

的数据显然是不切实际的。

在这种情况下，统计人员通常会做"抽样处理"。于是，我也从这个总体中随机选取了 200 家公司进行研究，并收集了与"10 亿美元组"完全相同的数据元素。这组随机选取公司的数据被称为"随机组"，应能代表典型创业公司的情况，这样我们就可以把它作为一个基线与"10 亿美元组"进行比较。统计检验表明，200 个样本足以代表更大的总体。

在将"10 亿美元组"与"随机组"进行比较时，我使用了置信区间为 95% 的统计检验。由于要在多个因素（如创始人的年龄、资金数额、就读大学排名等）上两两进行比较，因此很容易遇到"多重比较问题"；也就是说，如果我一直在很多不同的因素上对两组进行比较，可能纯粹会因为运气找到一个它们之间不同的因素。不过，我使用本杰米尼·霍克伯格 (Benjamini-Hochberg) 的"多重比较法"解决了这个"错误发现率"的问题，该方法确保只报告两组之间最显著的差异（即那些不可能偶然发生的差异）。

虽然我尽了最大努力保持统计上的合理性，但仍要指出的是，这不是一项学术研究，不可能对每一个因素都进行归一化处理，因此缺陷仍然存在。像这样的研究，潜在的偏差总是出现在数据本身——例如，幸存者偏差——没有出现在任何名单中的失败公司；遗漏的变量偏差——没有研究的外部指标可能会有所影响；观察者偏差——某些数据点依赖于观察者判断，可能在不知不觉中产生了偏差；不完整的数据——无法找到少部分公司的数据点；错误的数据——有时公司会改写其历史，例如把某个后来加入公司的高管当作创始人之一。此外，我们还应当承认运气、特权和机遇在许多创始人的成功中发挥的作用。

总而言之，收集、分析初创公司的数据集以及创业成功因素的工作，确实耗时无数。为了确保本书方法得出的结论有效合理，我也与一些学者进行了紧密合作。衷心希望本书得出的结论有助于推动我们的行业向前发展。

第一部分

关于创始人

当被问及评估一家公司时最看重的是什么,所有风险投资人首先提到的都是"团队"或"创始人"的优势,这是合乎情理的。因为在公司的初创阶段,没有什么比公司背后的"人"更值得评估了。伟大的想法只能由伟大的团队来实现,对最佳创始人的寻访使得许多风险投资人需要依赖"超级创始人"的原型画像。要了解究竟是什么使公司脱颖而出,我们首先必须了解创建这些公司的人,这就是为什么我们要从分析创始人开始。

01 第 1 章
关于创始人背景的迷思

1.1 创始人的年龄

2005 年,亚伦·莱维(Aaron Levie)在南加州大学读二年级,那时他还没到可以饮酒的年龄,就萌生了创办独角兽公司的想法。因为在学校,他目睹了教授和同学们在分享与存储大型文件方面遇到的麻烦;在他实习的派拉蒙电影公司,那些高管们也有着同样的困扰,经常使用闪存盘来转存数字文件,烦琐又低效。莱维当时参与了一个有关云存储的学校项目,他想到了"盒子"(Box)这个理念,即人们只需租用少量的云存储空间,就可以从任何地方访问自己的文件。于是,他和几个高中朋友创建了一个原型。很快,盒子的业务需求量激增,莱维无法再兼顾每天 16 小时的工作与满负荷的大学课业,他选择了辍学,正式成为盒子公司的 CEO,时年 19 岁。

坊间流传着这样一个经久不衰的俗语,即大多数独角兽公司都是由敢于冒险的年轻人创立的。不只是莱维,其他科技奇才的传说也深深镌刻在大众的脑海中:马克·扎克伯格(Mark Zuckerberg)在哈佛大学宿舍里编写了著名的脸书代码;梅兰妮·珀金斯(Melanie Perkins)22 岁就提出了 Canva

这个估值达数十亿美元的图形设计平台的想法；里特什·阿加瓦尔（Ritesh Agarwal）创办估值为数十亿美元的全球经济酒店平台Oyo Rooms时也只有19岁；帕特里克·科里森和约翰·科里森兄弟（Patrick and John Collison）共同创立在线支付服务平台Stripe，在30岁之前双双成为亿万富翁。

的确如此，一些独角兽公司的创始人20岁出头就创办了自己的公司，但是，大多数独角兽公司的创始人并非如此，只是媒体对后者的报道相对较少。以盖·哈德雷顿（Guy Haddleton）为例，他创办了一家基于云的企业软件公司Anaplan。哈德雷顿早年从大学辍学去参军，一路升迁至新西兰特种部队的上尉。之后在1998年，作为一名企业高管，他想出了用软件来计划、跟踪、分析和预测商业活动的好方法。于是，他把这个想法变成了自己的第一家公司Adaytum，这家公司在10年后以1.6亿美元的价格被收购。在Adaytum被收购的几年后，已经50岁的哈德雷顿又想到了用基于云的软件来改进他原来创造的产品。因此，他又创办了一家公司Anaplan，面向大企业销售商业计划软件服务。Anaplan在纽约证券交易所上市，IPO规模为30亿美元。

实际上，独角兽公司创始人的年龄跨度相当大。创始人在创办公司时有才18岁的，也有68岁的。独角兽公司的创始人的年龄中位数是34岁，即他们当中有一半在创业时已达到或者超过这个年龄了。在随机抽样的创业公司群体中，创始人年龄的分布大致相同，这意味着创始人年轻或是年长与公司的成功并无密切关联。换言之，年龄并不重要。数据显示，年轻的创始人有微弱的优势，但在统计学上差别并不大。然而，数据也显示，由更年轻的团队（34岁或以下）创立的公司平均创造的价值更高（见图1-1）。

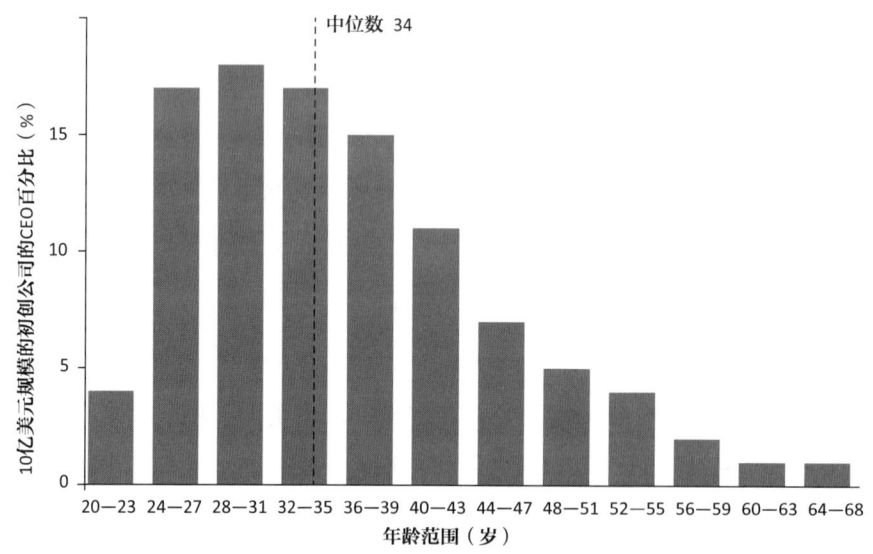

图 1-1　CEO 创办公司时的年龄

注：10 亿美元规模的初创公司创始 CEO 的年龄跨度很大，一半人在创立时超过 34 岁。无论是年轻还是年长，创始人的年龄与成功并无很大关联。

年龄在 34 岁及以上的创始人平均有着较长的创业经历，其中 2/3 的人像哈德雷顿一样曾经创办过一家公司，另外 1/3 的人是首次创业，他们通常具备多年在大型公司担任高管的相关工作经验，曾经管理过大型团队及产品。例如，视频通信公司 Zoom 的创始人袁征在创办该公司时 41 岁，此前是思科公司（Cisco）的高级副总裁，领导着上千人的团队；埃里克·巴尔德施维勒（Eric Baldeschwieler）创办 Hortonworks 公司时 46 岁，这是一家致力于提供 Hadoop 开源软件大数据业务的公司，价值数十亿美元。在创业之前，他曾在雅虎建立并管理 Hadoop 团队；托德·麦金农（Todd McKinnon）创办身份管理公司 Okta 时 37 岁，曾在 Salesforce 公司管理一个上百人的工程师团队。

对于创业公司的 2 号创始人物，我们可以称之为 CXO。他们的年龄分布甚至更广。大多数情况下，这个角色由首席技术官（CTO）担任，但有时也可以是首席科学官、首席医学官,在更传统的行业内可能是首席运营官。在估值10亿美元的初创企业中,CXO的年龄跨度更大,他们创办公司时的年龄从16岁到76岁不等。

按行业来看,健康/生物技术公司的创始人年龄偏大,他们开始创业的平均年龄是42岁;企业和消费类技术市场的创始人年龄跨度也很大,这颠覆了只有千禧一代才能抓住这些市场机遇的逻辑(见图1-2)。例如,马克·罗尔(Marc Lore)创办电子商务网站Jet.com时42岁,在他45岁时,该网站被沃尔玛以33亿美元收购;戴维·达菲尔德(David Duffield)在创办人力资本管理软件公司Workday时46岁。因此,对创始人来说,无论是年轻还是年老,都不能算作明显的优势。

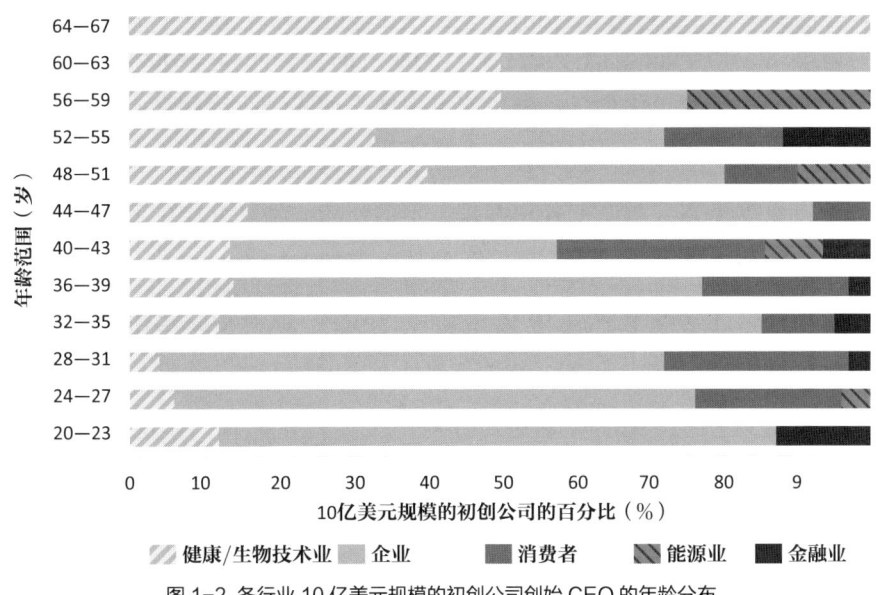

图1-2 各行业10亿美元规模的初创公司创始CEO的年龄分布

注:在健康/生物技术行业,10亿美元规模的初创公司创始人平均年龄较大,而在消费类和企业市场,任何年龄段的创始人都很成功。

1.2 独立创始人

关于创业，普遍还存在着一个迷思，那就是创始人身边如果没有一个伙伴就会遭遇失败。毕竟已经有太多创业组合的成功案例在先，例如，谷歌的拉里·佩奇（Larry Page）和谢尔盖·布林（Sergey Brin），苹果的史蒂夫·乔布斯（Steve Jobs）和史蒂夫·沃兹尼亚克（Steve Wozniak），惠普（HP）的比尔·休利特（Bill Hewlett）和戴维·帕卡德（David Packard）。所以，人们很难想象谁能在没有联合创始人的情况下独自创办一家公司。

事实上，大多数踌躇满志的创业者都被建议不要单干，这种循规蹈矩的想法如此根深蒂固，导致一些孵化器和加速器项目的负责人会劝说创始人放弃独立创业的想法，甚至在项目中专门安排"联合创始人联谊"的环节来鼓励联合创业。民间智慧似乎认为，联合创始人能为彼此的早期想法找到共鸣，并且能分担艰巨的工作量。此外，能有一个合伙人至少表明还有一个人对公司抱有信心。一些风险投资人会被"独立创始人"几个字吓倒，仿佛没有联合创始人就等于别人对这家公司都投了不信任票。诸如此类的偏见可能导致创始人被迫与格格不入的人合作，仅仅是为了避免被定义为"单打独斗"。

实际上，在每 5 家估值 10 亿美元的公司中，就有 1 家是由独立创始人创办的。这种情况确实比有 2 个联合创始人（36%）或 3 个联合创始人的公司（28%）少见，但比你想象的要普遍得多。另外也有一些情况，估值 10 亿美元的公司是由 3 个以上的人创立的，还有 12% 价值 10 亿美元的公司有 4 个联合创始人，极少数的公司有 5 个或更多的联合创始人（见图 1–3）。这些数字与随机组中的数字相似，表明包括独立创始人在内的任何一种情况都不存在特定的优势或劣势，再次说明了创始人的数量并不影响创业的成败。由杰森·格林伯格（Jason Greenberg）和伊桑·莫利克（Ethan Mollick）对众筹平台 Kickstarter 上的众筹项目所做的一项研究显示，独立创始人的情况甚至还有些微弱的优势，① 由独立创始人发起的项目更有可能成为一家优秀的公司，并且获得更高的预购收入。

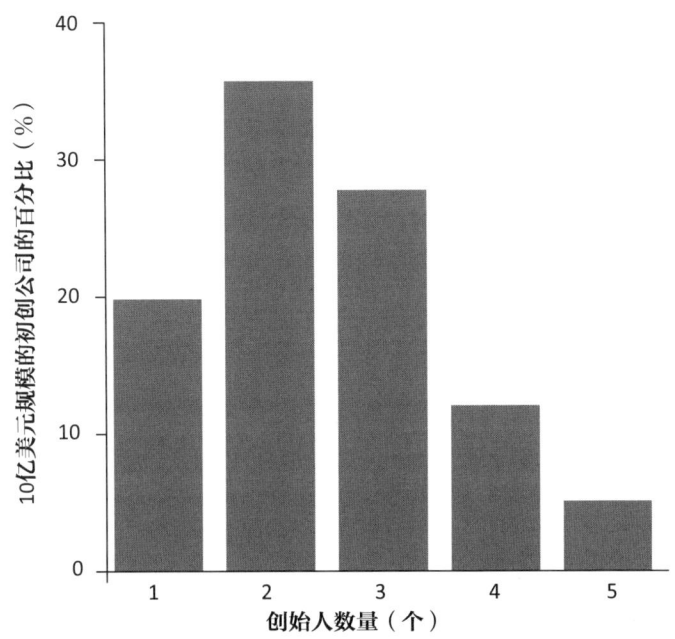

图 1-3 10 亿美元规模的初创公司联合创始人的数量

注：在价值 10 亿美元的公司中，有 1/5 是由独立创始人创建的。联合创始人数量的多寡并无明显的优势或劣势。

独立创办公司之所以存在某些优势，是因为大部分公司能否取得成功取决于联合创始人之间的冲突，如个性的冲突、权力的斗争或缺乏共同愿景，这些冲突往往是初创公司失败的主要原因之一。某些独立创始人表现更佳的另一个原因是：独角兽公司的独立创始人之前的业绩记录明显好于那些联合创始人，因为他们中的大多数人已经创立过一家公司，懂得如何扩大规模，如何获利可观。成功的履历使他们后来独立创办公司变得相对容易，而没有

---

① 杰森·格林伯格，伊桑·R.莫利克：《唯一幸存者：独立创业与创始团队》，《SSRN 电子杂志》（SSRN Electronic Journal），2018 年 1 月 13 日，doi: 10.2139/ssrn.3107898。

这种资历的人可能不得不依靠联合创始人来共创公司的愿景，物色、网罗早期员工，并与投资者建立联系。总而言之，如果对公司有所帮助，你可以与一位或多位联合创始人组成创业团队，但是，不要仅仅因为不得已才这样做。以下是佐证这个原因的数据：

在兰利·斯坦纳特（Langley Steinert）2006年创建CarGurus公司时，他已经是拥有傲人履历的企业家。在之前的几年里，他一直在经营"猫途鹰"（TripAdvisor）旅游网站，这是他在2000年与人合伙创办的一个旅游点评网站，该网站后来估值超过10亿美元。CarGurus网站与之类似，最初像一个社区论坛，供人们发布关于当地汽车经销商和汽车商店的评论及问题，而这一次，斯坦纳特决定独立启动这个项目。

CarGurus后来发展成美国最大的新车及二手车在线市场，业务遍及加拿大、英国等。但在一开始，斯坦纳特主要借鉴的是猫途鹰的做法，即像旅游网站一样使用算法及社群输入向用户提供针对性的信息，后来又使用数据分析来帮助汽车买家找到合适的车辆。斯坦纳特恐怕不需要什么联合创始人，基于多年发展猫途鹰的经验，他已经熟谙拓展业务之道。此外，猫途鹰的成功也使CarGurus更容易吸引到人才和资金，这些都有助于斯坦纳特作为独立创始人取得成功。CarGurus在2017年进行了IPO，公司估值为15亿美元。

类似的模式在美国之外也存在。在撰写本书时，字节跳动是全球估值最高的私有初创公司之一，也是视频共享平台"TikTok"和内容聚合平台"今日头条"背后的中国著名公司，这家公司就是由张一鸣独立创办的。

在创办Desktop Metal公司时，联合创始人多达6位，如里克·弗洛普（Ric Fulop）。Desktop Metal是增材制造领域的先驱，其3D打印机可以用金属粉末打印物体，这是在大批量加工金属零件之前对其进行原型设计或零件测试的重要过程。弗洛普等联合创始人为该项目带来了各种专业技术，其中伊利·

萨克斯（Ely Sachs）是黏合剂喷射打印技术的发明人，而 Desktop Metal 公司正是基于这个关键技术发展的。

弗洛普在成为 Desktop Metal 公司创始 CEO 之前，已经是一位经验丰富的企业家。他曾经创办过几家初创企业，业务涉及软件、半导体等行业。就在 Desktop Metal 成立之前，他成了一家领先的锂离子电池供应商，这项工作促成了他与麻省理工学院多位材料科学家的合作。最终不但成就了 Desktop Metal 的核心知识产权（IP），也给他带来了几位联合创始人，如 CTO 乔纳·梅尔博格（Jonah Myerberg）。

在创业公司，也许联合创始人之间如何相处、如何相互合作远比创始人数量的多少来得重要。此外，我还发现了另一个有趣的细节：在这些独角兽公司中，至少有 45% 的联合创始人要么在同一所学校学习过，要么在同一家公司共事过。例如，数据狗（Datadog）公司的创始人奥利弗·波梅尔（Oliver Pomel）和亚历克西斯·乐古（Alexis Lê-Quôc）都曾在巴黎中央理工学院学习，随后两人都加入 IBM 工作，并在 3 家创业公司先后共事。在上一家公司，波梅尔是技术副总裁，乐古是运营总监。当时他们意识到运营团队和开发团队需要更加紧密地合作，所以他们想到为运营团队提供一项服务以便他们能够监控服务器和数据库。两人在 2010 年另起炉灶创办数据狗之前就有过合作。9 年之后，该公司的 IPO 估值超过 100 亿美元。无独有偶，印度电子商务网站 Flipkart 的联合创始人也曾是印度理工学院德里分校的同学，又在亚马逊共事大约 1 年，之后就拥抱挑战开始共同创业，Flipkart 公司在 2018 年被沃尔玛收购。

当联合创始人之间从一开始就有明确的责任分工，明确谁是 CEO，并且能够很好地相互沟通时，他们往往能做得更好。埃拉德·吉尔（Elad Gil）是一位成功的创业公司的创始人和天使投资人，他告诉我："造成创始人争斗的一个最大的原因是他们在角色或决策方面存在很多交叉的部分，或者他们都认为自己是负责人，或者自己应当是做出最终决定的人。联合创始人可能一开始非常友好，但当需要做出艰难的决策来决定公司的发展方向时，必须要知道谁是最终拍板的决策者。"吉尔说："一般来说，我认为能做到最大规模的公司是至少有一个创始人比较有主导权的那些公司，因为作为公司，必须要有一个人有笃定的远见，才能去承担某些风险，走上某一条道路，从而取得成功。"

请记住："联合创始人"不是一个运营角色，其人数多寡并不影响创业成败。我见过一些创始人，他们不把联合创始人的头衔给公司的早期创始成员，之所以这样做是基于一个错误的假设：即大多数成功的公司有两个联合创始人恰到好处。因此，如果你具备创业所需的技能，那就自己独立创业吧。如果为了吸引优秀的人才，你可以把联合创始人的头衔给早期团队中的部分或所有成员，但也要确保在执行和决策方面保持敏捷性。

1.3 创始人的技术背景

像 CarGurus 公司的兰利·斯坦纳特和 Anaplan 公司的盖·哈德雷顿那样的创始 CEO，他们为初创公司带来的是商业背景，而不是工程背景。还有一些公司，如谷歌，是由具备技术能力的创始人创立的。技术型创始人通常是工程师或程序员，他们拥有编写代码、制作网站，或者以其他方式为公司创造产品的技术能力。在我的研究中，我把"技术创始人"定义为任何在技术上有足够能力独立创造公司最初产品的人——这拓展了技术创始人仅仅为程序员的典型定义，制药企业中的化学家或生物学家，或者航空航天企业中的机械工程师也包括在内。我能从创始人的职业和教育背景推断其技术能力。例如，如果一个人一直从事市场营销或业务拓展的工作，他可能是非技术性的创始人,但如果他一直从事工程和技术工作或学习过相关技术领域的专业知识,我就把他算作技术创始人。尽管如此,我们必须承认还有可能少算了一些技术人员,特别是那些自学写代码,但在创业之前从未担任过技术职务的人,或者是第一份工作就投身创业的那些人。

技术型与非技术型的 CEO 究竟孰优孰劣,这历来是创业界一个颇有争议的话题。一些人认为公司负责人的技术专长不可或缺,另一些人则认为商业头脑更重要,因为工程师并不会经营公司。然而,数据显示,这两种方式都能为公司带来价值。

独角兽公司的创始 CEO 恰好分为两派:其中 50.5% 的人拥有商业背景,49.5% 的人拥有技术背景。公司中排在 CEO 之后的第 2 号人物(CXO)更有可能是技术人员。超过 70% 的独角兽公司的 CXO 是技术人员,通常担任首席技术官或在医疗健康企业中担任首席科学官等职务。在选取的创业公司随机组中,40% 的 CEO 是技术型的,60% 的是非技术型的。这表明,10 亿美元规模的初创公司拥有技术型创始 CEO 的可能性略高(见图 1-4)。

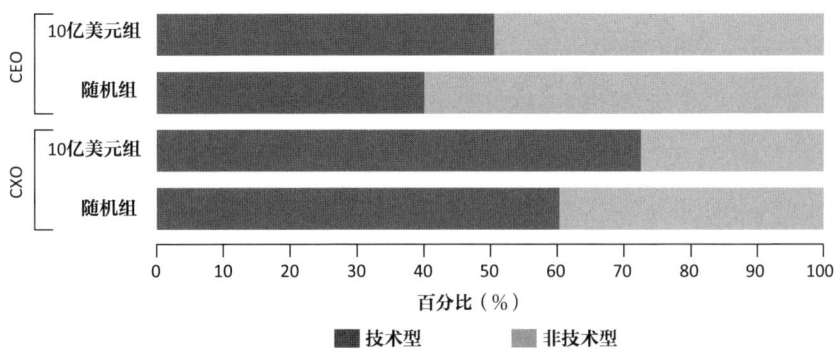

图 1-4 CEO 和 CXO 中技术型与非技术型的对比

注:与随机组相比,10 亿美元组创业公司的 CEO 和 CXO 更有可能是技术型的,但是仍然有一半的 10 亿美元组创业公司的 CEO 是非技术型的。

尽管如此，很多独角兽公司是由非技术型的CEO创办的。梅兰妮·珀金斯（Melanie Perkins）就是一个例子，她在不懂如何写代码的情况下创办了图形设计软件公司Canva。珀金斯看到很多人为了设计传单、海报和演示文稿（PPT），在InDesign和Photoshop等专业软件上笨拙地摸索，她想通过Canva提供便于操作又能保证设计质量的工具和模板。在她和联合创始人克里夫·奥布雷赫特（Cliff Obrecht）有了这样的愿景，决定开发这款软件的时候，他们请来了前谷歌公司的卡梅隆·亚当斯（Cameron Adams）作为技术联合创始人。

如果仅凭直觉，将会很容易认为最佳的成功机会属于技术型创始人与商业型创始人的组合。毕竟，像乔布斯这么有商业远见的人，还需要沃兹尼亚克这样的技术天才来制造电脑。但是，数据显示了不同的结果：当创始CEO是非技术型的，第二创始人是非技术型的机会也更大。这可能是因为与技术型创始人一起休闲、学习或工作的也是技术人员，他们有可能一起创办公司；同样地，商业型创始人也是如此。无论何种情况，技术型和非技术型创始人成功创建10亿美元规模的初创公司的比率大致相同。

有些初创企业，要么有两位技术型的创始人，要么有两位非技术型的创始人。来福车（Lyft）公司在转型前叫Zimride，是由两位非技术型的创始人创办的。CEO洛根·格林（Logan Green）从加州大学圣巴巴拉分校获得商业经济学学士学位后不久就开始创办公司，他的联合创始人约翰·齐默（John Zimmer）拥有康奈尔大学酒店管理学位。两人都看到了拼车的早期潜力。尽管格林学习了写代码，也能构建最初的原型，他们还是不得不聘请各级别的工程师来开发拼车业务所需的复杂的后端系统。

另一方面，作为一个早期的加密货币交易所，Coinbase公司是由两位技术型创始人创办的。布莱恩·阿姆斯特朗（Brian Armstrong）和弗雷德·厄萨姆（Fred Ehrsam）在大学本科时都学过计算机科学和经济学，阿姆斯特朗后来又获得了计算机科学的硕士学位。在创建 Coinbase 之前，阿姆斯特朗曾在爱彼迎担任软件工程师，而厄萨姆曾在高盛（Goldman Sachs）公司担任交易员。在技术和金融市场方面的深厚功底使他们具备了创立 Coinbase 所需的积累，在撰写本书之时，Coinbase 的估值为 80 亿美元。由于阿姆斯特朗之前创办了一家在线辅导公司并担任 CEO，因此他也拥有管理 Coinbase 运营的相关商业经验。

1.4　联合创始人的关系

联合创业有其益处，但风险投资家会避免投资给有血缘或婚姻关系的联合创始人，他们认为那样做简直就是冒险，因为经营企业已是难事，再掺杂上个人情感或家族历史就更为复杂。这种偏见相当强烈，以致一些风险投资公司会自动略过有亲属关系的联合创始人。如果去互联网搜索，你会看到许多创业者都在问这个问题（见图 1-5）。

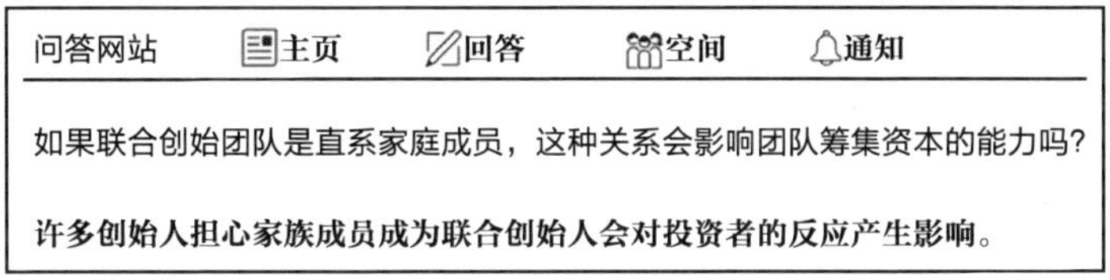

| 问答网站 | 主页 | 回答 | 空间 | 通知 |

如果联合创始团队是直系家庭成员，这种关系会影响团队筹集资本的能力吗？
许多创始人担心家族成员成为联合创始人会对投资者的反应产生影响。

图 1-5　互联网搜索结果

关于具有亲属关系的创始人这方面的数据少之又少，所以我也不想对这种偏见是否属实提供统计上的说法。然而，一些例子表明，与此有关的假设并不完全正确。虽然大多数 10 亿美元规模的公司并非由夫妻或者家人共同创办，但有几家知名公司是例外。最著名的例子是从事支付业务的Stripe公司，它是由约翰和帕特里克·科里森两兄弟创立的；从事太阳能服务的SolarCity公司也是由林登和彼得·赖夫（Lyndon and Peter Rive）两兄弟创办的；网络安全独角兽公司Tanium是由一对父子创办的；云计算公司威睿（VMware）的创始人黛安·格林（Diane Greene）和孟德尔·罗森布鲁姆（Mendel Rosenblum）在创办公司之前已结婚多年；企业软件公司Anaplan也是由盖·哈德雷顿和苏西·哈德雷顿（Guy and Susie Haddleton）这对夫妻创办的。Houzz和Eventbrite这两家公司都是因夫妻从婚姻生活中获得灵感而创办的。阿迪·塔塔克（Adi Tatarko）和阿隆·科恩（Alon Cohen）创办Houzz是为了解决自己的家居改造问题，朱丽亚和凯文·哈茨（Julia and Kevin Hartz）是在计划自己的婚礼时有了创办Eventbrite的想法。虽然对联合创始人之间关系的偏见确实存在，但属于这种情况的创业者应当与投资者正面解决这个问题，开诚布公地说明解决冲突和未来组织问题的清晰方案。

21 岁创办独角兽公司

采访金融服务提供商 Brex 创始人
亨里克·杜布格拉斯

创始人的年龄与创办独角兽公司的可能性之间并不相关，但年龄确实在创业的历程中起着作用。看看亨里克·杜布格拉斯（Henrique Dubugras）和佩德罗·弗兰切斯基（Pedro Franceschi），他们在创办 Brex 时分别是 21 岁和 20 岁。这是一家为企业提供信用卡和财务管理的金融服务创业公司。在我的数据集中，他们是估值超过 10 亿美元的初创企业中最年轻的两位创始人。我来到这家公司在旧金山的办公室与亨里克促膝长谈，倾听他的创业故事，他用自己的语言解释了年龄是如何影响他作为企业家的创业之路的。

我在巴西长大，但我的目标是去斯坦福大学上学。我喜欢一个叫《查克》的电视节目，讲的是一个在中央情报局（CIA）工作的黑客。我想成为查克那样的人，而查克读的是斯坦福大学，所以我也把去斯坦福大学读书作为我的目标。实际上，从国外申请美国大学是相当复杂的，我不知道如何操作，于是我找到了一个从斯坦福大学毕业并启动了一家创业公司的巴西人，跟他做了一个交易，我为他的创业公司写代码，以此换取他帮助我申请大学。他同意了，我自此开始接触创业公司。

后来，我试图创办一家公司，帮助其他巴西学生了解美国大学的入学和申请过程。我们有很多用户，不过公司从未产生任何收入，也没有人愿意为此付费。但通过这样的尝试，我知道自己可以写代码，可以创建产品，所以，当我发现一个在迈阿密举办的黑客马拉松时，立刻决定和两个朋友一起加入。我们开发了一个名为AskMeOut 的 App，其运转方式类似于 Tinder，但使用的是你在脸书上的好友名单，而不是你所在地区的陌生人。我们因此获得了奖项，回到巴西并试图推出这项业务，后来它并没有真正作为一项业务来运作。我们试图做成收费的 App，而将付款功能整合到这个 App 的过程简直糟透了。

大约就在这时，我遇到了后来的联合创始人佩德罗·弗兰西斯。佩德罗与我有着类似的背景，他从小就开始写代码，因成为世界上第一个破解 iPhone 3G 的高手而名声大噪，14 岁就被巴西最大的支付公司聘请重新开发应用程序，使其免受黑客攻击。我们是 2012 年底在推特网（Twitter）上认识的，当时基本上就是为哪个文本的编辑器最好而争论不休。后来，我们转而通过网络电话 Skype 继续对话并且成了好友。我们想在巴西创建类似贝宝或 Stripe 的平台。结果证明这过于复杂，因为它不仅仅是软件，更是一项金融业务，直接受巴西中央银行监管。我们一度有 150 名员工，经营了两年半，直到佩德罗和我 20 岁。

的确，以青少年的身份经营业务在某些方面是有难度的，比如我第一次到中央银行时就被问到类似于"你是谁啊"这样的问题；而另一方面，我们也因为年轻而得到了很多机会，如果不是那么年轻，我们就不会有这些机会。新闻媒体对我们很感兴趣，我们非常善于征求意见和寻找导师，因为我们什么都不懂。巴西不像硅谷，在硅谷你可以找到以前有过经验的人然后直接雇用他们。在巴西没有这样的人，所以我们不得不自己学习所有的东西，这一路上也搞砸了很多事情。

后来，佩德罗和我都考上了斯坦福大学，为了管理支付公司的工作，我们把入学时间推迟了两年。到20岁时，入学时间实在不能再推迟了。作为第一次创业的创始人，我们渴望退出，渴望得到一些钱——这说起来并不光彩，但每个创始人都会想到这一点。于是我们卖掉了支付公司，这改变了我们的生活。2016年9月，我们如愿以偿来到了斯坦福大学，这一直是我的梦想。但是，在3个月后，我们真的不想再上学了，而是想再创办一家公司。

我们已经厌倦了支付和金融技术，所以打算做一些最前沿的事情，于是就带着创建虚拟现实公司的想法进入创业加速器Y Combinator。但几个月后，我们发现自己根本不知道在做什么，于是，我们决定回归支付业务，毕竟那是我们非常熟悉的领域。在Y Combinator，有很多创业公司无法获得信用卡，这让我们萌生了为创业公司建立企业信用卡的想法。

要搞出一个没有个人担保还得有一堆功能的信用卡，这可绝非易事。我们必须获得万事达卡（Mastercard）的许可证，还必须承担大笔的债务。因此，我们聘请了首席财务官和总法律顾问，从头开始建立发行平台，就像我们是一家大银行一样。首席财务官迈克尔·坦南鲍姆（Michael Tannenbaum）之前是消费贷款公司SoFi的首席收益官，带着他去和银行开会完全改变了游戏规则，这大大增加了我们的可信度，而且他能够预测并立即解决来自银行的任何反对意见。

我们很幸运拥有非常棒的创业团队，首席财务官愿意加入我们，而且他亲身感受到了Brex所要解决的痛点。佩德罗和我是第二次创业，这一点也有帮助。我们的总顾问曾经在 Stripe 工作过，所以他能完全看清业务方向，而且对从无到有创业的想法感到兴奋。

我们的第一个工程师是在巴西共过事的人。雇用工程师的工作相当困难，于是我们开始与招聘机构合作。后来，我们引进了一个内部招聘团队，并且为公司的创业元老提供了可观的股权——给予前 10 名员工 10% 的股权。此外，我们在现金报酬方面也极尽慷慨。许多初创公司资源有限，但我们是第二次创业，能够筹集到大笔种子资金，所以我们能够支付更高的薪水。Brex 的每个人才录用都有一个报酬总额，在额度之内员工可以选择他们想要多少现金和多少股权。

在创业过程中，我们学到了一个教训，那就是不要在每个工作岗位上雇用资历过高的人。我曾经想："我们要雇用一群客户支持人员，他们应当都是哈佛大学的毕业生。"但这并不是一个好主意。真正重要的是人们对所做的事情是否充满热情，我们尽量去雇用那些非常想得到这个职位的年轻不羁的人。

对佩德罗和我来说，在如此年轻的时候就创办公司算是一个了不起的举动，而且风险相当低，因为你随时可以回到学校，回到父母家。但就个人而言，我希望以后的生命中不会再有这样的日子，因为我从来没有休过暑假，未来也不会再有暑假。此外，作为创始人，你还需要成为团队的榜样，所以你不能像大多数十几岁或二十几岁的人那样干蠢事。至于在经营业务方面，我不认为这与年龄有关，你只需要对所在的领域足够了解。一开始人们可能会觉得你年轻，但如果你对所做的事情真的很在行，他们就会佩服你。

对杜布格拉斯和弗兰切斯基来说，年轻有助于他们获得媒体的关注，使他们能够以开放、学习的心态去创业，并在早期就将专家引入团队。然而，他们创业的关键之处在于，Brex 并非他们的第一家创业公司，实际上，他们在十几岁的时候就已经成功创立并发展了另一家金融科技公司。此外，他们还尝试过更多的想法。正如我们在本章前面所看到的，在我的数据集中，年龄本身并不是创业成功的重要因素。在杜布格拉斯和弗兰切斯基的案例中，两位创始人以前一起做过的大大小小的项目似乎比他们的年龄更重要，还有他们对金融科技领域的了解。正如杜布格拉斯所说的，不论年龄大小，如果你是所在领域的高手，人们就会认真对待你。在第 2 章中，我们将探讨在 10 亿美元规模的初创公司的成功路上，创始人的教育背景所起到的作用。

02 | 第 2 章
关于创始人
教育背景的迷思

2.1 辍学生

在辛辛那提大学，克里斯·万斯特拉斯（Chris Wanstrath）只待了两年时间就对学校感到了厌烦。他一直在攻读英语学位，但实际上，他花在写代码上的时间远比去上课的时间多。万斯特拉斯喜欢电子游戏，大学里的几门计算机编程课给了他足够用的工具箱，让他得以自学如何编写游戏。到了大二，他已经学得相当不错了。他后来说："我不认为学位是必要的，我认为技能是必要的。"① 的确如此，如果能自学写代码，他还需要学校做什么？

2008 年，在退学几年之后，万斯特拉斯创办了一个基于网络的代码版本控制平台 GitHub，微软在 2018 年以 75 亿美元收购了该公司。没有学位从未妨碍万斯特拉斯的 GitHub 取得成功，尤其是没有妨碍它被收购，因为微软的联合创始人比尔·盖茨（Bill Gates）和保罗·艾伦（Paul Allen）也是

---

① 汤姆·赫德尔斯顿（Tom Huddleston）："33 岁的大学辍学生如何共同创立了 GitHub，该公司刚刚以 75 亿美元的价格出售给微软"，美国全国广播公司财经频道（CNBC），2018 年 6 月 4 日。www.cnbc.com/2018/06/04/chris-wanstrath-co-foundedgithub-which-microsoft-bought-for-billions.html。

从大学辍学的。

关于大学辍学生的传闻众所周知。Fitbit 的创始人詹姆士·帕克（James Park）从哈佛大学辍学；迈克尔·戴尔（Michael Dell）在大一结束后就离开了得克萨斯大学奥斯汀分校，后来创立了戴尔科技公司。此外，WordPress 创始人马特·穆伦维格（Matt Mullenweg）、Snapchat 创始人埃文·斯皮格尔（Evan Spiegel）和 WhatsApp 创始人简·库姆（Jan Koum）也都是辍学生。

然而，从数据来看，大多数 10 亿美元规模的初创公司，其创始人都不是辍学者。其中，拥有学士学位（36%）或学士学位加 MBA 学位（22%）的创始人最为常见。大约 1/3 的人拥有其他学位，如硕士、医学学位、法律学位或博士学位。在一些行业，如生物技术和医疗保健，学位更高的人更是比比皆是。不过，在所有的行业中，大学辍学者比拥有博士学位的创始人更少见。CXO 拥有高级学位的可能性更大一些。除学士学位之外，CXO 最常拥有的是硕士学位（18%）或博士学位（12%）。

当我将 10 亿美元组创始人与随机组创始人的数据进行比较时，并没有发现他们的教育水平有任何显著差异。与其他人相比，拥有特定学位的创始人的表现并不突出（包括辍学者，他们创办 10 亿美元规模公司的可能性不低也不高，见图 2-1）。不足为奇的是，在随机组和 10 亿美元组的初创公司创始人中，拥有高学历的都远远高于美国的普通人口。①

对某些创始人来说，高等教育提供了一个有利条件，使他们能够了解复杂的市场或发明具备高技术含量的产品。以创办医疗设备公司 Nevro 的康斯坦丁诺斯·阿拉塔里斯（Konstantinos Alataris）为例，在获得电子工程学士学位之后，他又获得了电子和通信工程硕士学位，之后是生物医学工程的博

---

① "拥有硕士和博士学位的人数自 2000 年以来翻了一番，"美国人口普查局，2019 年 2 月，www.census.gov/library/stories/2019/02/number-of-people-with-master-and-phd-degrees-double-since-2000.html。

士学位，在获得该学位的同时，他还获得了MBA学位。大多数创始人都没有这样的教育背景。Nevron生产的利用电刺激来治疗慢性疼痛的设备，得益于阿拉塔里斯在生物工程和神经学建模方面的深厚背景，使他对公司所要解决的问题有了更深刻的理解。

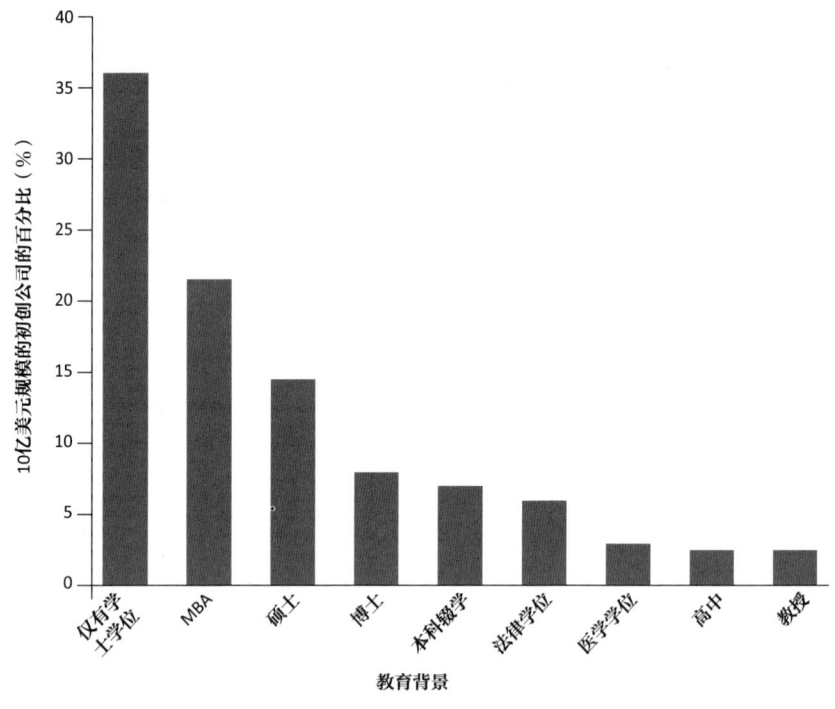

图2-1 创始CEO的教育背景

注：拥有高学位的CEO比从学士课程辍学的人多，但这两种身份都没有增加或减少成功的机会。10亿美元规模的初创公司的创始人平均比公众的受教育程度高，但与随机群体的教育水平相似。

对另外一些人来说，上不上大学似乎根本没有什么区别。林登·赖夫（Lyndon Rive）在南非比勒陀利亚的一所高中毕业后直接创办了他的第一家公司。赖夫后来创立了Solar-City，这是一家设计、安装太阳能电池板并提供融资服务的公司。2016年，该公司以26亿美元的价格被特斯拉合并。

2.2 名校生

许多独角兽公司的创始人来自顶尖大学,这已不是什么秘密,尤其是一直以"创业工厂"而著称的斯坦福大学。在我研究的时间段里,从那里毕业的亿万富翁比其他任何大学都多,高达 38 位。相比之下,哈佛大学和麻省理工学院分别有 26 人和 20 人。在这 3 所顶级学校中,斯坦福大学培养出同等数量的创始 CEO 和 CXO,而麻省理工学院培养出的更多是 CTO。但许多 10 亿美元规模的初创公司的创始人并没有上过什么顶级名校。事实上,从排名前 10 的学校毕业的创始人,和从排名从未进入前 100 的学校毕业的创始人人数是一样多的(见图 2-2)。

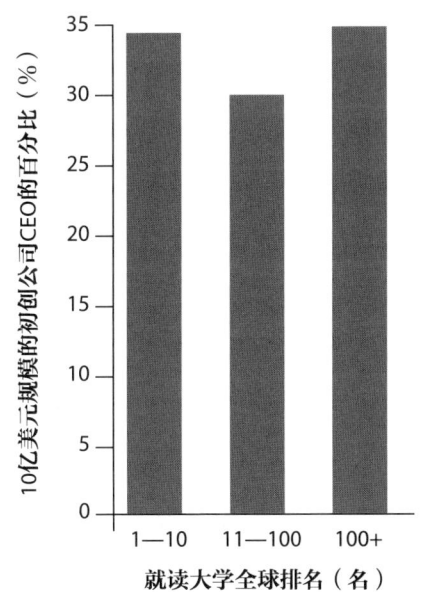

图 2-2 就读大学排名——10 亿美元规模初创公司的创始人

注:在 10 亿美元规模初创公司的 CEO 当中,就读过排名前 10 的学校和从未进入前 100 学校的人数一样多。

斯坦福这样的大学得天独厚，因为学校就在硅谷的中心，所以学生在毕业前就可以在周边许多知名公司获得更好的实习机会和人脉资源。虽然斯坦福大学拥有最多的知名企业家校友，但附近其他大学的学生似乎也受益于靠近科技圣地这份"地利"。同在硅谷的加州大学伯克利分校在培养10亿美元规模公司创始人方面排名第4，就连该地区排名靠后的大学生也能接触到科技行业、科技公司和科技人员。WhatsApp的联合创始人简·库姆就曾在硅谷担任安全测试员，当时他是圣何塞州立大学（San Jose State University）的学生。如Instacart的联合创始人布兰登·莱昂纳多（Brandon Leonardo）和甲骨文的联合创始人埃德·奥茨（Ed Oates）等技术创始人也都在圣何塞州立大学就读。

在培养成功的企业家方面，似乎一所大学的排名远不如它的文化和地理位置来得重要。一些排名很高的学校在培养10亿美元规模公司的创始人这方面并不占优势，如普林斯顿大学、加州理工学院和芝加哥大学。而其他一些拥有强大创业文化的学校则在这方面名列前茅，例如，有10位10亿美元规模公司的创始人拥有南加州大学（University of Southern California）的学位，另外有9位来自密歇根大学（University of Michigan），5位来自杨百翰大学（Brigham Young University）（见图2-3）。

此外，有一些创始人就读的学校你可能闻所未闻，例如价值10亿美元的游戏通信平台Discord的联合创始人兼CEO杰森·西特伦（Jason Citron），是在福赛大学（Full Sail University）获得了学位，这所位于佛罗里达州沃特帕克（Water Park）的学校鲜为人知，专攻媒体和艺术，设有音频工程等课程。西特伦上大学时已经是一名狂热的程序员，他加入了福赛大学的游戏设计课程，大学毕业后在游戏工作室工作并开始制作iPhone上的应用程序，后因其手机游戏设计而获奖。

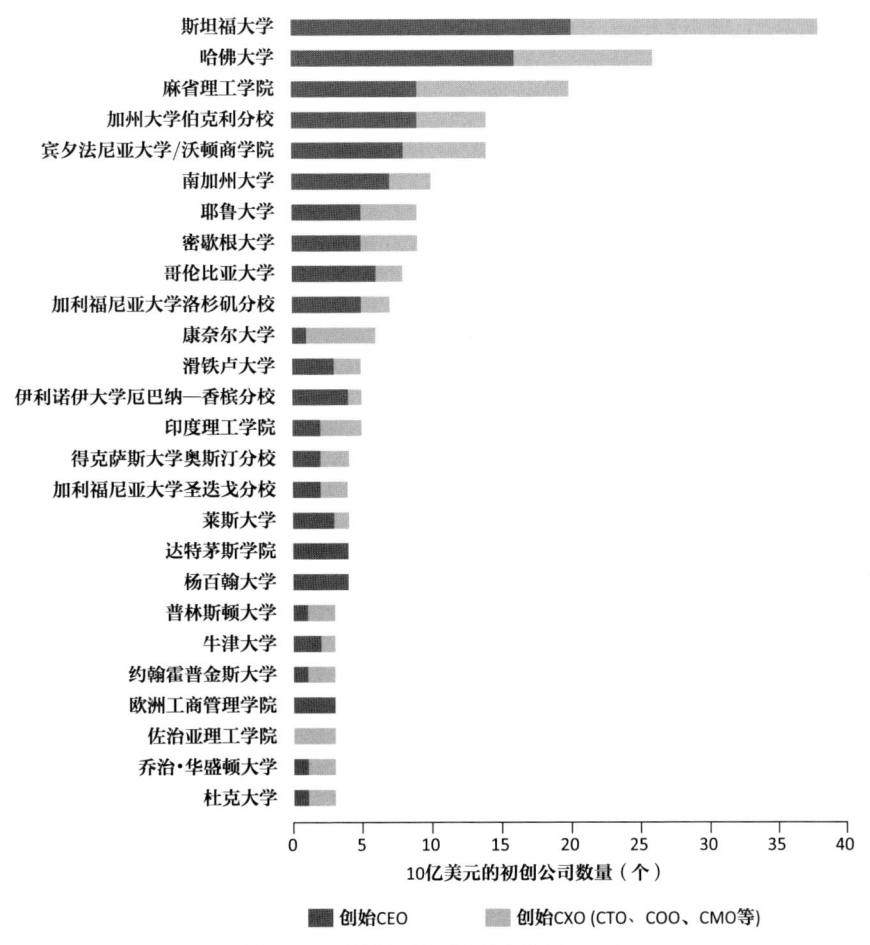

图 2-3 盛产 10 亿美元规模公司创始人的大学

注：虽然与普通群体相比，10 亿美元规模公司的创始人就读的学校平均排名更高，但是，一所大学的地理位置和创业文化的作用比它在毕业的 10 亿美元创业者数量上的排名更重要。

平均而言，与其他公司的创始人相比，10 亿美元组公司的创始人确实更多来自排名更高的学校。以学校的排名而论，拥有 10 亿美元资产毕业生的学校在世界排名的中位数是 27，而拥有随机组毕业生的学校在世界排名的中位数是 74，几乎是前者的 3 倍，这表明就读于更知名大学的人更有可能创建 10 亿美元规模的公司，这是我在数据中发现的 10 亿美元组和随机组之间的第一个显著差异。值得注意的是，随机组的初创企业获得了至少 300 万美元的资金，所以投资者对投资对象的偏见在一定程度上是有原因的，但是，还有其他混杂因素可以进一步解释就读于顶级学校的创始人的成功。就读于知名大学可能比不太知名的学校更容易获得品牌投资者的关注，这些创业者可能来自高收入家庭，或者即便创业失败仍可获得更多的支持和保障，又或者他们可能更容易招募到顶级的人才。

实际上，有许多独角兽公司的创始人根本没有上过知名的学校，他们的创业公司也没有因此受到影响。正如我们在本章前面所看到的，在 10 亿美元规模的创业公司这一组中，曾在排名前 10 的学校就读的创始人，与那些在排名从未进入前 100 名的学校就读的创始人人数是一样多的。创业界对企业家的教育背景尤其是他们所获得的学位，可以说相当不看重，而这一点在其他行业仍然是一个硬性要求，因为教育程度和大学排名经常被用来作为招聘的指标。

创建多家独角兽公司的大学教授

采访凯德药业和 Allogene 公司
创始人阿里·贝尔德格伦

到目前为止,我们已经讨论了两个主题。就教育背景而言,阿里·贝尔德格伦(Arie Bell-degrun)是受教育程度最高的创始人之一;就年龄而言,他也是年龄最长的创始人。他将自己作为内科医生和加州大学洛杉矶分校教授的经验成功地转化为4家制药公司,其中两家公司的价值均超过10亿美元。在贝尔德格伦第4家创业公司 Allogene Therapeutics 的办公室里,我与他促膝长谈,聆听他在取得最高学位后连续创办4家公司并仍然留在学术界的传奇。

我在加州大学洛杉矶分校担任教授时创办了第一家公司,当时我是一名"医生科学家",这意味着我既在做研究,又在治疗病人。我的专长是泌尿科肿瘤学,即使用免疫疗法和基因疗法治疗前列腺癌、肾脏癌和膀胱癌。那是免疫疗法的早期阶段,使用免疫疗法的人数以及对该领域感兴趣的实验室的数量可谓屈指可数。

与此同时,人们对基因的兴趣激增,包括人类基因组的克隆、人类基因组计划以及不断发现的新基因,但这些基因都掌握在大公司手中,它们拥有价值1亿美元的唾液基因测序机器。这些大公司对越来越多的基因感兴趣,而不是专注于一个基因去研究、去弄清楚它的重要性,然后用它来创造一种药物。我从中看到了拓展实验室研究的机会,所以我和加州大学洛杉矶分校的5位教授一起成立了一家叫作 Urogensys 的公司,后来被称为 Agensys。作为一名泌尿科医生，我希望公司专注于泌尿科癌症。

在 Agensys 的工作与我们在学术界的生活迥然不同。在加州大学洛杉矶分校，我们向国家卫生研究院（NIH）申请拨款，为获得资金而竞争。而在公司，我们不为资金竞争，而是从投资者那里获得资金。在开始的时候，我们克隆了正常的肿瘤，识别了基因，然后寻找产生抗体的最佳靶点。在20世纪90年代，抗体的研究才刚刚开始，基因技术也许已经开始做了，但也处在早期阶段。我们有一个科学顾问委员会——其中有5位国家科学院的成员和一位诺贝尔奖获得者，他们来帮助我们完成工作，从中产生了12种不同的抗体和400项专利。然后我们开始与其他公司合作，如安斯泰来制药公司（Astellas Pharma），该公司后来以5.37亿美元收购了我们的公司。

我从未想过会成为一家公司的 CEO，我希望通过推动实现自己的想法以获得创始人股份，然后作为董事会主席指导公司。在 Agensys，我是创始主席，我创办了公司，并引入了一个团队来管理它。基本上我花费30%的时间在公司上，70%的时间在加州大学洛杉矶分校，两者之间只有几分钟的路程。公司一共有115名员工，包括50名博士。我们投入了11年的时间进行了大量的基础研究和艰苦的探索，直到公司被收购。

在 Agensys 之后，我想成立第2家公司——一家不做研究只做开发的公司，这就是 Cougar Biotechnology 公司的起源。我们的想法是研究那些因为被认为没有潜力而未被开发的分子，其中一个分子已经被发现，并且在伦敦癌症研究所的架子上放了7年之久。我们对它进行了研究，认为它有可能成为治疗激素依赖性癌症的重要产品，如前列腺癌或乳腺癌。作为前列腺方面的专家，我从前列腺癌开始着手。我们将药物开发到第Ⅲ期临床试验，待它接近被批准时，我们完全可以看到它在现实世界的潜力。该公司于2009年被强生公司收购，价值近10亿美元，而这种药物，现在被称为醋酸阿比特龙（ZYTIGA），可能是当今最常见的治疗晚期转移性前列腺癌的药物。强生公司现在每年因此获得约30亿美元的收入。

在创建Cougar公司的同时，我仍有70%的时间在加州大学洛杉矶分校，而且是一名非常活跃的学者。我有博士生，也做研究，还在临床上教授泌尿肿瘤学，并成为加州大学洛杉矶分校泌尿肿瘤学研究所的负责人。当我们卖掉Cougar公司时，我在想"下一步做什么"，这似乎是建立一个免疫治疗公司的绝佳时机。于是我回到国家癌症研究所，27年前我曾在这里结交了史蒂文·罗森伯格博士（Dr. Steven Rosenberg），我告诉他自己在免疫疗法方面的想法。他说："你看，我这里有一项技术，实际上包括强生公司和其他一些大制药公司都放弃了，它们不感兴趣。"那是关于人类免疫系统的工程。他给我看了曾经治疗过的两三个病人的X光片，那是我从来没有见过的情况。我当即邀请他加入我的公司，但他说："不，我喜欢我在NIH的研究工作，这是我想待的地方。"因此，他建议我们做一个名为CRADA的合作研究和开发项目协议，这是私营公司与政府机构之间的合同，这里的政府机构指的是国家卫生研究院。项目协议的达成足足花了一年半的时间，因为与政府签订合同是非常复杂的过程，这就是我第3家公司凯德药业（Kite Pharma）的诞生过程。凯德开发了用于治疗癌症的工程化细胞治疗法，我们从人体淋巴系统的癌症开始，在34个月内就得到了美国食品和药物管理局（FDA）的批准，这可能是癌症药物被该局批准的最短时限之一。不久之后，另一家名为吉利德科学（Gilead Sciences）的大型生物技术公司以119亿美元的价格收购了凯德药业公司，这是有史以来规模最大的生物制药公司上市前的收购。

在凯德药业，我再次担任主席，但是在 2013 年，事情进展没有我们想要的那么快。我们是世界上第一家使用工程化细胞疗法的公司，但随着我们开始崭露头角，许多人很快就会跟进，所以我们必须更快地行动。董事会问我是否愿意担任 CEO 的职位，当时我仍然想在加州大学洛杉矶分校当教授，于是我从大学请了 6 个月的假。这一次，我分配了 30% 的时间给加州大学洛杉矶分校，70% 的时间给公司。2014 年，我将公司做到成功上市，并总共从投资人那里筹集了 12 亿美元。

在创建一家公司时，你必须考虑到内部和外部的成功驱动因素。外部因素方面，你需要引进最好的董事会并筹集需要的资金，这与你的知识、能力无关，而取决于你的信誉如何。一旦你建立了信誉，人们知道了你的名字，事情就会变得容易很多。在我的第 2 家公司 Cougar Biotech，我们花了 1 年时间找资金。在第 4 家公司 Allogene，我们在公司成立后不到 9 个月就筹集了近 8 亿美元的资金。

在内部因素方面，你必须考虑引入哪些人才。你需要财务主管、法律主管以及科学家，但你也需要一个伟大的董事会，这是生命科学公司成功的关键之一。你需要来自大型制药公司的人，他们一直在管理数十亿美元的药物。要把这些人请到董事会来并不容易。例如，当我创办凯德药业公司的时候，罗氏（Roche）公司的 CEO 兼董事长刚一退休，我就立即把他请来我们的董事会，同样，我也把他请到了 Allogene 公司。获得成功的关键是确保公司得到很好的控制，而且董事会给予大力的支持。这方面我有一个最好的例子，那就是有一次我去找董事会申请 4000 万美元来建第一个制造工厂。当时，我们处于临床开发的早期阶段，这就相当于还在研究和开发过程中却要花费数百万美元来建造生产厂，这种行为无异于一场豪赌。我对董事会说："我希望我们是独一无二的，我们要成为世界上这种疗法产品的第一个生产厂，而且我们需要保持独立性。既然我们已经冒了这么大的风险，接下来还将冒更大的风险，我们有机会靠自己做到所有的事情，不依赖任何人。"后来的事实证明这是我们所做的最好的一个决定，因为当吉利德公司上门来收购我们时说："他们在生产，他们可以做所有的事情，不需要其他人来进入市场。"正是这些因素为我们带来了更高的收购价格。

在招聘人才方面，作为加州大学洛杉矶分校的教授，我们还是很有优势的。我们可以挑选从自己实验室毕业的人才和博士。作为知名的临床医生，我们也有一些很厉害的实业家病人，他们把我们介绍给一些商业人士和投资者。尽管我们在洛杉矶，这里还不算是一个生物技术的中心，但我们很幸运地拥有最合适的工作圈子。

贝尔德格伦的医学教育背景、在泌尿科和癌症方面多年的研究，以及他达到的学术巅峰，似乎对他创业的成功有着很大的影响。这些影响对他物色、招募人才，乃至汲取创意来源都至关重要。他深知自己学术生涯的巨大价值，因此即使作为一位 CEO，也总是不放弃参与学术界的工作。对一些人来说，加入学术界并成为一名教授，这是他们在创立 10 亿美元规模公司之前的职业道路。然而，对其他大多数人来说，尤其是在科技界，在科技公司工作和积累经验是他们的职业发展路径。在第 3 章中，我们将研究在创立 10 亿美元规模的公司方面，工作经验、职业路径和领域专长这几个因素所发挥的作用。

03 | 第 3 章
关于创始人工作经验的迷思

3.1 工作经验

关于创业之前是否要积累一些工作经验,创业者们得到的说法往往不一。有些人认为,在其他企业先积累经验非常重要,因为这样当创始人另起炉灶时,就有了一个可参考的模板,可以按这个模板如法炮制,也可以反其道行之。不过,另一些人则认为在企业的工作经验被高估了,想创业开公司就应当直接行动,越快越好。

数据显示,这两种方式殊途同归。成为独角兽公司创始人的路绝非一条。有些人一上来就投身创业,有的人则在工作了 40 年之后才创办了 10 亿美元规模的公司。平均而言,创始 CEO 在创办独角兽公司之前拥有 11 年的工作经验,有的在其他公司工作,有的在他们早前创办的公司工作。

在创办图片社交分享网站 Pinterest 之前,本·西尔伯曼(Ben Silbermann)曾经在搜索巨头谷歌公司工作,为广告团队设计产品。在谷歌,与西尔伯曼共事的都是大格局的聪明人,这也促使他有了很多宏大的想法。但与此同时,在谷歌这样的大公司,他并不是总能试验自己想做的产品。在创办了

Pinterest 之后，西尔伯曼放开手脚进行了更多的试验，之前在谷歌的一些工作诀窍也让他的创业更加得心应手。他在谷歌的第一份工作是做客户服务，负责接听客户电话，拜这段经验所赐，他深谙与客户建立联系的价值，于是在 Pinterest，他亲自给第一批 5000 名用户发邮件寻求反馈意见。此外，Pinterest 的基本商业模式也是遵循谷歌的模式，即向用户提供搜索结果，然后将相关的广告推送到用户的搜索中。①

滴滴是在中国创立的类似于优步（Uber）的打车 App，其创始人兼 CEO 程维在独立创业之前也有着多年的企业工作经验和创业经历。滴滴出行将继续收购优步在中国的业务，积累用户，并在全球范围扩展业务。

在 10 亿美元规模的这一组公司当中，约有 30% 的创始 CEO 以前从来没有给别人打过工。在那些有打工经历的创始 CEO 中，约有 60% 的人曾经在非常知名的品牌公司工作过，如谷歌、微软、亚马逊（Amazon）、高盛（Goldman Sachs）或麦肯锡（McKinsey），这些"第一梯队公司"以其严格的招聘程序和掐尖雇用最优秀的人才而闻名。另外 28% 的人则在"第二梯队公司"工作过，即同样是大型知名但未能得到顶尖人才青睐的公司。在 10 亿美元规模公司的创始人中间，只有 14% 的人在不知名的公司工作过（见图 3-1）。

在随机组中，有 16% 的人没有为别人打过工。在那些为别人打过工的创始 CEO 中，为"第一梯队公司"工作过的创始人比较少，仅占 36%，比 10 亿美元组数据的一半略多一点。在对比 10 亿美元组和随机组的数据中，这是我观察到的第二个统计上的显著差异，表明 10 亿美元规模公司的创始人更有可能为自己工作过，或是在"第一梯队公司"打过工。

---

① 雷切尔·阿斯基纳西（Rachel Askinasi）:《遇见本·西尔伯曼》，商业内幕网（Business Insider），2019 年 10 月 16 日，www.businessinsider.com/ben-silbermann-net-worth-interest-billionaire-family-2019-10。

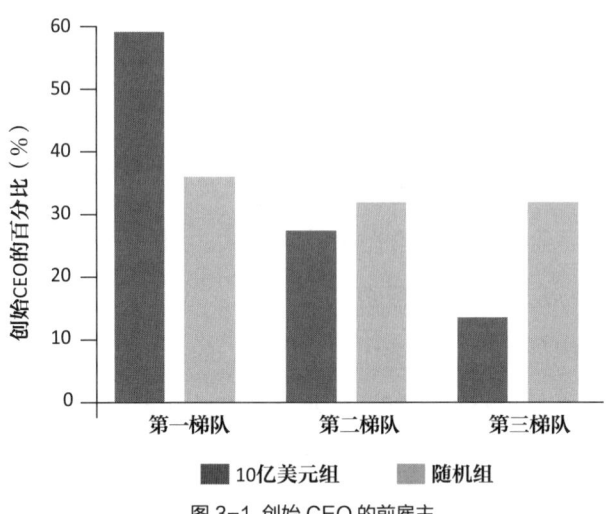

图 3-1 创始 CEO 的前雇主

注：价值 10 亿美元的创业公司的创始人，更有可能为自己工作过，或是在"一线公司"打过工。

如同大学一样，有些公司也是以盛产独角兽企业的创始人而闻名。在我的研究所涉及的时间段内，有 14 家独角兽公司的创始人曾经在谷歌工作过，谷歌在这方面遥遥领先于其他任何公司。除了 Pinterest 以外，谷歌的"校友们"已经先后打造了包括 Affirm、Convoy、Nextdoor、Nutanix、Snowflake 和 Wish 在内的一系列创业公司。从某种程度上来说，在资源充沛的大公司成长起来的人擅长创建资源受限的初创公司，这听起来似乎有悖常理。但实际上，具有这种工作经验的创始人更有可能创办 10 亿美元规模的公司，其中很多人可能像西尔伯曼一样，将谷歌的工作流程、创意文化及其大获成功的商业模式带入他们自己的公司。

甲骨文（Oracle）是另一家培养了众多独角兽公司创始人的公司，其前员工创办的公司包括 Meraki、LendingClub、Cloudera、Nutanix、Rubrik、Snowflake、Veeva 和 Workday。乍看之下，甲骨文公司并不是一家令人印象深刻的创业型公司，而从这里产出了许多独角兽公司创始人的事实，也能说明销售技能以及市场把控能力的重要性，因为甲骨文公司的企业文化就是以销售为主导。除了谷歌和甲骨文公司以外，IBM、雅虎、脸书、微软、亚马逊、惠普、麦肯锡、苹果、贝恩（Bain）、摩根士丹利（Morgan Stanley）等公司和美国国家航空航天局（NASA）也都培养出了相当多的独角兽公司创始人（见图3-2）。

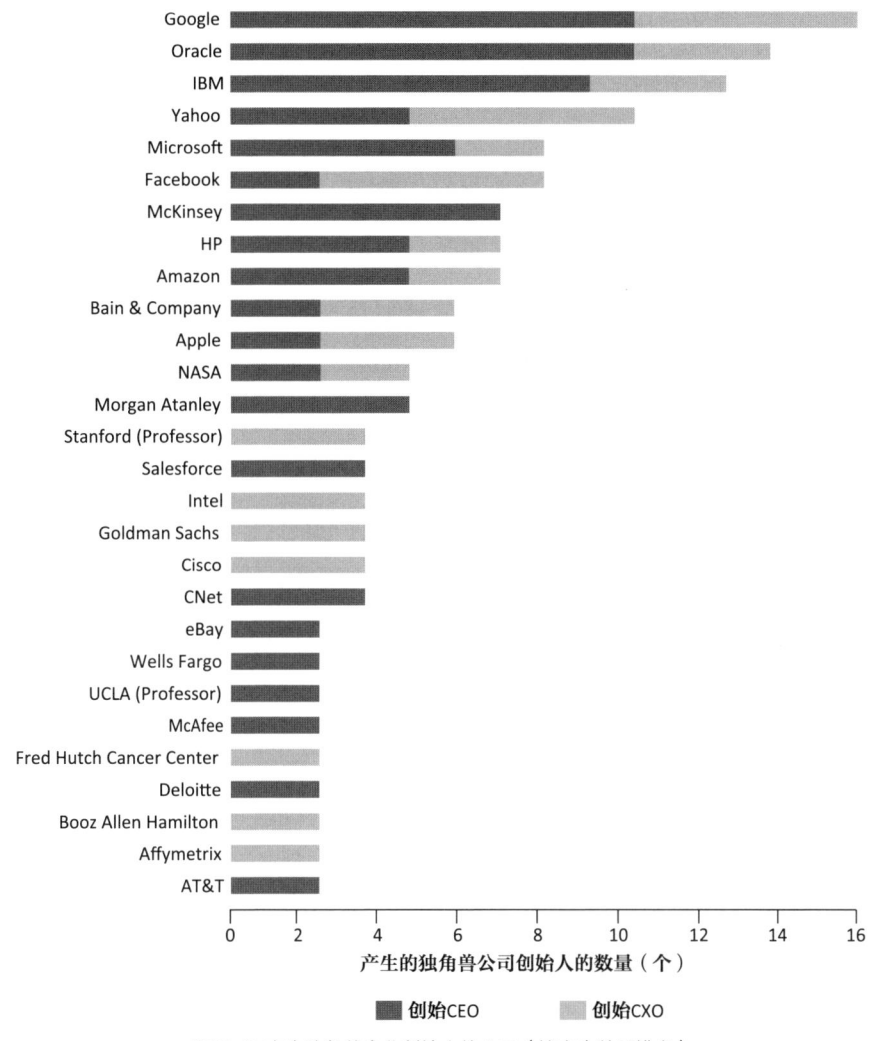

图 3-2 产生独角兽企业创始人的公司（按产生数量排名）

注：像谷歌、甲骨文、脸书和亚马逊这样的公司已经产生了很多独角兽公司的创始人。

个人履历上有上述某家公司的大名，不仅可以帮助创始人招揽人才，向客户销售产品，更重要的是，还可以吸引投资者的注意。此外，像谷歌这样高竞争力的公司无疑也是结识其他精英的好地方，创始人可以选择这些人作为公司的联合创始人或是早期雇员。然而，值得重点留意的是，这可不一定是因果关系，这些创始人不一定是因为在谷歌、甲骨文或IBM工作过就能创办独角兽企业。相反，也许这些大牌公司一开始吸引到的就是那些最有抱负和最具创业精神的人。

尽管如此，许多创始人在创业之时，简历上并没有什么名牌学校或大牌雇主的背书。例如，Credit Karma 的联合创始人妮科尔·马斯塔德（Nichole Mustard），她曾在迈阿密大学学习，毕业后在一家必胜客餐厅做见习经理。在决定取得财务规划师认证的时候，她还蜗居在洛杉矶的一间小公寓里。在积累了几年的实践经验后，她加入了一家测量网络流量的科技创业公司 Compete.com 担任销售总监，该公司现已倒闭，但在当时拓展伙伴关系的工作中，她结识了曾经在 E-Loan 公司工作的肯尼斯·林（Kenneth Lin）。与马斯塔德一样，肯尼斯·林也没有任何知名公司或名牌学校的背景，但是，他有一个创业的好想法——做一个能让人们更容易查询并监测消费者信用评分的产品。肯尼斯·林认为马斯塔德是一个绝佳的联合创始人，她拥有财务规划的专业背景、严谨的职业道德、良好的商务关系以及乐观的工作态度，于是二人联手创办了 Credit Karma，以帮助消费者进行财务规划、监测并改善其信用评分。Credit Karma 一举成为该领域的主导者，拥有 8000 多万的用户，并在 2020 年被财务软件上市公司 Intuit 以 71 亿美元的价格收购。没有一流学校和名牌雇主的背景，并没有影响马斯塔德和肯尼斯·林创建深受用户喜爱并开创巨大价值的事业。相反，可能正是这些事情，才让他们更好地了解了自己的用户，更积极地服务于自己的用户。

值得注意的是，在考虑创始人的背景时，我的数据集中包括自 2005 年以来创办的所有 10 亿美元规模的公司，当时像雅虎这样的公司还是顶级的雇主。不过这种情况在近些年发生了变化。在 2014 年至 2018 年期间创办的 10 亿美元规模的公司中，谷歌仍然是最盛产创业者的"老东家"，其次是 Square（成立于 2009 年的一家相对较新的公司）、脸书、麦肯锡、亚马逊、基因泰克（Genentech）、思科和甲骨文。此外，还有一点需要指出，虽然有些人可能认为投资人与创始人的角色有差异，可能认为好的投资人不一定是好的经营者，但相当数量的 10 亿美元规模公司的创始人曾经在风险投资领域而不是在企业工作，包括消费者基因测试公司 23andMe 的创始人安妮·沃西基（Anne Wojcicki）曾在 Passport Capital 担任分析员；卡特里娜·莱克（Katrina Lake）在创办服装零售商 Stitch Fix 之前是 Leader Ventures 的投资助理；戴维·维莱斯（David Vélez）曾是红杉资本的合伙人，在冒险创办巴西在线银行独角兽 Nubank 之前，他一直在物色拉丁美洲的投资机会；安迪·拉奇勒夫（Andy Rachleff）在创办消费者金融咨询公司 Wealthfront 之前，与人共同创办了 Benchmark Capital。亚伯·奥斯曼（Abe Othman）是 AngelList 投资网站的数据科学主管，该网站帮助天使投资人投资早期的创业公司并通过指数投资实现多元化。奥斯曼告诉我："在那些成功的创业公司中，我们观察到一个最重要的特征，那就是他们的创始人曾经有过做投资人或天使投资人的经历。"这可能是因为作为曾经的投资人，他们更容易获得融资，也可能是因为他们更善于优选创业的想法，并且懂得把时间投入正确的想法上。

3.2 领域专长

在成为创业公司的创始人之前,徐迅(Tony Xu)拥有多年的工作经验。他曾在一家私募基金公司工作,还曾经是麦肯锡的商业分析师和易趣网(eBay)的企业策略师。通过这些工作,他学到了很多关于管理咨询以及合伙创业经营管理的知识。但是,他没有物流方面的经验,而物流正是其独角兽公司 DoorDash 赖以生存的基础。实际上,DoorDash 没有一位联合创始人拥有这方面的经验。

人们通常有这样一种错觉,认为创始人应当在他们所"颠覆"的行业有过直接的工作经验。但是,对像徐迅这样的创始人来说,情况并非如此。小时候,徐迅在母亲的中国餐馆工作,洗碗、收拾桌子,偶尔也修理一下支付系统。但是,他没有任何与递送运营和路线优化相关的专业工作经验,而这正是 DoorDash 公司得以成功的关键所在。DoorDash 的创业实际上得益于创始人在商学院进行的一系列对话,还有边干边摸索的创业激情。事实证明,包括徐迅在内的许多独角兽公司的创始人都缺乏对所颠覆行业的直接工作经验(见图 3-3)。

在独角兽公司中,只有不到 50% 的创始 CEO 和不到 30% 的创始 CXO 有过很多与创业直接相关的工作经验。也就是说,有社交媒体应用程序经验的人后来可能创办成功的保险公司,或者有数据基础设施工作经验的 CTO 可能创办成功的电子商务公司平台。对创业而言,似乎拥有某些软技能尤为重要,如雇用并管理一群有才华的人,建立并维护跨行业战略联系与伙伴关系,擅长销售,拥有正确的思维方式等,这些软技能比了解特定行业的技术显得更为重要。

就是否拥有直接相关的工作经验这一点而言，10亿美元组与随机组之间并没有显著差异，这意味着无论有没有创业领域的直接经验都不影响创业的成功率。所以总体来说，它既不是优势，也不是劣势。但值得注意的是，在消费者市场或企业市场的大多数独角兽公司都是由没有多少直接相关行业经验的人创办的。

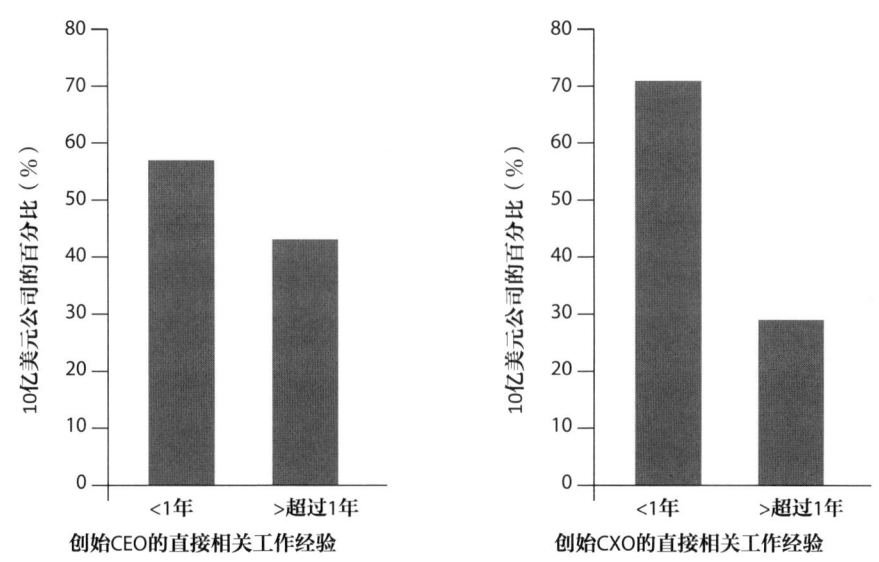

图 3-3 创始 CEO、CXO 的直接相关工作经验

注：在创办公司前，超过 50% 的创始 CEO 和超过 70% 的创始 CXO 的行业或相关工作经验不足 1 年。

在与科学相关的创业公司中，情况则略有不同。在健康/生物技术领域，平均 75% 的创始人有直接的相关经验，而在企业技术领域，只有 40% 的创始人有直接的相关经验，在消费者领域只有 30% 的创始人有直接的相关经验。这并不出人意料，因为具有科学背景的创始人可能对产品更了如指掌，并且更擅于应对公司所要遵循的行业规范。

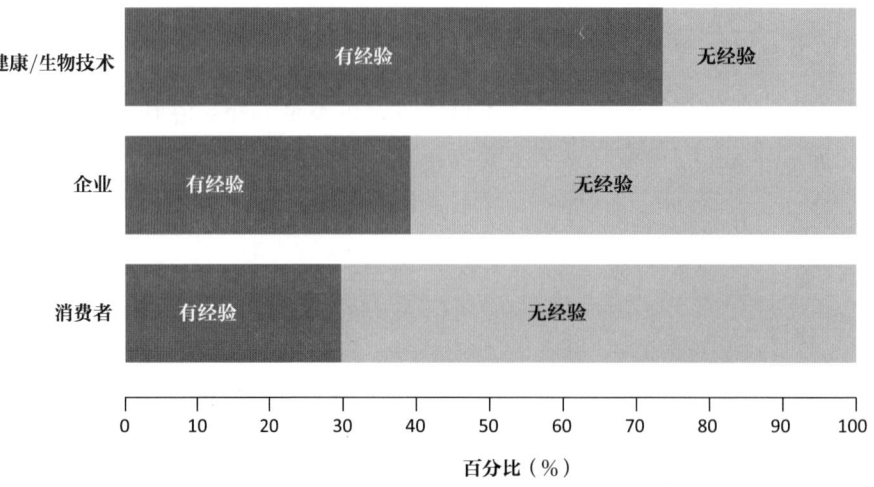

图 3-4 创始 CEO 的直接相关（行业）经验

例如，菲尔·格林伯格博士（Dr. Phil Greenberg）在创办自己的公司之前，花了 40 年的时间研究免疫疗法。格林伯格 20 世纪 90 年代初所在的团队首次提出有可能从人体中提取 T 细胞，在实验室中把它们繁殖到数十亿个，然后注入病人体内去寻找并消灭特定的病变细胞。这一初步取得的成果背后是多年实验室检测的支撑，涉及保护免疫受损的病人不受巨细胞病毒感染，这是一种常见的可致命的并发症，常见于接受骨髓移植的人。

格林伯格和同事们发现，用同样的方法可以治愈一种致命的皮肤癌——晚期黑素瘤。此外，这种方法还显示出治疗其他癌症的潜力，包括格林伯格主要关注的侵袭性白血病。他多年的工作成果最终促成了 Juno Therapeutics 公司的成立，该公司致力于为癌症患者开发 T 细胞疗法，后来被一家大型制药公司 Celgene 以 90 亿美元的价格收购。

人们可能会认为，缺乏相关领域经验的创始 CEO 必须与来自业内的联合创始人搭档创业，有些公司的情况确实如此。例如，有风险投资背景的戴维·贝莱斯（David Vélez）与在巴西当地银行业有着多年经验的克里斯蒂娜·琼奎拉（Cristina Junqueira）合作创建了在线银行 Nubank，成为巴西为数不多的独角兽公司之一。但数据总体显示，没有任何相关经验的创始 CEO 更有可能与同样没有或缺少直接相关经验的 CXO 结伴创业，这并不意味着拥有相同的背景或行业经验的联合创始人会一起工作得更好，只是说明我们关于"理想"创业团队的刻板印象并不一定正确，不一定由业内人士加上精通技术的创新者才是理想的创业组合。

比起领域专长，拥有工作经验实则更为重要。真正起作用的是诸如管理团队、招聘或解雇人员、筹集资金以及经营关系网络等软技能。具备这些能力并且能够以全新的无偏见心态迅速了解新领域的那些创始人，往往有更佳的表现。

毫无医学背景却打造了估值20亿美元的癌症大数据公司

采访 Flatiron Health 公司联合创始人纳特·特纳

纳特·特纳（Nat Turner）和扎克·温伯格（Zach Weinberg）一起创建了 Flatiron Health 公司，这又是一家致力于治疗癌症的公司，而两位创始人并没有肿瘤学的背景，他们之前的公司专注在广告技术方面。不过，即使没有医疗领域的专长，特纳和温伯格也成功地创建了这家医药独角兽公司。Flatiron Health 公司并没有从治疗的角度入手，而是运用数据智能来帮助癌症患者，其软件旨在改进癌症治疗的工作流程，收集匿名数据，并将这些数据与制药公司和研究机构分享。我有幸见到了特纳本人，倾听他的创业故事，以下是他的亲口讲述。

在成长过程中，我有一大堆的爱好，而且几乎每个爱好最终都变成了一门生意。在八年级的时候，我饲养爬行动物并在网上售卖，这在当时可是一件大事。因为生意的需要，我建立了第一个网站，自学了如何写代码和设计网页。那之后我开始为别人制作网站，在高中时可能做了几百个网站，其中包括一个礼品卡交易网站，在那里你可以安全地进行交易，如用家得宝（Home Depot）的礼品卡换取 J.Crew 的礼品卡。在宾夕法尼亚大学读大一的时候，我和联合创始人扎克创办了 EatNow.com，这是一家面向校园的在线订餐公司。宾夕法尼亚大学食堂的食物非常难吃，所以每个人都去餐馆吃饭，但你必须给餐馆打电话才能订外卖。当时在 EatNow.com，我们选择了一种糟糕的商业模式，就是在每个月月底才向餐馆开发票收钱，而不是从顾客那里直接收钱，扣除我们的费用之后再付给餐馆。即使如此，我们还是以大约 10 万美元的价格成功卖掉了那家公司。

在大三的时候，扎克和我又创办了 Invite Media，这是一家显示空间的广告技术公司，类似于横幅广告。我们 2007 年创办，3 年后就把它卖给了谷歌。为此我们在谷歌待了两年，主要是把我们的产品整合到谷歌的数字广告服务公司 DoubleClick 中。

当 Invite Media 被收购的时候，我们还很年轻。在卖掉公司的 48 小时之后，我们就已经开始考虑下一步该做些什么了。我有一个小表弟，2009 年，就在我们出售公司之前，他被诊断出患有白血病，当时他只有 7 岁。扎克和我实在厌倦了广告技术，我们想做一些有使命感的事情。在我表弟确诊后，我们就开始着手研究癌症。我们对医疗保健一无所知，更不用说癌症了，但我们全身心投入。一开始我们研究过健康保险，后来因为我的表弟曾两次被误诊，我们又转向关注癌症患者的第二诊疗意见服务。我们还考虑过为癌症中心提供一个业务智能工具。在谷歌工作期间，我们进行了一年多的构思，在 2012 年 6 月，我们正式成立了 Flatiron Health 公司。

有一点我非常确信，如果 Flatiron 是我们创立的第一家公司，那肯定会一败涂地。我们需要 Invite Media 被收购所带来的信誉以及谷歌公司名片的背书。在谷歌工作时，我们在谷歌风险投资公司的支持下做了很多研究。我们去的第一个癌症中心在宾夕法尼亚大学，作为校友，我们得到了教授们的引荐，在那里开始建立关系网络。很多肿瘤学家对业内的传统公司感到厌烦，看到我们两个有融资能力的"谷歌后浪",他们实际上感到很兴奋。

在谷歌纽约大楼的一楼有一个肿瘤学中心,我们坐电梯便可以直达那里。有一次,我们就在候诊室里坐了一天,想看看能否与一位医生谈谈,最后我们竟然见到了迈克尔·格罗斯巴德博士(Dr. Michael Grossbard)。在他为癌症患者看病的时候,我们在旁边跟踪观察了5个小时。

作为门外汉,我们没有任何先入为主的观念,也没有什么坏习惯,我们所做的就是质疑一切。我们与专业人士的圈子是这样打开的:迈克尔·格罗斯巴德博士与汤姆·林奇(Tom Lynch)是医学院的同学,后者后来成为美国大型制药公司百时美施贵宝(Bristol-Myers Squibb)的首席科学官(CSO)。在那之前,他负责过耶鲁大学的癌症中心。因为我们给格罗斯巴德博士留下了深刻的印象,于是他把我们推荐给汤姆·林奇。巧合的是,他又和迈克尔·塞登(Michael Seiden)是医学院的同学,塞登当时正在费城郊外经营福克斯·切斯(Fox Chase)癌症中心。这些专业人士之间有很多交集,于是你在脑海中建立了这些关系网络,知道谁和谁有联系。医生们不在领英上社交,所以我们需要这种面对面的社交沟通。对我们来说,重要的不仅仅是医生,还包括制药公司的高管、保险公司的人,我们都是通过这样的关系网络进行联结的。在一年多的时间里,我们每天都要见10~15个人。也就是说,在创办 Flatiron Health 之前,我们做了一年半的筹备工作,不断地学习,不断地见人。

在这个过程中,我们从未刻意坐下来想:"这是正确的想法吗?"扎克和我敢于质疑一切,我们并肩战斗,解决问题。我们都喜欢这样一句话:"观点可以鲜明,态度需要灵活。"也就是说,一旦得到新的数据，你需要主动迅速行动，灵活转身，不要畏惧。创业总是在市场规模、商业模式竞争、开发成本、产品与市场的契合方面寻求一种平衡。你会得到无数的反馈，其中大部分是相互矛盾的，而且90％可能是错误的。作为一个企业家，你必须敢于做出决定，而且，你不能是一个完美主义者。

我们花了很多时间与人交谈、提问、倾听、做笔记、建立关系并收集足够多的反馈。我擅于制作原型，而扎克是我合作过的最好的产品经理，所以我们可以在早期建立起高保真的实体模型，看起来很像真正的产品，并且能得到很快的反馈。

实际上，我在一所教计算机科学的高中读了4年，相对擅长技术，我设计了 Invite Media 和 Flatiron Health 的早期产品。正因如此，我们可以在第一天就向真正的客户推销并获得反馈，就像一个真正的产品一样，再决定是否真的雇用员工或者在工程上花费大量资金。创业的旅程，从最初起步冲到60英里时速的阶段是最难的，但这也是扎克和我实际上最喜欢的部分并精于此道。

如果说我们对 Flatiron Health 没有抱很大的期望，那就是在撒谎。在我们刚出售 Invite Media 的几年，其每年的巨额广告收入高达数十亿美元，公司像乘坐火箭飞船一样突飞猛进，事实证明我们当时低估了它的价值。因此，从 Flatiron Health 创业的第一天起，我们就抱有很大的期待和希望，但这些期望很快就破灭了。我们做的是癌症中心的业务智能工具，为私人诊所和医院做分析，但事实证明，医院和癌症中心实际上在这方面并没有多少预算，你不可能专门成立一个公司去销售它。因此，我们转而向这些中心提供免费的软件和工具，作为回报，它们给我们提供数据用于商业化和研究。

一开始我们认为制药公司会为这些数据付费，来跟踪它们在某些类别的药物或其他方面的市场份额，但事实证明，这里存在着一个叫作"真实世界证据"（real-world evidence, RWE）的巨大机遇。它可以帮助美国食品和药物管理局（FDA），帮助制药公司，帮助学术研究，帮助监管部门做出关于药物的决定，以及应当将哪些药物包括进来，哪些药物有效，哪些药物安全，哪些药物相对而言效果最好，应当值多少钱等，这就是所谓的"真实世界证据"。在创办Flatiron时，我们甚至不知道"真实世界证据"是什么，而这正是Flatiron Health今天的特色。

此外，我们还聘请了鲍比·格林（Bobby Green）作为公司的首席医疗官（CMO），他来自社区诊所的圈子。格林对我们说，要知道我们在这里做出的决策没有足够的信息支撑，通过定期收集癌症患者的数据，更好地了解情况，可以帮助我们提升决策的质量。大约96%的癌症患者没有进入临床试验，所以我们实际上只掌握4%患者的数据。因此，我们将公司的愿景调整为掌握96%的病人的信息，这个愿景在公司成立一年内就得以实现。

在人才招募方面，我们借鉴了谷歌的招聘程序。每一个进门的候选人都要经过标准化的面试，至少有8个考官，通常是两人一组参加面试，有标准化的计分卡、结构化的提问，所有这些都由应聘跟踪系统来管理。招聘经理必须像论文答辩一样解释每个候选人入选的理由，然后扎克和我批准是否录用他们，这样的程序一直沿用到今天，我们坚持亲自面试每个人，直到公司达到了150~200名员工的规模。我们因此具备了所需要的各种重要能力，包括垂直思维、连续思维和解决问题的能力。专业知识对我们来说是最不重要的，除非你是一个医学专家。成功的关键在于你如何处事，如何思考，能否提出好的问题，能否将问题分解。

对特纳和温伯格来说，他们的"职业路径"主要就是创办公司，而且他们很早就起步了，上大学的时候就已经取得了早期的成功。这种早期的成功经验帮助他们在自己并无专长的新领域拓展了事业。然而，他们的软技能、融资能力以及关系网助力他们快速学习，并且在完全不同的领域创建了非常成功的公司。特纳和温伯格并不是仅有的"重复创业者"。在第4章中，我们将研究"二次创业者"的身份在10亿美元规模公司的成功中起到的作用。

04 | 第 4 章
超级创始人

那是 2008 年的新年前夜，加勒特·坎普（Garrett Camp）被困在外面回不了家。他和朋友们在旧金山一起外出跨年，当晚出租车的电话被打爆了都叫不到车，城市的公共交通也已关闭，旧金山的陡峭山路又无法步行，迫不得已，他和朋友们凑了 800 美元打了一辆豪华轿车，他走了一路，抱怨了一路。①

对坎普来说，这只是他平日遭遇的种种出行难题中最近的一次，他习惯乘坐价格不菲的出租车或者叫"黑车"，然而"黑车"还很难打。这一次，800 美元的车费彻底激怒了他，但也让他有了一个想法：如果能按需计费，而不用提前预订，然后以小时或半天计费，就能降低私人"黑车"或豪华轿车服务的成本。如果有多名乘客乘坐，司机仍然可以获得一天应有的工作报酬，于是他很快就勾勒出一个概念，并称之为"优步出租车"（UberCab），即利用顾客的 GPS 位置向距离最近的司机发送信息。

坎普当时刚满 30 岁，他有软件工程的硕士学位，还有几个志同道合的朋友——奥斯卡·萨拉扎尔（Oscar Salazar）和康拉德·惠兰（Conrad Whelan），他们同意为坎普的想法创建一个原型。当事情看起来可能行得通

---

① 艾莉森·肖特尔（Alyson Shontell）："你好，优步先生！锋芒毕露的推销员特拉维斯·卡兰尼克如何成为硅谷的新星，"商业内幕网，2014 年 1 月 11 日，www.businessinsider.com/uber-travis-kalanick-Bio-2014-1。

的时候，他邀请了特拉维斯·卡兰尼克（Travis Kalanick）作为投资人和"超级顾问"加入。

优步后来成为这个时代最成功的公司之一。在那次改变命运的糟糕体验之后的 10 年，优步在纽约证券交易所首次亮相，估值超过 500 亿美元，坎普和卡兰尼克都成了亿万富翁。我们很容易把优步的故事看成是两个年轻人得了天时，用一个好的想法就淘到了金子。在某种程度上来说也许确实如此，但是，坎普和卡兰尼克都非创业新手，两人此前都有过成功创办公司的经验，并且他们把对创业的洞察力、投资人及顾问关系网络都带到了优步。

在风险投资领域，我们看到的许多投融资项目都是由初次创业者提出的，由曾经成功卖掉过公司的创始人提出的情况并不多见。但是，在观察研究这些 10 亿美元规模的公司时，我发现了一个显著的模式，即在这些创始人中，将近 60% 的人都有过作为公司创始人的创业经验，请注意，不是作为创业公司的早期雇员，而是作为创始人，而且在大多数情况下是作为创始 CEO。他们之中有些人以前创办的公司大获成功，有些人则是惨遭失败。看来真正重要的是多做几次尝试。

将这些数字与随机组对比，重复创业者的价值变得更加引人注目：在随机选择的风险投资支持的创业公司中，只有 40% 多的公司有重复创业的创始人。数据显示，至少创办过一家公司，即使是一家并不十分成功的公司，也会增加创办估值 10 亿美元公司的可能性。

当然，创始人最好是创办过一家成功的公司。那些曾经扩大过公司规模的重复创业者，即使规模不太大，也会带来良好的业绩记录，使得他们在下次创业时更加容易。在 10 亿美元规模的公司中，70% 的重复创业者至少成功创办过一家公司，与随机组的 24% 相比，差距非常显著。那些过去有过优异业绩的人，更有可能创办 10 亿美元规模的公司，这是我的数据中显示的10亿美元组和随机组之间最大的差异（见图4-1）。

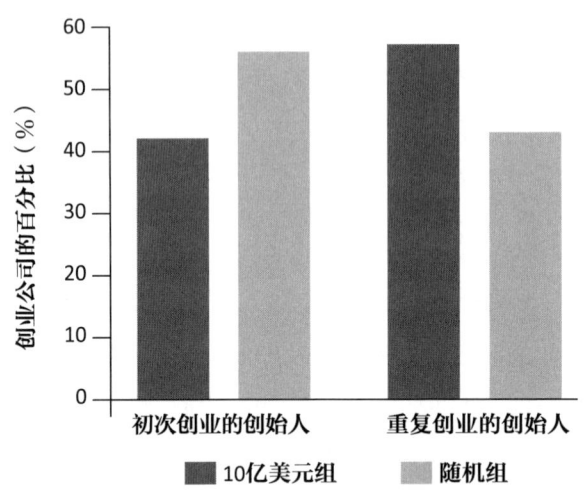

图4-1 初次创业的创始人与重复创业的创始人

这些重复创业者不仅仅是"连续创业者"（这个词已经被过度使用了，几乎没有任何意义）。我把这个创业者群体称为"超级创始人"，本书正是由此得名。我对"超级创始人"的定义是：至少创立过一家公司，要么以1000万美元或更高的估值退出，要么是营收超过1000万美元，无论它是否从风险资本投资人那里获得了资金。虽然以1000万美元退出在大额的收购案中算不上什么，但这为创始人的下一次创业蓄势，而其下一次的创业似乎更有可能达到几十亿美元的规模。这类收购往往买的是技术、产品或团队，而创业公司整体尚未取得大规模的商业成功。1000万美元的基准不应作为一个绝对的标准，而是一个概念性的门槛，可以随着时间和地域的变化而变化。超级创始人的价值在于他们有能力将公司拓展到一定的规模和收益，并且有能力复制这样的成功。

今日的超级创始人将打造明日的独角兽公司

以帕特里克·科里森和约翰·科里森兄弟为例，在还只有十几岁的时候，他们就创立了 Auctomatic，一个为易趣网上的实力卖家提供的拍卖管理系统。2007 年冬天，他们把这个想法带到了创业加速器 Y Combinator，并从包括克里斯·萨卡（Chris Sacca）和保罗·布克海特（Paul Buchheit）在内的投资者那里筹集了一小笔种子资金。公司成立 10 个月后就被一家加拿大的上市公司以大约 500 万美元的价格收购，这使得科里森兄弟俩在 21 岁生日之前就成为百万富翁。被收购后不久，兄弟俩开始着手一些小项目，他们发现在网上收款非常困难，于是启动了一个让网上收款变得便利的项目，这一次的创业直接促成了 Stripe 的诞生。Stripe 公司成立于 2010 年，如今在十几万个网站上应用，其最近的估值已超过 350 亿美元。

尽管他们第一家公司的收购价没有超过 1000 万美元的基准，但帕特里克和约翰兄弟展现出了超级创始人的特质：他们希望解决现实问题，他们带来了客户，并且创造了有价值的东西。还有很多像这两兄弟的创始人，他们早期的创业收益没有达到 1000 万美元，但他们仍然抓住了超级创始人的精髓，这也是为什么我们不应仅从字面上理解 1000 万美元这个标准。在印度，有一个估值达数十亿美元的支付应用软件 Paytm，它可以让用户使用二维码轻松支付，其创始人维贾伊·谢卡尔·夏尔马（Vijay Shekhar Sharma）在大学时就创办了一个新闻和内容网站，后来以 100 万美元的价格被收购。无独有偶，丹尼尔·埃克（Daniel Ek）在创立流媒体音乐平台 Spotify 之前，就在瑞典创建了一家在线广告公司，该公司后来以 150 万美元的价格被收购。请注意，超级创始人的本领可不仅仅是出售公司，他们都有创建新事物的共同想法，并且能全力以赴实现他们的想法。

坎普和卡兰尼克都属于超级创始人。在优步之前，坎普创立了StumbleUpon，这是第一个网页发现平台，能够使用户通过一次点击就找到新的网络内容，这个平台迅速吸引了天使投资人，包括布拉德·奥尼尔（Brad O'Neill）、蒂姆·费里斯（Tim Ferriss）、拉姆·施里拉姆（Ram Shriram）、罗恩·康韦（Ron Conway）和米奇·卡普尔（Mitch Kapor）以及First Round Capital等风险投资公司。最终，易趣网以7500万美元收购了该公司。坎普在被收购之后继续担任CEO，并在2009年与几位投资人一起又买回了这家公司。卡兰尼克在加州大学洛杉矶分校学习计算机工程和商业经济学，大四时辍学，与另外5名同学一起创立了Scour，这是一个点对点的内容共享服务。Scour的发展引起了电影和音乐行业团体的注意，它们以侵犯版权为由起诉了该公司。打官司耗尽了Scour的资金，公司在1年内申请了破产保护。

次年，卡兰尼克和Scour的另一位创始人联合创建了一个名为Red Swoosh的新式文件共享服务。与Scour一样，借着21世纪初互联网带宽增长的那股东风，Red Swoosh推出了让用户传输大型文件的服务，包括音乐和视频。尽管Red Swoosh保留了Scour的许多优点，但卡兰尼克在融资方面遇到了困难，在长达3年的时间里都没有工资。他先是和父母住在一起，后来为了节省开支在泰国生活。最终，在坚持不懈的努力下，他说服了August Capital和Crosslink Capital投资了该公司。2007年，互联网基础设施领域的上市公司Akamai Technologies以1900万美元收购了Red Swoosh。在为科技先锋们举办的巴黎高端会议LeWeb上，卡兰尼克遇到了坎普，彼时二人都经历过创业的低谷和高峰。在决定联手创建优步之时，他们不仅已经有了打造可行产品的经验，也有了可以联系的投资人的名单。

当坎普开始着手优步的工作时，他仍然是StumbleUpon公司的CEO，故当时作为超级顾问的卡兰尼克对是否完全投入优步的工作也有些犹豫不决。毕竟这个创业理念要大获成功还需要几年的时间，两位创始人都不想全职经营这家公司。2010 年初，卡兰尼克在推特上说，他正在物色一位具有创业精神的产品经理，来帮助减轻他和坎普的一些工作量。当时 26 岁的 Foursquare 公司的业务拓展实习生瑞安·格雷夫斯（Ryan Graves）回应了这个留言（见图 4-2）。于是，格雷夫斯加入并开始担任公司的总经理，在公司成立后不久就被任命为 CEO。通过这个故事，你可以学到的一课是：如果你想加入一个处在非常早期的创业公司，那么就去寻找由超级创始人创建的公司，这样可以增加你的成功概率。11 个月后，即 2010 年 12 月，卡兰尼克终于被公司的潜力说服了，他全职加入公司，被任命为联合创始人，并接替格雷夫斯成为 CEO。

图 4-2 回复留言[①]

在本书前面三章的故事中也有许多超级创始人，例如兰利·斯坦纳特在创办 CarGurus 之前创办了猫途鹰；盖·哈德雷顿在 Anaplan 之前创办了 Adaytum；马克·罗尔在 Jet.com 之前创办了 Diapers.com；里克·弗洛普创办

---

① 特拉维斯·卡兰尼克（@travisk），Twitter，2010 年 1 月 5 日，https://twitter.com/travisk/status/7422828552?lang=en。

了 A123 系统，并在创办 Desktop Metal 之前将其推向了 IPO；戴维·达菲尔德在创办 Workday 之前创办了 PeopleSoft；纳特·特纳和扎克·温伯格创办了一家广告技术公司，在推出 Flatiron Health 之前被谷歌收购。后面章节中涉及的许多初创公司也是由超级创始人创建的。

另一个例子是 Airtable 的联合创始人豪伊·刘（Howie Liu）。大学毕业后，豪伊·刘拒绝了埃森哲（Accenture）公司的软件开发工作，直接开启了自己的创业之路。他有一个想法，那就是通过提供一种服务将电子邮件、脸书和推特的信息聚合起来，将所有数字通信放在一个地方，于是就有了 Etacts。这家创业公司在 2010 年通过创业加速器 Y Combinator 筹集了 70 万美元，投资者是包括阿什顿·库彻（Ashton Kutcher）在内的一些天使投资人。Etacts 展现出良好的前景，在运营不到 1 年的时间里，就被马克·贝尼奥夫（Marc Benioff）的 Salesforce 公司收购了，传闻收购价高达 2500 万美元，当时年仅 21 岁的豪伊立刻跻身百万富翁的行列。

然而，豪伊·刘在 Salesforce 并没待多久，他想做点新鲜事，问题只是做些什么。于是，他想到了在 Salesforce 看到的电子表格总是杂乱无章，随机存放着各种数据。电子表格在数字分析或财务计算方面效果很好，但大多数人使用它们纯粹是为了组织的需要。豪伊·刘意识到在这方面可以有所作为，创造一个新的产品来满足这些需求——不仅仅是更好的电子表格，而是新的组织工具，于是这个名为 Airtable 的新产品诞生了，并且吸引了许多投资人的注意，其最后一次估值超过 20 亿美元。

有人可能会把超级创始人的年龄想得大一些，毕竟他们以前经营并出售过一家公司。然而，从这里概述的许多例子中，你可能已经意识到，年龄对超级创始人来说也是一个无关紧要的因素。真正重要的是曾经创建过比较成功的公司，而这一点无论创始人是 18 岁还是 60 岁都可以做到。早前的创业经验对再次创业的成功至关重要，其中有多种原因。正如豪伊·刘一样，重复创业者有更好的机会接触到风险资本家和投资人，更容易获得资金。同时，他们拥有更强大的关系网络，可以从中找到早期雇员、顾问，或者被介绍给潜在的客户。此外，他们从个人角度也能更好地适应经营创业公司的要求，而且重复犯错的可能性也更小（见图 4-3）。

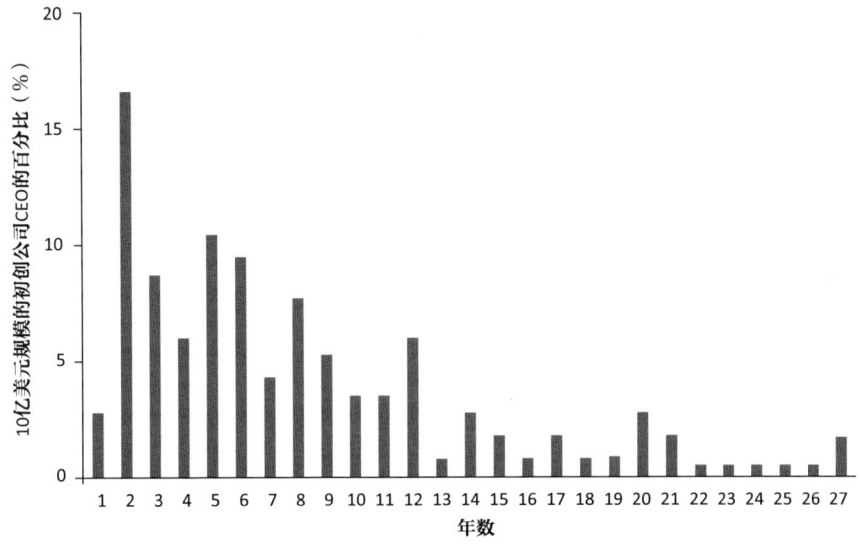

图 4-3 创始 CEO 以前创业的经验

注：在 10 亿美元规模公司的创始人中，一些人之前曾经创办过公司，其中有些人在之前的公司只经营了 1 年，有些人则经营了几十年。最常见的情况是在前一家公司经营了 2~3 年。

纵观全世界的初创企业，我们可以看到超级创始人遍布世界各地。Careem 堪称中东地区的优步，后来在 2019 年被优步公司以 31 亿美元收购，其联合创始人兼 CEO 穆达西尔·谢哈（Mudassir Sheikha）也是一位超级创始人。在加入 Careem 之前，穆达西尔花了 10 年时间在硅谷创办技术初创公司，还曾是 DeviceAnywhere 的联合创始人，该公司最终被 Keynote Systems 以 6000 万美元收购。

尽管如此，过去的成功经验并不能说明一切。许多超级创始人实际上还有另一个共性，那就是运气好。即使是最聪明的人，有了最好的想法，在某些地方也需要运气，如是否幸运地吸引到合适的投资人的注意，是否在恰当的时机提出了创业的想法，是否遇到了合适的人加入团队，是否找到了收购方来接手公司。而另一些人可能在其他方面很幸运，如他们有特权辍学，或者在没有工资的情况下也能投入创业，不必非要从事一份所谓"安全的工作"来偿还学生时代的债务，这种幸运有时得益于拥有良好人脉网络的家庭。对超级创始人来说，幸运曾经帮助他们建立声誉和关系网络，再加上个人的天赋和努力，就能取得更大的成果。不过，最为重要的是，在运气降临之前，这些创始人从未停止过努力创业，正如他们爱说的一句话："幸运偏爱够努力的人。"

有一些超级创始人能够一次又一次利用这些优势，创办了多家成功的公司。我们在第 2 章中介绍的生物技术创业家阿里·贝尔德格伦就创办了 4 家公司：1996 年的 Agensys（以 5 亿美元被收购），2007 年的 Cougar Biotechnologies（以 9.7 亿美元被收购），2009 年的凯德药业（以 120 亿美元被收购），以及 2017 年的 Allogene（以超过 20 亿美元上市）。弗雷德·莫尔(Fred Moll) 在医疗设备和手术机器人领域连续创办了 5 家公司：Endotherapeutics、Origin Medsystems、Hansen Medical、Intuitive Surgical 以及 Auris Health。显而易见的是，许多超级创始人并不仅仅是为了钱而创业。如果他们的目标是创办一家公司，然后把它卖掉，用这笔钱来享受余生，那就不会一次又一次从零开始，推出新的想法，创建新的公司。

即便算不上什么超级创始人，那些能创办独角兽公司的人也普遍有一种创造、创新的强烈冲动。以马克·扎克伯格为例，在哈佛大学的宿舍里创建著名的脸书时，他是一个 19 岁的天才，没有任何真正的工作经验。不过，在那时，他已经创建了另外三个项目，包括帮助哈佛学生选择课程的程序CourseMatch，按吸引力对哈佛学生进行排名的应用程序FaceMash，以及桌面音乐播放器Synapse。

其中，Synapse是扎克伯格最早的项目之一，早在1999年他还在高中的时候就做了这个项目。Synapse的工作方式就像Spotify的雏形版，它使用一种算法来掌握用户的音乐品位。据传闻，微软为扎克伯格这个应用程序出价95万美元，然而他最终开放了该项目的源代码，然后进入了哈佛大学学习。扎克伯格和他的同学亚当·丹吉洛（Adam D'Angelo）一起开发了Synapse，丹吉洛也有为了"乐趣"而开发东西的习惯。丹吉洛后来创办了Quora，这是另一家独角兽公司，创建了一个问答社区并推送相关广告。

几乎所有独角兽公司的创始人都是"创造者"。回溯到高中甚至更年轻的时候，其中许多人就开始了一些小项目，组织学生俱乐部，甚至创办了公司。还在高中时代的时候，Box公司的创始人亚伦·莱维就和朋友们在父母的浴缸里一起琢磨开公司的想法，后来他确实创建了几家公司，如一个买卖房屋的网站，还有一个搜索引擎，莱维称其为"世界上仅次于谷歌的最快的搜索引擎"[①]。在大学里，Flatiron Health的创始人纳特·特纳创办了一个按需送餐的公司，在此之前，他还创建了一个支持礼品卡交换服务的业务。Brex的创始人亨里克·杜布格拉斯在巴西读高中时就曾创办过一家企业对企业（B2B）支付公司。实际上，这些人做这些项目并不是为了发财，而是为了满足内心创造的欲望。看看这些数据（见图4-4）我们就可以明白，创办一家独角兽公司的最佳准备就是先创建一家估值上千万美元的公司，而为此

---

① 雷切尔·金（Rachel King）："亚伦·莱维和他的童年好友如何兵不血刃将Box打造成20亿美元规模的企业，"TechRepublic，2014年3月6日，www.techrepublic.com/article/how-aaron-levie-and-his-childhood-friends-built-box-into-a-2-billion-business-without-stabbing-each-other-in-the-back/。

能做的最好准备就是着手干一些事情，也许是一个兴趣项目，也许是一个副业，也许是一个学校俱乐部，做什么都行，重要的是——开始做起来。

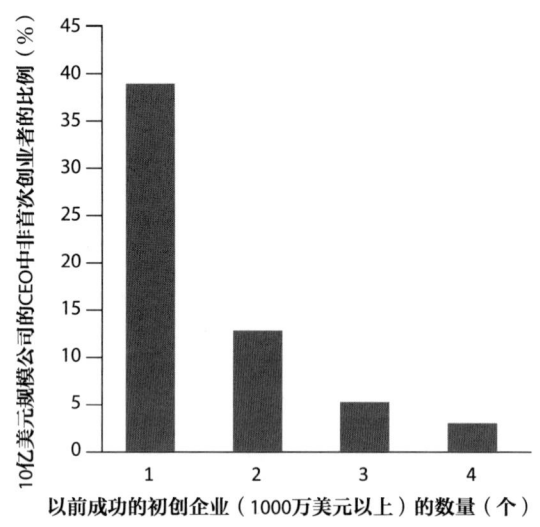

图 4-4 10 亿美元规模公司的创始 CEO 之前的成功经历

注：一些超级创始人以前创建过多达 4 个价值超过 1000 万美元的公司。

实际上，并非每个创办独角兽公司的人都是超级创始人。创始人可以在没有太多成功经验的情况下，甚至在有过很多失败教训的情况下最终实现他们的伟大想法。我们观察到的最关键的一点，是这些创始人都走过一段创业历程。对他们下一次创办 10 亿美元公司的可能性来说，那些过去失败过的创业者是其他创业者的 1.6 倍，而那些即使是低收益退出（通常被风险投资界认为是失败者）的创业者，其可能性要大 3.3 倍。让我们以 Clubhouse 的联合创始人保罗·戴维森（Paul Davison）和罗汉·塞思（Rohan Seth）为例。Clubhouse 是一个纯音频的社交网络，人们可以收听实时访谈，讨论科技或体育等各种话题。该公司创办于 2020 年，在不到一年的时间里就获得了数百万的用户，估值 10 亿美元。这看起来像是一夜之间的成功，但戴维森和塞思在之前的10年里推出过多种消费类社交应用程序，在最终"成功破解密码"之前，他们经历过9次失败的创业。对创业而言，努力拼搏和经历挫折比光鲜的简历更重要，因为这是一场马拉松，而不是一场短跑，创业者应当把它当成一个旅程，并从每一次尝试中学习。希望那些雄心勃勃的投资者可以由此得到启示，转而投资人和团队，投资他们不懈的努力，采取以人为本的观念，而不局限于考虑公司的投资组合。同时希望那些踌躇满志的创业者可以由此懂得，自己无须在第一次就创造出一个独角兽公司。超级创始人的人生之路就是凭着创造新事物和解决问题的一腔热情，看淡一路的起起落落，享受过程而不是终点。当然，你不应当为了创业而创业，也不应当降低你的雄心壮志。你创办的每一家公司都有取得巨大成功的潜力。这不仅仅是开始一件事，而是为了完成一个使命。连续创建4家公司，甚至是同时创建4家公司并不是最终的目标，真正重要的是把一家公司带到终点线，哪怕它最终是一场失败，或仅是一次小胜。

二次创业成功的创始人

采访 Instacart 公司创始人
马克斯·穆伦

在本章中，我们谈到了超级创始人身上的一些优秀特质以及他们成功打造独角兽公司的过程。书中呈现了许多超级创始人的故事，但我们需要记住，在那些成功的公司中，有很大一部分是由初次创业者建立的，甚至是由此前并不太成功的二次或三次创业者创办的。在这里，我们就与他们中的一位坐下来聊一聊。

对 Instacart 的联合创始人马克斯·穆伦（Max Mullen）来说，他的创业历程始于十几岁，那时他就开始做一些小生意，如为别人处理与计算机和网站相关的事情。在穆伦创办 Instacart 时，他也没有大获成功，但他确实呈现出成功创始人的许多特质，包括他经常渴望追求伟大的想法，不断创造新的东西。为了了解穆伦是如何想到价值 10 亿美元的好创意，我在位于旧金山市中心的 Instacart 办公室采访了他，以下是他亲口讲述的关于自己的故事。

我的第一份工作是在洛杉矶的 Schematic 互动广告公司。当年我入职时，公司有 40 人；6 年后我离开的时候，公司规模已经达到 400 人。这段经历对我的职业生涯有很大的改变。我是在大学商学院学习期间加入的，当时我一边工作一边上学。在学校，我学习的是从理论上如何经营一家公司；在工作中，我真正参与去创建一家公司。后来，我成为那家公司的客户服务总监，但是，因为我真正的目标是创业，所以我选择了离开，开始了自己的创业之旅。

离开 Schematic 后不久，我就创办了第一家公司 Volly。我和联合创始人进行了种子轮融资，建立了一个能够帮助人们在真实世界中见面的社交网络。但 Volly 的第一个版本并没有成功，人们不怎么用它，也不怎么分享给他们的朋友。我们知道自己需要更好的指标数据来筹集下一轮资金，所以就围绕着最常用的功能——群组消息，调整了产品的方向。

这一转型大大改善了公司的指标。第二个版本的产品推出比第一个版本成功了 10 倍。然而，在转型的过程中，我们放弃了对产品的最初设想，于是，我们很快就失去了方向，而且不再对自己创建的产品感到兴奋，所以我们决定试着卖掉公司。后来，当我成为一位天使投资人时，我想告诉所有的创业者这个痛苦的教训——那就是，你必须对你所做的事情充满激情。

当时，我们为公司找到了两个潜在的收购方，两家公司都给了报价，其中一个是位于旧金山湾区的 Location Labs 公司。我和联合创始人都想搬到那里以便更接近创业生态圈，所以我们达成了协议，搬到了旧金山。

Location Labs 的业务很好，有大约 80 名员工。从我们做得不是很好的创业公司到他们做得很好的创业公司，这种经历很有意思。不过那时我已经感受到了一个创始人的乐趣——那就是从无到有，白手起家，感受创业的激情和能量，所以我在 1 年后就决定离开。

对于下一步该怎么做，我有很多想法，最后有一个想法脱颖而出——那就是按需配送服务。事实上，这个想法在我的脑海中挥之不去，令我彻夜难眠，我一心只想做成这件事。就像 Volly 一样，我想创造出能对真实世界有所帮助的东西，但这一次，我不只是想搞软件，而想创建一个包括运营在内的实实在在的公司。

不知道为什么这个想法如此打动我，不过还在大学时，我就为一个类似的想法写了一份商业计划书，名为 LunchIt，这是一个市集的概念，由全职在家的父母做饭，中午把午餐配送到办公室工作人员手中。

当我在 2012 年重温这个想法时，它让我对旧金山新生的按需经济有了深刻的看法。对我来说，未来的样子清晰可见：所有的产品都将在一小时内送达，而且通过智能手机即可实现。从那时起，我面临的问题不再是要做什么，而是要如何实现这个特别的想法。

下一个问题，谁将成为我的技术联合创始人？我召集了在旧金山的 12 个朋友，他们都绝顶聪明，也是我潜在的联合创始人。我对大家说："我希望每个人都提出自己最喜欢的想法。"于是我们轮流说出了自己的设想，大家看起来很喜欢我提出的点子，这给了我积极的反馈。

在那些朋友中，有一个叫布兰登·伦纳德（Brandon Leonard），他现在是我的联合创始人。当时他告诉我，他和一个叫阿普尔瓦（Apoorva）的人在一个合作空间工作，那个人正在做的事情与我想推的项目非常相似。于是他介绍我与阿普尔瓦认识，我们第一次就在电话里聊了很长时间。我基本上就是这样说的："听着，我会辞掉工作来跟你一起合作。你已经在开发这个应用程序了。如果之后我们不喜欢一起做，也请别在意，我们随时可以单干。"我不知是从哪里来的这么大的勇气，我记得当时也想过："这很冒风险，我可能最终会失去工作。"但是，我当年创办第一家公司时也是有风险的，而我一点也不后悔做出那个决定。

阿普尔瓦和我开始一起工作，我们非常享受彼此之间的合作。几个星期后，我们意识到，最大的瓶颈就是工程带宽的问题，所以我们招募了布兰登作为第 3 个联合创始人。后来，我们入选了创业加速器 Y Combinator（YC）2012 年夏季的批次。在 YC 路演日，我们收集了所有可能的投资者的名片，并向他们介绍了我们的愿景。我们听到了许多投资者的拒绝，他们认为我们只是另一家 Webvan（一家基于 Instacart 类似理念的创业公司，在推出时获得了大量资金，但在 2000 年互联网泡沫破灭期间遭遇大败）。

现在，Instacart 已经与 300 多家零售商建立了伙伴关系，规模发展至为北美 5500 多个城市提供服务，服务涉及美国 80% 以上的人口。公司展现出巨大的前景，并已筹集了 20 亿美元的风险投资基金，最新的估值超过 150 亿美元。穆伦认为，在未来 10 年，围绕着食品行业的生产、消费、配送等方面，科技领域将会看到这些创业公司的爆炸性增长。

创建具有这种影响力的公司需要的不仅是一个好的想法，而是一种近乎痴迷的欲望。像穆伦这样的创始人总是能不断地创造、打磨并投身于新想法。正是这样的品质，而不是年龄、教育水平或技术能力，才造就了伟大的创始人。

第二部分

关于公司

对创业公司来说，重要的不仅仅是创始人，还必须要有一个好的创业想法，即创始人必须构思、创建并推向市场的一个点子。在第二部分，我们将研究这些独角兽公司的创业想法是如何形成的，它们打算解决什么类型的问题，以及它们进入市场的动态和规模。我们还将运用数据来理解诸如市场时机、竞争和防御性因素将如何影响创业公司的成功。如果你有志于创业，或者正在谋划下一件大事，我希望本书这一部分能够帮助你仔细分析创业想法的方方面面，把你的想法与数字联系起来，并且能够更好地找到公司的定位，获得创业的成功。

05 | 第 5 章
创业点子的由来

在确定 Flatiron Health 的业务点子之前，纳特·特纳和扎克·温伯格花了好几年的时间反复构思、研究并完善他们的想法。起初他们想到的是保险的概念，后来变成了"第二诊疗意见"，再后来又进化为癌症护理的数据分析，最终演变成运用真实世界的证据，即来自真实病人案例的大型数据集以及病人对治疗的反应来研究癌症治疗的功效，而这正是 Flatiron Health 赖以成功的理念。同样地，马克斯·穆伦在日记中也记录下了他的创业想法，几年里他一直在思考按需经济的神奇之处，即"只要按一下按钮，真实世界就会发生一些事情"。然后，他把目光投向了后来成就了 Instacart 的想法。托德·麦金农（Todd McKinnon）创立了 Okta，这是一家从事密码管理的独角兽公司，麦金农对解决密码问题并没有什么使命感，他看到了软件即服务（SaaS）工具的爆炸式发展，对这一趋势再三考量。他知道，从本地部署到云计算的转变将扰乱现有供应商的业务。① 在决定创建 Okta 之前，他反复考虑了不同的想法。DoorDash 是一家按需配送的公司，在成立仅 7 年后的首次公开募股中估值就超过 500 亿美元，该公司的创始人对餐厅送货也没有什么使命

---

① 阿里·利维（Ari Levy）："Okta 公司的 CEO 如何在 2008 年说服妻子同意他离开 Salesforce 冒险创业"，美国全国广播公司财经频道，2019 年 12 月 26 日，www.cnbc.com/2019/12/26/how-okta-ceo-todd-mckinnon-convinced-wife-he-should-leave-salesforce.html。

感。"我们走到一起时没有具体的创业想法，但是我们都有一个共同的愿望，那就是创造一些我们引以为豪的东西。"作为联合创始人之一的埃文·摩尔（Evan Moore）说，他们有为小企业业主创建软件的想法。在向创业加速器Y Combinator 提交的申请中，他们提到："我们一开始不知道有什么需求需要被满足，所以就与所有能找到的小企业主交谈。① 其中我们问过的最有用的问题就是'告诉我你今天所做的一切'。我们尝试了一些想法和做法，其中之一是在零售点的 iPad 上放置一个简短的营销归因调查，从事配送的点子当时就诞生在一家马卡龙店，在结束一次采访时，我们无意中听到店面经理拒绝了一个送货订单。如果说真有什么灵光一现的顿悟时刻，那么就是那一刻。"②

这样的思维模式，我称之为"自上而下的模式"，创业者先选择了一个市场、一种客户类型或者一种趋势，然后去寻找需要解决的问题。这种类型的独角兽创业故事并不像人们耳熟能详的典型版本那么振奋人心，即创始人几十年如一日纠结于某个个人问题，并以解决这个问题为使命。但实际上，那样的创业故事并不像媒体所报道的那么常见。

创业者经常被告知，他们必须通过创业解决一个切身面临的棘手问题，而这种权衡不同的想法，经历反复的构思，或者仅仅是追随一个市场机会的做法，有时会被人诟病。一位早期的投资人曾经告诉我，他从不投资那些投机取巧和"寻找"问题的创始人。他希望创始人亲自解决了自身面对的问题。但往往，这并不是 10 亿美元的初创企业背后的真实故事。"成功的企业家很少讲述他们在最初几个月里为找到一个好主意而冥思苦想的故事，"风险

---

① Y Combinator："DoorDash's 向 YCS13 的申请视频，"YouTube，2020 年 12 月 9 日，www.youtube.com/watch?v=Rzlr2tNSl0U。
② 埃文·摩尔（Evan Moore）：@evancharles，Twitter，2020 年 12 月 9 日，https://twitter.com/evancharles/status/1336835870859485184。

投资家詹姆斯·柯里尔写道，"实际上，大多数顶级的创始人都经历过严格的构思过程，才有了我们今天所知道的那些很棒的想法。"① 有些创业点子是灵光一现，但其他更多的想法则是经过数月甚至数年的精心构思而产生的。审视 10 亿美元公司的起源，你会发现许多公司都是由机遇驱动的。有些甚至是刻意寻找问题的结果。"所有 10 亿美元的公司都是由使命驱动的创始人为解决他们自身面临的问题而创建的"，这是虚构的。你可以为使命感而成功，也可以为创造价值而成功。

埃拉德·吉尔（Elad Gil）是科技创业公司最好的天使投资人之一，他向我指出，许多方法在实践中都是可行的。

> 谷歌的拉里·佩奇非常有使命感，他要把全世界的信息组织起来，让所有人都能获得并使用这些信息。不过与此同时，他们很早就想以 100 万美元的价格出售谷歌。因此我认为，对使命的信念有时会立刻出现，但有时会在公司成功之后才出现，那时候人们意识到他们拥有某种使命，然后那就变成了他们的人生使命。依我看，在硅谷有很多关于创始人的神话是编造出来的，其中一个原因是：创始人的故事越引人注目，越会使媒体更热衷去报道。媒体不想报道创业公司，他们想报道创始人个人，你懂的，诸如当他们 5 岁的时候，在衣柜里储存东西，然后就变成了云商店或是什么东西，对吗？所有这些所谓的线索都试图被说得神乎其神。然而在另一面，你常常听到的是创始人在骗人的互联网投票 App 工作，然后他们决定开始做些不同的事情，而那个东西后来变成了规模可观的业务，然后，他们有了一个由使命驱动的愿景。

---

① 詹姆斯·柯里尔：《伟大创业理念的隐藏模式》，NFX，2020 年 10 月 25 日，www.nfx.com/post/hidden-patterns-great-startup-ideas/。

以机遇为驱动的方式固然行得通，但你需要记住一点，仅仅为了创业而创业有其自身的隐患。创业是一条布满荆棘的路，而且大多数创业都以失败告终。更糟糕的是，在你意识到创业会失败之前，需要付出多年的努力，解决冲突，与投资人打交道，并且还要做很多其他的工作。Floodgate Fund 的管理合伙人迈克·梅普尔斯（Mike Maples）曾说："有时你会被一心创业的想法诱惑，但这样的路往往行不通。做一些你认为此生能对这个世界有所贡献的事情。人的一生没有多少机会能这样做。"① 这与以使命感或解决个人问题为驱动而创业有所不同。你可以在机遇的驱动下创业，但同时热爱并热衷于你正在制造的产品或你所服务的客户。

埃里克·托伦伯格（Erik Torenberg）是 Product Hunt 的创始人之一，也是早期风险投资公司 Village Global 的联合创始人，他每年都会接触到大量的创业想法。当我问他如何可以想出创业点子时，他提供了这样几个框架：有些公司之所以成功，是因为它们解决了一个对人们来说非常重要的问题，就像 Tinder 解决了认识新恋人的问题一样。有些公司是开启了新的供应方式或提供了新的资源，如脸书打开了新内容的供应方式，爱彼迎打开了住宅的共享方式。而另一些公司，如物流和航运领域的初创公司飞协博（Flexport），则是因为这个领域枯燥乏味而脱颖而出。托伦伯格告诉我："其实，选择一些非常枯燥以至于谁都不肯去做的事情也是一个好点子。"有一些创始人总在寻找"酷"的想法，但没有什么比巨大的成功更酷，即使是在一个枯燥的行业里取得成功。

在某些情况下，创业的点子并不是由某个人提出来的，而是在公司内部被开发出来的。例如，Roku 最初就是流媒体公司奈飞（Netflix）的一个

---

① Eniac Ventures："迈克·梅普尔斯在孵化前发现'雷霆蜥蜴'"，Seed to Scale，podcast，2018年7月13日，https://anchor.fm/seedtoscale/episodes/Mike-Maples--Founding-Partner-of-Floodgate--on-spotting-the-Thunder-Lizards-before-they-hatch-e1pe76。

内部项目，后来为了避免疏远其硬件合作伙伴而被剥离出来。与之类似，Expedia 开始时也是微软的一个旅游项目。Niantic 是著名的 Pokémon GO 游戏背后的公司，作为一个内部项目，5 年后从谷歌分离出来。另外，还有一些公司则源于风险投资公司。其中，Snowflake 是一家数据仓库创业公司，曾在苏特希尔创投（Sutter Hill Ventures）孵化。Workday 和帕洛阿尔托网络安全公司（Palo Alto Networks）是在格雷洛克风投公司（Greylock Partners）孵化的。有些风险投资公司将这一概念发挥到了极致，甚至建立了所谓的"风险工作室"，它们引入创始人在内部创建公司。Atomic Labs 就是风险工作室的一个例子，成立了包括销售订购的个人护理产品的 Hims 在内的几家初创公司。此类情况在生物技术领域更为多见。总部位于波士顿的风险投资公司 Flagship Pioneering 以这种方式推出了多家大型初创企业，其中包括开发 mRNA 药物和疫苗的 Moderna Therapeutics，这是首批成功开发出 COVID-19 疫苗的公司之一。

还有其他一些好点子是从学术机构中涌现出来的。谷歌的创始人在斯坦福大学时开发了 PageRank 算法，并在斯坦福大学的域名上托管了谷歌，当时名为 google.stanford.edu，直到 1997 年才正式注册为 google.com。基因泰克公司（Genentech）从学术知识产权起步。罗伯特·斯旺森（Robert Swanson）在创办该公司之前，在刚刚成立的风险投资公司凯鹏华盈（Kleiner Perkins）担任助理，在那里他通过一项投资了解到基因重组技术。后来斯旺森被解雇了，但他仍然对这个想法很着迷。失业的他开始给研究这项技术的科学家打电话，其中加州大学旧金山分校的一位教授赫伯特·博耶（Herbert Boyer）最终成了他的联合创始人。博耶是基因重组领域的专家，他同意将该技术商业化。基因泰克公司启动了现代生物技术产业，是第一家为糖尿病患者生产合成胰岛素的公司，后来该公司还发明了许多今天患者普遍使用的关键药物。① 基因泰克公司最终积累了巨大的股东价值，并在 2009 年以 470 亿美元的价格被收购。

构思创意对每个创业公司都必不可少。正如所谓的老生常谈——"想法多得是，而抓住那个对的想法付诸行动才是成功的关键"。如果你打算用生命中下一个 10 年来创业，就需要在一开始花足时间，去验证你是不是找到了那个值得为之努力的想法。首先去找你自己面临的问题，特别是你在工作场所面临的问题，但如果你找不到问题，历史经验表明，自上而下地进行构思也能产生很好的想法。找到一个趋势或选择一个市场，最好是选择一个你可能比别人更了解的客户群，并找到他们面临的真正问题。尽早去验证，并确保你找到的不是一个虚构的问题。验证的最好方法不是仅仅询问人们是否需要你们的产品，而是尝试预售它们。此外，你们还应当考虑创始人与市场之间的契合度，也就是凭什么你们是解决这一特定问题的最佳创始团队？你们知道什么是别人不知道的，你们有什么独特的优势？

---

① 西莱斯特·奎安宗（Celeste Quianzon）、伊萨姆·谢赫（Issam Cheikh）：《胰岛素的历史》，《社区医院内科观点杂志 2》，第 2 期，2012 年，doi: 10.1007/bf02821338。

源于大型科技企业的独角兽公司

采访 Confluent 公司
联合创始人尼哈·纳尔赫德

2011 年,尼哈·纳尔赫德(Neha Narkhede)、杰伊·克雷普斯(Jay Kreps)和饶俊(Jun Rao)3 个人同在领英工作,他们的工作任务是为需要实时处理的大量数据创建一个工具,他们创造的解决方案 KaTha 在当时成为一个开源工具,如今被优步和爱彼迎等科技公司以及高盛等投资银行广泛使用。这 3 位精英后来成立了 Confluent 公司,专门提供工具和管理服务来支持 KaTha。我与 Confluent 的联合创始人及创始首席技术官尼哈·纳尔赫德坐下来,听她讲述更多关于公司的早期情况,并详细回顾了公司的缘起。

我在印度一个叫普纳的城市长大,在那里学习计算机科学,并被佐治亚理工学院(Georgia Institute of Technology)研究生院录取。因为欠缺学费,我提前两三个月来到了大学,与二十几位教授交谈过,看他们是否可以雇用我做研究助理来帮我支付学习费用。就这样我完成了硕士学位的学习,教授特别希望我留下来读博士,但我认为真实世界的经验更符合我的个性。我是在 2008 年金融危机前后毕业的,所以对我来说,有一份稳定的工作是非常重要的。尽管我想探索创业,但在那时,我认为加入能让我留在美国的公司可能是一个好主意,于是我加入了甲骨文公司。第 1 年的经历真的很有趣,我学到了关于如何制造成功的企业产品的经验,但事实证明,公司的节奏比我想要的进展要慢一些。我想加入一个正在成长的、不会被关闭的初创公司,并且想去那些支持开源技术的初创公司,因为这确实是我当时看到的分布式系统的重大变化。

我看了几家创业公司,并在2009年去领英面试,当时领英大约有400名员工。我记得当时公司正在进行一个开源项目的登录页面搭建工作,我认为这是一项相当酷的品牌推广工作,足以吸引那些对开源社区感兴趣的工程师。于是,我加入了领英,这家公司的环境充其量算一般,但是,这家公司有着一个令人惊叹的文化。

我当时在做的是领英的搜索产品,但让我纠结的问题与搜索无关,而是如何将数据从不同的领英站点,如移动端或电脑桌面导入搜索系统。我们意识到必须要创造一些新的东西,为此我和大团队的另一位同事谈过,他也在考虑如何在领英以一种可靠的方式移动数据。我问他:"为什么没有人做这方面的工作?"他说:"嗯,每个人都想在产品上下功夫。没有人愿意搞这些基础设施。"但我认为这非常重要,于是我去询问老板,是否可以将我转到这个项目上,两年后,这项工作成就了KaTha。

当时对实时数据和实时产品有很大的需求,它们往往在不同的地方产生——从移动应用、网络系统,或者从不同的数据中心。以前,它们只是存储至数据仓库,而且移动这些数据和处理它们是相当直接的,但问题是你只能每天移动一次。在最理想的情况下,你可以在每天半夜进行数据分析,但我们想在每一天的每一秒都进行数据分析。有一些技术,如信息队列,可以处理实时数据,但规模小,数据量少。有一些技术,如ETL(提取、转换、加载)和日志系统可以处理大规模数据,但不是实时的。这些ETL工具都不能扩展到适用于我们在领英的每秒数十亿活动的情况。

我们把 KaTha 建成了一个开源项目，将代码捐给了 Apache 基金会。领英懂得其取得成功的关键是其所拥有的数据——数据算法、联网数据，而不是运行系统的基础设施。所以它非常乐意使用基础设施软件作为打造工程品牌的载体，我认为领英在这方面做得相当好。当然，我认为 KaTha 可能是领英最成功的开源项目，不过我们也许做了近百个各种类型的开源工具，主要是为了招聘。领英正在打造吸引顶级工程师的雇主品牌，我们想把它做成开源，因为这不仅仅是领英面对的问题，在技术领域需要一个更大范围的变革，公司需要更数字化，更实时。在前两年，硅谷的科技公司传播并采用了 KaTha，然后在接下来的一两年里，财富榜 500 强公司开始采用它。大约在 2012 年年底有一个会议，当时我和队友杰伊正在与一家财富榜 500 强的大公司交谈，作为开源社群的优秀成员，我们免费帮助公司解决其 KaTha 问题。当杰伊与他们交谈时，我靠在椅子上想，"哇！KaTha 已经进入了更广阔的平台。我确信围绕它需要有一家公司提供帮助和支持，如果不是这项技术的创造者来做，那就太可惜了。"第 2 周，我把这个想法推荐给了队友们。事实证明，他们也热衷于此，这就是 Confluent 创业之路的开始。然后，我们在领英花了一年半的时间来思考商业模式，我们思考了是创建平台公司还是应用程序公司，是创建软件公司还是软件服务（SaaS）公司。当我现在回头看时，那段时间的思考有些是有用的，但那些讨论大多是理论上的。我们写下了产品策略，这很有用，但我们花了超出预期的时间来进行头脑风暴，并在领英召开秘密会议。快到 2014 年时，我变得没有耐心再等了，我想，"我们就是要做这个。创业没有所谓的最佳时机。"风险投资界一直有关注 KaTha 的人，而且很明显，需要有一个开源公司，所以融资的结果比我们想象的要容易一些。截至那时，有 1000 家公司在使用免费的 Apache KaTha 代码。这是一个不寻常的故事，因为在融资之前，产品与市场的契合度已经存在了。

我一直认为，我们需要直截了当地告诉领英的高管我们正在创办一家公司，而不是先后辞职并试图隐瞒这件事。于是，我们鼓起勇气告诉工程主管和 CEO 杰夫·韦纳（Jeff Weiner）我们想做什么。当时我们预期会有各种不同的反应，但他们都非常支持，领英的联合创始人和主席里德·霍夫曼（Reid Hoffman）甚至跟我们分享了一些他的见解，包括如何建立公司和需要关注的问题。从我们第一次谈话到离开公司仅仅用了 1 个月左右，非常之快。为了表示对 Confluent 的支持，领英还投了一小笔资金。

尼哈·纳尔赫德和她的联合创始人在领英的一个项目上工作时有了他们创业的想法。正如本章前面所讨论的，从大型科技企业分离出一些内部的工具，将其提供给不太懂技术的小公司，这种策略为几家独角兽创业公司提供了源泉。Confluent 的创业想法从未改变，但许多价值 10 亿美元的创业公司在发展过程中经历了重大转折。因此，如何灵活转型将是我们第 6 章探讨的主题。

06 | 第 6 章

转型

> 对决策不掺杂感情因素的人，更有先见之明。
>
> ——安迪·格鲁夫（Andy Grove），
> 英特尔公司前 CEO

2008 年，斯图尔特·巴特菲尔德（Stewart Butterfield）离开雅虎，创办了多人在线的游戏 Glitch，这款产品相当讲究，相当出色，拥有一小部分粉丝。可问题是，这么好的产品居然没有流行起来。最终，巴特菲尔德不得不叫停 Glitch。在 2012 年给投资人的一封邮件中，巴特菲尔德写道："我觉得我们没有做起来，像是把上好的威士忌倒在了药店的加热垫上，根本不可能火起来。"①

后来，巴特菲尔德努力为他手下的 35 名员工都找到新工作，只留下了核心的小团队。在制作游戏的同时，他们开发了一个即时通信工具用来取代内部的邮件系统。巴特菲尔德后来说："我们没有在 Glitch 上取得成功，但

---

① John O'Farrell: "Slack," *Andreessen Horowitz*, accessed June 20, 2019, https://a16z.com/2019/06/20/slack/.

我们的工作是超级高效的。""当意识到没有这样的工具就无法工作时，我们决定将它开发成一种产品。"于是，他和小团队利用剩余的钱，将这个内部工具开发成了一个产品，即 2014 年成功推出的公司间即时通信平台 Slack。Slack 紧接着大获成功，从投资者那里融资数亿美元。公司 2019 年 1 月成功上市，IPO 估值接近 200 亿美元。

巴特菲尔德说："毫无疑问，我职业生涯学到的第一课是'要超级幸运'。但是实际上，我们有一个方面不是靠运气的，那就是——在还有选择的时候，我们甘愿舍弃一些东西，在还有足够的时间和资金的时候，我们果断关闭了 Glitch 项目，这使我们得以快速抽身，敏捷转向新的领域。"[1]

Slack 并不是巴特菲尔德所做的第一次转型。早在 2002 年，他就创办了另一家名为 Neverending 的游戏公司，遗憾的是，公司所开发的游戏并未流行起来。但巴特菲尔德认为，为游戏开发的其中一个功能——照片分享有可能成为一个高潜力的项目。于是，巴特菲尔德和团队决定将照片分享功能改造成一个独立的网站，名为 Flickr。当时，照片分享仍是一种新鲜事物，即便脸书也是在几个月后才诞生的，其他网站有存储或打印照片的功能，但没有人为摄影爱好者提供一个分享作品的空间。Flickr 因此取得小胜，并在 2005 年被雅虎以 3500 万美元的价格收购，这使巴特菲尔德本人一跃成为"超级创始人"。像许多超级创始人一样，他接下来就马不停蹄地开始创办数十亿美元规模的公司。

实际上，创业转型是非常普遍的，在业界也受到广泛欢迎。许多最终估值超过 10 亿美元的公司都是从一个完全不同的想法开始的。创始人在这一过程中做出了彻底的改变，这说明他们并不执着于某个特定的想法，不因个

---

[1] 里克·斯宾塞（Rick Spence）：《Flickr 创始人在失败中找到了成功——通过快速转型》，《金融邮报》，2014 年 5 月 29 日，https://financialpost.com/entrepreneur/flickr-founder-finds-success in-failure-two-by-pivoting-quickly。

人情愫而抱有执念,而主要追求创造新事物,他们寻找机遇,开放心态,并愿意听取市场真实的声音。

鉴于许多创业故事只提到最后采用的那个成功的点子,而且故事本身也常常被改写,因此,我们不太可能收集到究竟有多少10亿美元规模的公司进行了转型的数据,或者将这些转型与随机组创业公司的转型进行对比。然而,显而易见的是,一些10亿美元规模的公司之所以成功,只是因为创始人能够意识到什么不可行并及时对公司做出了调整。成功的创始人不需要一开始就有完美的想法,但确实要认清在什么时候需要做出何种改变。

许多知名公司在初创之时与今天我们看到的完全不同。以YouTube为例,众所周知它现在是一个大型的视频分享平台,充斥着各种视频内容:猫咪视频、音乐短片、知识视频等应有尽有。但是,在2005年YouTube首次推出的时候,创始人的想法与此大相径庭,他们原本想做的是一个约会网站。

YouTube的联合创始人陈士骏(Steve Chen)说:"我们当时总想着与视频相关的东西,但在现实中的实际应用是什么呢?我们认为约会是显而易见的选择。"那时,网上约会刚刚起步,我们想把YouTube打造成可以上传视频介绍自己并谈论理想伴侣的地方,因此我们提出的口号是:"上线,约人。"①

然而,这个想法彻底失败了,因为根本没有人在网站上传视频。陈士骏及其他联合创始人急需拉来用户,他们甚至在Craigslist上发帖说给女性注册者20美元的注册费。之后,有一些用户开始上传视频,但都不是用来约会的,而是度假的小片,或者是宠物的有趣视频。创始人注意到这种现象并同意让用户决定YouTube的用途,他们并不执着于要创建一个约会产

---

① 杰森·科布勒(Jason Koebler):"10年前的今天,YouTube作为约会网站推出,"Vice,2015年4月23日,www.vice.com/en_us/article/78xqjx/10-years-ago-today-youtube-launched-as-a-date-website。

品，而是在不断增长的互联网带宽与视频分享的结合中看到了即将到来的机遇。很快，人们开始上传各种各样的视频：烹饪教程、业余爱好者的音乐视频以及更多关于猫咪的内容。2006年，谷歌以16.5亿美元的价格收购了YouTube，这是谷歌迄今为止最大规模的一次收购，事实证明这对谷歌来说也是一次成功的收购。

像YouTube这样的公司是在拓展其产品的核心之后才找到新的立足点的，而总部位于加拿大估值数百亿美元的Shopify公司也是这样起步的。它们帮助企业开网上商店，其创始人托比亚斯·吕特克（Tobias Lütke）、丹尼尔·韦南德（Daniel Weinand）和斯科特·拉克（Scott Lake）原本想创办一家关于滑板滑雪设备的电子商务公司Snowdevil，这个平台运行良好并最终转向用Shopify在线销售各种各样的产品。

此外，还有一些包括Instagram在内的公司则采取了截然相反的路径，它们的做法是将原来的构想大幅收缩，直到找到正确的产品，即市场契合点。在Instagram成为一个流行的社交网络之前，它是一个分享社交计划的信息流平台，当时被称为Burbn，运作方式有点像Foursquare，即用户可以在餐馆和咖啡店"签到"，并向朋友展示他们的位置。Burbn有很多功能：签到、传送照片和文字，甚至是访问某些地方的打卡积分系统。在一次聚会上，Instagram的联合创始人凯文·希斯特罗姆（Kevin Systrom）引起了来自Baseline Ventures和Andreessen Horowitz的几位投资人的兴趣，获得了50万美元的融资来完善这个构想。

随着智能手机的摄像头越来越好，这家创业公司将关注的最终目标锁定在手机照片上。"我们花了一周的时间，对只专注于照片的版本进行原型设计，"希斯特罗姆后来写道，"这很可怕，我们又回到了创建Burbn的雏形。实际上，我们把Burbn的整个版本做成了一个iPhone应用，但是看起来太杂乱，而且功能过多。不过，要决定从头开始真的很难，但是，我们选择冒这个险，于是大刀阔斧删繁就简，砍掉了 Burbn 应用中除了照片、评论和喜好以外的一切功能，最后剩下的，就是现在的 Instagram。"①

后来的故事众所周知：Instagram 取得了巨大的成功，获得了数千万活跃用户，并在 2012 年被脸书以 10 亿美元收购。当时，花费 10 亿美元收购一家收入为零的公司似乎太荒谬，但多年之后，事实证明这是马克·扎克伯格做出的最英明的一个决策。

并非每一个创业转型都能实现 10 亿美元的收益。"显然创业转型有成功的案例，但也有很多失败的情况。"贝宝早期的员工基斯·拉博伊斯后来成为成功的投资人，他告诉我，当一个领导者改变公司的目标时，可能会逐渐动摇人们加入公司支持创业的初衷。"想象一下你驾驶着黄色的校车，每天送孩子们去学校，突然间你一个急转弯，孩子们会因为没有系安全带而前后左右摇晃。这对你的同事来说很容易迷失方向，"拉博伊斯说，"所以我对转型慎之又慎。"拉博伊斯自己也曾参与过一些类似的转型，在贝宝，他看着产品从掌上电脑的货币兑换到基于电子邮件的交易。他说："这算不上是激进的转型，因为电子邮件已经被嵌入最初的产品中，这就是它之所以行得通的原因。我们将易趣网作为目标市场根本不是刻意为之，因为整个过程是自下而上的，不过那确实成就了我们的交易量和交易速度。"

我询问拉博伊斯什么样的创业转型能取得成功，他指出了几个因素。当公司规模较小时，有时会更容易转型，对团队的冲击可以减少。如果旧想法和新想法之间有共同点的话会有些帮助，但有时小小的改变是不够的。"如果一点儿都不奏效，那么 10% 的改善也没有什么用。你需要 100% 的

---

① 凯文·斯特罗姆（Kevin Systrom）：《Instagram 的起源是什么？》，Quora，2011 年 1 月 11 日，www.quora.com/What-is-the-genesis-of-Instagram。

改善"，拉博伊斯说，"如果你只是在这里加10%、在那里加10%，那并不能成就一个伟大的公司。而且，如果你把时间和精力花在10%的想法上，你就没有足够清晰的思维和时间精力去琢磨从零开始的新点子。所以我认为，作为一个企业家，如果你在转型的业务上长时间停滞不前，不能得到10倍的成果，而且耗尽了伟大的新想法，那么，彻底地改变可能是一个更好的解决方案。"

一般来说，"大多数创业转型都不起作用，"天使投资人埃拉德·吉尔说，"之所以不奏效，是因为创始人总想在一个市场内转型而不是跨市场转型，而他们所在的原始市场本身可能就是一个糟糕的市场。此外，在进行转型的时候，人们总感觉付出了巨大的沉没成本，总想用上已经开发的产品。"当创始人"从头开始，从第一性原理出发"的时候，创业转型往往效果更好。

并非所有的转型都发生在早期的构思阶段。英特尔公司最初是一家生产计算机存储器的公司，在成立整整16年后转型生产处理器，这是一个完全不同的产品类别。当时英特尔占据了内存芯片的主要市场份额，后来来自日本同行的竞争使其利润率突然降低，迫使公司重新考虑其发展战略。如果英特尔继续选择留在存储器行业，可能早就在竞争中垮掉了。在公司发展周期的后期也有其他成功转型的例子，这些转型涉及对核心产品进行更积极的改变。例如，Slack在第4年从Glitch中分离出来，融资1700万美元，变成了一家新的公司，账户上有500万美元，团队有35人。Odeo是一家播客公司，在两年后转型为Twitter时，融资600万美元，有14名全职员工。

转型真的很难，不是一般的艰难。转型是企业家在创业过程中必须做出的最艰难的抉择之一，并且冒着有可能失去团队和投资人信心的风险，在很多情况下，还不得不放弃大量的或有影响力的工作成果。我们需要谨记，失败的转型比比皆是，成功的转型实属例外。转型毕竟是在原来的方案失败后去尝试一种新的方案，或去尝试一个新的市场。但是，通过研究客户的反应并观察市场而得到的新思路，并且给这个新思路一个机会，也许比完全放弃要好。

我见过的最常见的转型类型，是将战略从面向消费者（B2C）转向面向企业（B2B），或者是反其道行之。对 B2C 的公司来说，转型通常是因为创始人认为产品获客成本太高，想尝试将其变成面向企业的工具。同样地，对 B2B 的公司来说，当客户的销售周期变得太长，而创始人认为直接面对消费者会更容易，就会发生转型。这类转型有时会成功，但很多以失败告终。往往公司试图为客户解决的那个原本的问题，无论是对消费者还是对企业来说，通常都没有创始人认为的那么严重，因此，转型并没有解决真正的问题，即市场需求的问题。如果你们正在进行这一类转型，请务必先核实是否存在实际的客户需求，这一点远比销售周期或者获客成本更为重要，后面两者都可能表明你们的产品缺乏真正的市场需求。

关于转型，有一点至关重要，那就是你们在银行账户还有资金的时候具备执行转型的能力。在面临转型时，创业者可以控制的事情不多，但这是一个可控的方面，值得强调的是，在看到产品与市场契合之前一定要节约现金。在市场对你们的产品呈现出明显的需求之前，不要花钱雇用销售和营销团队。如果你们还不太确定产品－市场契合度，那么这个产品可能真的没有市场。Greylock 公司的合伙人莎拉·郭（Sarah Guo）说："公司最常犯的一个错误，就是在产品还没有留住现有的客户之前，就盲目扩大客户源，这种做法相当于把燃料倒入一个漏油的发动机里。亲口承认自己的产品与市场不契合，这的确很难，也很可怕，而避重就轻把注意力放在所有的'二级问题'上就容易得多。你需要最初的产品团队来交付与市场契合的产品，但是记住，在达到良好的产品－市场契合度之前，其他的统统都不重要。不过，现实的情况是大多数创业公司都没有做到这一点，这就是它们失败的致命原因。"[1]

不要过于迷恋你的创业点子，不要盲目相信因为你是新锐创业公司的高管或者是获得奖项的学者，市场就会自动接受你的产品。一定要保持开放的心态，倾听客户的意见，确保将你的思考过程高效彻底地传达给员工和投资人，这样的话，转型就不至于像基斯·拉博伊斯口中说的"校车急转弯"。保持小规模的团队会有助于做到这一点。通常来说，转型可以采用两种策略：要么为同样的客户改变你的产品，要么为同样的产品改变你的客户。如果二者都不奏效，那就看看你的团队能做什么独特的事情，并提出一个新的点子。在后一种情况下，你可能想新开一个公司，此时你要清理以前的资权结构表（股东记录）和负债/股权结构表，把银行账户里剩余的资金还给投资人，并且说服以前的投资人有机会的话要给你的新公司投资。最后一点，就是要扪心自问，确保你和联合创始人仍然对新市场或为新客户创建公司这件事充满热情。如果你看不到自己在未来10年能实现新的愿景，也许，关闭公司并把钱还给投资者（如果还有的话）是一个更靠谱的主意。

---

[1] 莎拉·郭：《唯一重要的问题：我们是否有产品–市场契合度？》，《领英》，2020年4月10日，www.linkedin.com/pulse/only-question-matters- do-we-have-product-market-fit-sarah-guo/?articleId=6654505667254202369。

07 | 第 7 章
在哪里？做什么

"软件正在吞噬这个世界"，这是2011年马克·安德森（Marc Andreessen）在《华尔街日报》提出的著名论断。[①] 作为网景公司（Netscape）和世界著名的风险投资公司安德森·霍洛维茨基金（Andreessen Horowitz）的创始人，安德森强调了这些例子来证明他的观点：世界上最大的商店亚马逊是一家软件公司；人们都在奈飞上看电影；主导的音乐公司是iTunes、Spotify和Pandora——而这些统统都是软件制造商。他认为，从传统的实体经济向基于软件的经济的转变，是因为搭上了技术跃迁的顺风车。

如今，把软件当成一种新的创业公司类型已经是陈词滥调了。每一家公司和每一个行业都经历了向软件驱动的转变并以某种方式被技术颠覆。看看我研究的10亿美元规模的公司（见图7-1），其中超过一半（54%）是软件公司，其次17%是消费品公司（如Fitbit），14%是医疗保健/生物技术/制药公司，8%是实体商业产品（如SpaceX），其余的归类为能源、材料以及其他行业（包括金融）。

[①] 马克·安德森：《为什么软件正在吞噬这个世界》，《华尔街日报》，2011年8月20日，www.wsj.com/articles/SB10001424053111903480904576512250915629460。

图 7-1 10 亿美元规模公司所在行业一览

注：在 10 亿美元规模的公司中，超过一半是软件公司，其余的来自消费品、商业产品、医疗保健和其他行业。

在随机组的公司中，40% 是软件公司，25% 是医疗保健公司，10% 是商业产品公司，18% 是消费品公司。这些数据表明，软件公司达到 10 亿美元估值的可能性略高，而医疗保健 / 制药初创公司成功的可能性略低，失败率略高。

医疗保健 / 制药公司更高的风险水平体现在风投组织的投资结构上。在软件公司的早期融资中，所有投资人可能会稀释创始人 15% ~ 30% 的股份。而对一家典型的早期制药公司或生物技术公司来说，投资者可能会以更高的比例稀释创始人的股份来反映这种风险，有时这个比例甚至高达 70%。

让我们将镜头拉近，细看一下这些独角兽公司都在做什么。根据从 PitchBook Data 提取的数据（这些数据还未经 PitchBook 分析人员审查，见图

7-2），它们从事的最大的子行业是提高商业生产力的软件（如 Slack）、社交/消费和应用软件（如 Snapchat），以及电子商务（如 Wish 是一个以批发商提供超低价商品为特色的购物 App）；其次是网络管理软件（如 Palo Alto Networks 为网络创建防火墙等其他产品）、数据库管理（如 MongoDB 是一个基于分布式文件存储的数据库）、自动化/工作流软件（如 UiPath 是为企业客户实现手动任务自动化的公司）、汽车（如 Cruise 是被通用汽车收购的自动驾驶汽车公司）和生物技术（如 Indigo Ag 是一家生产植物微生物用于提高产量的农业公司）。

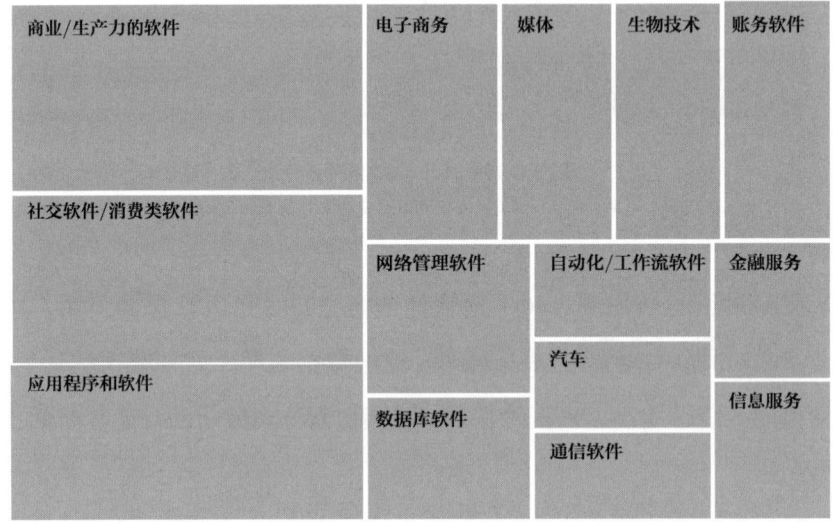

图 7-2 10 亿美元规模的创业公司所在子行业一览

注：商业和生产力软件是价值 10 亿美元的初创企业中最大的子行业，其次是社交/消费类软件、应用软件和电子商务（来源：PitchBook Data 公司）

值得注意的是，过去造就了 10 亿美元规模公司的形势与未来成就 10 亿美元公司的趋势不一定相同。现在人们非常关注一系列新的行业，如涉及生物学、空间、农业和住房的行业，或者广泛应用人工智能的行业，从保险领域到放射学领域都有。下一拨 10 亿美元规模的创业公司会出现在哪些行业，我就此询问本书采访的独角兽公司的创始人和投资人的想法，听到了他们非常多样化的答案。

Brex 的联合创始人亨里克·杜布格拉斯告诉我，他最看好的是那些专注于重建保险业的公司。Oscar Health 公司的联合创始人马里奥·施洛瑟指出，创造财富的机会存在于医疗保健业的改革中。Instacart 的联合创始人马克斯·马伦针对食品的未来情有独钟。Affirm 和贝宝的马克斯·列夫琴谈到了"清洁水、获得食物、气候变化和改善教育"的重要性。对 Confluent 的内哈·纳赫德来说是"企业的消费化"，这意味着自下而上采用工具来实现面向企业的销售。Cloudflare 的联合创始人米歇尔·扎特琳对社交网络的未来感到兴奋。在生命科学和医疗保健方面，凯德药业的阿里·贝尔德伦对细胞治疗很感兴趣，而 Flatiron Health 公司的纳特·特纳则热衷于在"神经学、神经退行性疾病和心血管疾病"领域的数据应用。

最有趣的回应来自 Nest 的联合创始人托尼·法德尔，他说："我认为看市场比看空间和行业更重要，除了硅谷之外，印度、东南亚和整个拉丁美洲都在发生重大变化。这些地方正在经历大规模的转型，就像中国经历过的那样。你需要注意这些新兴市场，看看你可以为这些市场解决什么独特的问题。你总要根据要进入的市场所面临的问题来思考。"

法德尔补充说，一切都有周期："早在 20 世纪 80 年代，深度技术（如半导体、材料或空间等高度复杂的技术）就是硅谷最主要的技术。但从那以后的 30 年里，没有人想碰它们，而现在它们又回来了。你必须从不同的角度看不同事物的周期，并与你所在的地区或你试图进入的地区相匹配，以决定在哪个区域进行哪种类型的创新。你必须了解每个地区的市场动态和时机，以及每个地区的人才供应与技能水平。"

必须在硅谷吗

法德尔说得对，地理位置很重要。创业公司在合适的环境下才能蓬勃发展，这包括它们起步的地点以及服务的区域。尽管硅谷一直都是科技创业公司发展的宝地，但这并不意味着所有10亿美元规模的创业公司都要从硅谷产生，当然也不意味着未来的事情会一成不变，尤其是在向远程办公不断转变的趋势下。

硅谷是美国独角兽公司实至名归的家园。根据我的研究，在超过10亿美元规模的创业公司中，有一半的公司总部位于旧金山湾区；而在随机组中则约为1/3，这表明可能位于硅谷的公司达到10亿美元规模的概率更高。然而，需要注意的是，有一些公司是在能够融资并看到阶段性的成功后搬到了硅谷，融资帮助它们承担了在那里经营企业并安排生活的高昂成本。例如，Dropbox的创始人就是在经过创业孵化器之后从波士顿搬到了旧金山，所以这可能是硅谷成功的部分原因。毫无疑问，硅谷的创业公司更容易接触到大量的风险投资公司以及密集的人才库，这更有利于它们取得成功。直到前不久，许多风险投资家还只投资那些他们方便开车去参加董事会会议的地方。但那以后，情况肯定发生了变化。2020年新冠肺炎（COVID-19）疫情期间，许多风险投资公司在没有见过创始人的情况下就给处于早期或后期的创业公司投资了，这对一个如此重视公司位置和与企业家见面的行业来说，真是前所未有。也可以说是地理位置对创业成功重要性影响的一个转折点。

然而，在我的研究中另外一半10亿美元规模的创业公司都不是在硅谷诞生的。10亿美元规模的创业公司中纽约占10%，南加州占10%，马萨诸塞州占6%。此外，佛罗里达州、得克萨斯州、华盛顿州和犹他州等地也都有10

亿美元规模的公司。《堡垒之夜》（*Fortnite*）游戏背后的 Epic Games 游戏公司创建于北卡罗来纳州；在线宠物商品零售商 Chewy 创建于佛罗里达州；而 Qualtrics 客户体验管理公司成立于犹他州。一家初创公司没有理由一定要在硅谷才能取得成功。事实上，在某些情况下，在其他地方发展更为有利。

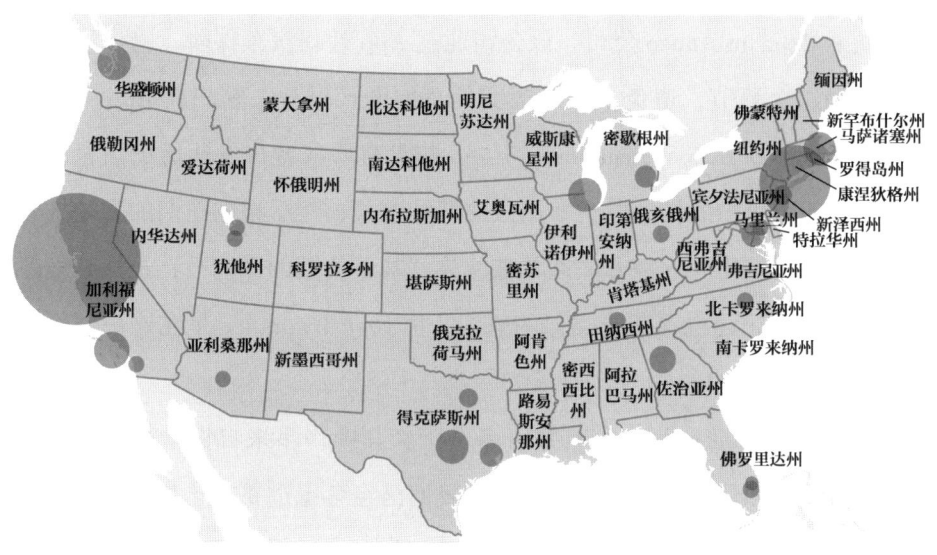

图 7-3 10 亿美元规模创业公司的地理分布

注：10 亿美元规模的创业公司集中在硅谷，在那里更有可能达到 10 亿美元的估值，但有一半分布在其他地区，如纽约和马萨诸塞州。

另一个很好的例子是新型车险公司 Root Insurance，这家公司是 2015 年由亚历克斯·蒂姆（Alex Timm）创立的。蒂姆大学毕业后便加入了全国保险公司（Nationwide Insurance）的企业战略团队。他后来说："全国保险公司是美国最大的保险公司之一，当我坐在华丽的董事会会议室里时，听到的是从我十几岁开始从事保险工作以来就一成不变的那些借口——改变谈何容易，最好不要自讨苦吃。这些说辞总是让我心情沮丧，食欲下降，甚至浑身起鸡皮疙瘩。"① 在全国保险公司,蒂姆了解到保险行业在市场营销、代理费用和高管薪水方面花费不菲。"为什么消费者不容忍其他行业这么做,却会容忍保险行业这样做呢?"他想:"亚马逊已经颠覆了零售市场,优步正在彻底改变出租车行业,但保险业一点也没有改变。"于是,蒂姆开始着手颠覆这个行业。2015 年,在全国保险公司总部所在地的俄亥俄州哥伦布市,他创立了 Root Insurance 公司。该公司通过 App 处理汽车保险,完全绕开了保险代理这个环节,避免了在线提交信息的漫长过程,客户在 App 上即可获得初步的报价。Root Insurance 的 App 并没有要求客户发送历史信息,而是通过智能手机中的传感器观察用户的驾驶方式,然后根据他们的驾驶方式给出一个保险价格。这种方法通常被称为"基于使用的保险",虽然其他保险公司和创业公司也在实施类似的想法,但 Root Insurance 是在这一创新方面最前沿的公司之一。

Root Insurance 在哥伦布有数百名员工,其中许多来自保险行业,但也有软件工程师和营销专家。蒂姆说:"我们已经考虑过要在芝加哥或其他沿海城市扩展,但坦率地说,哥伦布也在日新月异发生变化,我认为没有任何理由去其他地方。我们的增长速度非常快,也看到了风险资本的大量涌入,这里是建立公司的更好选择,比去沿海城市更便宜,而且实话实说,我们的员工保留率要高得多。在硅谷一名工程师的平均任期是 9 个月,这样真的很难做好一家公司。Root Insurance 公司在 2020 年首次公开募股时估值超过 60 亿美元。"

在硅谷以外获得蓬勃发展的另一个例子是购买汽车的在线平台 Carvana。该公司 2012 年由欧内斯特·加西亚三世(Ernest Garcia III)创立,

---

① Root Insurance (@rootinsuranceco):《为什么我们在哥伦布发展,而没有选择其他地方?》,Twitter, 2018 年 5 月 21 日, https://twitter.com/rootinsuranceco/status/998716673980018688。

这是他父亲的二手车零售商及金融公司 DriveTime 的子公司。这个家族企业已经发展壮大走出了亚利桑那州的坦佩市，但总部仍设在那里。

Carvana 的目标是通过一个在线购买及金融服务的平台来改变二手车的购买体验。在线上，用户即可浏览挑选多达 1.5 万辆车，然后选择、购买，并且从自动售货机取车。Carvana 发明了极其抢眼的大型汽车自动售货机的概念。顾客可以有 7 天试车时间，不喜欢就退货。

"汽车自动售货机给我们树立了一个永久的广告牌和一个客户购买交付地点，同时也是一个代表品牌的标志性元素，这有助于公司的公关形象。"加西亚说，"我们可以只用传统经销商花费的一小部分钱就提供一个很棒的零售场所，节省交付成本，然后利用这些为客户节省整体成本。"[1] 2019 年，Carvana 的收入超过了 30 亿美元。

关于在哪座城市会让哪个行业产生数十亿美元的初创企业，人们的看法通常并不正确。例如，人们可能会认为，纽约更有可能产生 10 亿美元规模的金融科技（Financial Technology）类的创业公司，因为它是全球的金融中心。但实际上，纽约产生的基础设施软件类的独角兽公司超过了金融科技公司。纽约也是 Flatiron Health、Oscar Health 及其他医疗和保险行业公司的所在地。同样，虽然波士顿被认为是生物技术和制药公司的中心，但它也在许多其他领域产生了数十亿美元规模的创业公司，包括基础设施软件、金融科技、电子商务和安全等领域。

公司在其诞生地取得成功是有原因的，明白这一点非常重要。例如，俄亥俄州不仅是一些最大的保险公司的总部所在地，而且拥有更先进的保险监管生态系统，让 Root Insurance 有更好的成功机会，要知道俄亥俄州的保险

---

[1] 帕特里克·卡罗内（Patrick Carone）："以下是 Carvana 背后的企业家如何想到彻底改变我们购买汽车方式的故事"，《企业家》，2019 年 2 月 20 日，www.entrepreneur.com/article/328646。

监管机构要比加州的好得多。Carvana 公司是由亚利桑那州一家已经成功的二手车零售商剥离而成，这给创始人提供了获得二手车来源的专有权。如果硅谷有最适合你公司类型的人才，如果你可以在那里招聘到人，那么你就可以搬去硅谷，但不要因此而限制你的选择：你可以待在一个地方，也可以搬到能让你在网罗优秀人才或找到重要合作关系方面拥有"不公平竞争优势"的地方。当然，一些创业公司选择了完全分布式的工作方式，这当然也可以成功。考虑到在硅谷的生活成本和运营企业的成本，伴随着最近向远程办公文化和分布式团队的转变，加上其他大都市不断发展的创业生态系统，更多 10 亿美元规模的公司可能诞生于硅谷之外，或者在未来 10 年左右呈现出完全分布式的布局。Meta、Twitter、Square 和 Shopify 等公司现在都允许远程办公，这将日渐影响高端人才在硅谷以外地区的分布，而且，这种影响还在日益加剧。

很多在美国以外创立的独角兽公司仍然能够在美国拥有强大的影响力。软件开发工具制造商独角兽 Atlassian 和平面设计平台独角兽 Canva 都是在澳大利亚成立的；创建搜索引擎工具的上市公司 Elastic，成立于荷兰；音乐流媒体服务商 Spotify 则成立于瑞典，这些公司在美国都有大型的工程部门。

从硅谷搬到丹佛的独角兽公司

采访 Guild Education 公司联合创始人雷切尔·卡尔森

2015 年,在共同创建企业员工技能培训平台 Guild Education 的时候,雷切尔·卡尔森(Rachel Carlson)和布列塔尼·斯蒂奇(Brittany Stich)都还是斯坦福大学的 MBA 学生。Guild Education 专门帮助像 Chipotle、迪士尼、沃尔玛这样的财富 500 强公司为其员工提供免费或低价的高等教育。提供这样的福利有助于这些雇主留住人才,降低员工离职率,并促进员工的职业发展。可以说,Guild Education 开发了一种创新的解决方案,通过让雇主为美国劳动者提供无债务的高等教育途径,避免了学生债务的发生,解除了美国的学生债务危机。到 2019 年,超过 300 万的美国人可以在 Guild Education 平台学习,已经有多达 40 万人通过 Guild 项目开启了他们的重返校园之旅。Guild 从 General Catalyst、Felicis Ventures 及 Redpoint Ventures 等投资人那里成功融资超过 2 亿美元,公司最近一次估值超过 10 亿美元。

许多创业公司在获得融资后,就从其他城市搬到了硅谷,但卡尔森和斯蒂奇在获得第一轮融资后,却将公司从硅谷搬到了丹佛,这是一个不同寻常的选择,因为远离硅谷的丹佛根本不是像纽约或波士顿那样的顶级科技或创业中心。我和卡尔森坐下来交流,了解了更多关于她的创业历程,以及她为什么决定把公司设在丹佛。让我们直接听听她是怎么说的吧。

我是在政治竞选中成长起来的。21 岁时已经参加过 6 次政治竞选活动,其中奥巴马 2008 年的成功竞选是最棒的一次,那也给我这段经历画上了圆满的句号。没想到后来我非常幸运，有机会在竞选结束后跟随奥巴马的过渡团队进入白宫。我当时是一个小职员，职能是协调会议安排，确保人们准时参加，这也是那个年纪的新人通常被安排做的工作。

教育一直是我最喜欢的领域，我在斯坦福大学完成了政治学专业的本科学习。当时斯坦福大学没有教育的辅修课程，但我参加了如今斯坦福大学辅修的所有教育类的课程，然后我攻读了教育硕士学位，同时攻读 MBA。去商学院时，我就知道自己想创办一家公司。我尽可能利用所有的课堂作业来探讨不同的商业想法，总是把家庭作业变成自己动手去做的事情。第 1 年，我做了一个能帮助学生找到有关工作的产品，但我不想从商学院辍学去完成这第一个想法。所以次年，我花时间做了一大堆工作，这些工作最终促成了 Guild 的诞生。

我投入了大量的时间和精力去了解联邦政策中与教育相关的部分，并为我们能切实帮助 8800 万美国人回到学校提高技能而感到兴奋。之后，我开始联系全国最好的学校，结果发现它们最大的问题是不知道如何去满足它们客户的需要。谷歌和脸书的广告费用已经变得很高，我们意识到可以建立一个市场，连接这些大学和有需要的人，这就是我们创业的开始。我们发现，需要为未来的工作进行再培训来提高技能的大多是一线工人，这让我们直接找到了他们的雇主，因为雇主正是他们获得学习机会的那个渠道。

次年结束时，我们有了一个 PPT 和一份计划书，知名教育公司 General Assembly 的杰克·施瓦茨（Jake Schwartz）提出要孵化这个业务（收购我们），还有一家非营利组织愿意资助我们作为一家独立的非营利组织。但是，我在斯坦福大学最喜欢的教授迈克尔·迪林（Michael Dearing）也经营着一家风险投资公司 Harrison Metal，他说："我知道你渴望扩展这个想法，而唯一的方法就是引入风险投资。"

但是，在我毕业之前，他不能投资，他说："你毕业第 2 天再来找我吧！"所以，我真的在毕业第 2 天就去找迈克尔了，他主导了我们的种子轮融资，当时 Cowboy Ventures 的投资家艾琳·李也参与了进来。

我们的公司在硅谷的斯坦福大学待了第 1 年，因为我的联合创始人还没完成她的 MBA 学业（她比我晚 1 年毕业）。对 Guild 公司的业务来说，一个关键的因素就是我们的教练，他们是帮助引导学生实现目标的人。在许多技术主导的企业中，都需要有一个服务层。对我们来说，这个服务层就是教练。对爱彼迎来说，这个服务层是房东；对来福车和优步来说，这个服务层是司机。对于这些类型的企业，你真的需要构建一种对服务层和工程层同样尊重的文化，但我认为在硅谷并不总是这样。我在考虑雇用数十个甚至数百个教练，我希望他们有高质量的生活，拥有自己的家，希望他们能成为父母，拥有所有职业生涯中的选择。如果我们把工作地点放在旧金山，就会让他们的生活入不敷出，而且通勤时间过长。那时候，在我们身边这样的建议不绝于耳："把你的后台办公室（包括这些教练）放在你看中的地方，放在也许是凤凰城那样消费水平更低的城市，但是，你必须把工程、产品和商业团队放在旧金山。"我觉得如果这样做，我们的产品将会变弱，组织能力也会减弱。我希望教练、技术团队和后台办公室都能待在同一个地方。我本人来自丹佛，当时我一直在密切关注丹佛的科技生态系统。那是在2015年，我有很多朋友在丹佛创业或加入创业公司。我认为我们可以在丹佛，把整个公司都放在这里。这对我来说很重要，因为把团队打散，如教练在一个地方，产品和工程在另一个地方，这样的想法并没有引起我的共鸣。我们彼此之间需要有高效反馈的回路。特别是在创业早期，我们都需要面对面交流，在白板上从早到晚讨论事情。我们需要大家在同一个房间，这样工程师和产品主管就能听到教练与学生们的通话。

所以最后，我和联合创始人决定把公司搬到丹佛，在那里发展壮大。有趣的是，尽管我的联合创始人并非来自丹佛，但她和我的丈夫都比我更愿意搬到丹佛。我们3个人聚了几次餐便确定了这个想法，然后告诉了董事会，董事会非常不爽。我记得迈克尔当时说过这样的话："这是文艺复兴，而你们却在考虑离开威尼斯。"我回家告诉丈夫，我可能无法说服他们把公司搬到丹佛。通常早期的创业者很容易被董事会操控。不过现在我知道如何应付董事会了。接下来，我在帕洛阿尔托、旧金山和丹佛3个城市同时发布了招聘工程总监的职位，并开始在3地同步进行人才搜寻。在1个月后的董事会会议上，我把所有的简历都带给他们，我说："这些就是我们最棒的候选人。"但我没有告诉董事会这些人才来自哪里。作为一家只有200万美元种子轮融资的公司，我们在丹佛所能招募到的最好的候选人是在旧金山或阿尔托帕洛的10倍，其中的杰西卡·鲁辛（Jessica Rusin）就是我们现在的工程高级副总裁（SVP）。当时大家都认为我们必须雇用她，我说："但她住在丹佛郊外。"这件事最终触动了董事会，所以我们确定的计划是公司搬去丹佛，但是还要在旧金山召开董事会会议，在旧金山融资。我每月都会回来一次。我告诉他们我有一个朋友住在旧金山，我可以随时借住。同时，我也一直在强调我们会考虑在合适的时机重开旧金山办公室。对我们来说，那个时机恰好就是在 2020 年初，我们在旧金山收购了一家公司。现在，我们在越来越多不同的地点开设办公室，也有远程办公的员工。但最初的 5 年，我们所有人都在丹佛，这对我们来说是一个完美的方案。

对于那些需求旺盛的岗位，如教练和工程师，我们没有在全国范围内招聘，而是倾向于从丹佛雇用。我们只有一个人负责招聘，领导层和早期的高管有一半都搬到了丹佛，他们当中一个来自华盛顿特区，一个来自旧金山，一个来自纽约，还有来自其他地方的。我们从沿海城市招募了大量的新员工并说服他们搬到丹佛来，特意邀请他们在周五来参观我们的办公室，给他们找房地产经纪人，在周末带他们看房子，看社区，或者去滑雪，其中很多人住在沿海城市拥挤的公寓里，在这里他们可以感受到自己能负担得起且相当不错的生活方式，并在这里买房子。我们还让他们带家人一起来。记得有一个副总裁是带着家人来的，他带着儿子去打猎，亲身感受到这里可能是抚养孩子非常酷的地方。我们喜欢招募有孩子的父母或者是准备要孩子的那些人，这是 Guild 创业故事中的一个偶然因素，因为两年前，我在经营公司时怀孕了。所以在创业这 5 年当中，其中有 3 年的时间，我们不是在谈论怀孕，就是在谈论如何做好父母。对许多选择加入我们并搬到丹佛的人来说，如何为人父母是贯穿始终的重要话题。

我们是一个真正多元化的企业，有 B2B 市场团队，有与大学合作的团队，有B2C团队，还有平台技术、基础架构、后台办公室等部门。我们发现在丹佛当地，从事企业服务的人才仍有欠缺。因为丹佛还没有那么多的企业。因此，对从事企业销售和企业产品的人才，我们不得不从其他地方进行更广泛的搜寻。这就是为什么在这个阶段我们决定通过兼并的方式在旧金山和纽约开设办公室。因为总有一些人我们无法说服他们搬到丹佛去，所以我们心里明白，在某种程度上，我们需要在这些地方开设办公室。

我深知，拥有一个企业CEO和顾问的社交圈子对我非常重要，显然他们中的很多人都在旧金山，因此我会抽出专门的时间待在旧金山。作为母亲，我不大可能参加太多的娱乐和社交活动，但我每个月都会去旧金山，在那里住两三个晚上。我花很多时间去见那里的高人，有时也会去参加一些特别的活动，如Bessemer Ventures公司为他们所投公司的CEO举办的活动。在那里我找到了一些最好的导师。我在短暂的社交时间里与同行和导师密集互动，然后再回去管理公司。不过，就客户规模而言，旧金山的财富500强公司并没有那么多，所以我的大多数销售会议与合作伙伴关系分散在美国各地。

实际上，我们除了从纽约获得了少部分的融资外，其他融资都是来自旧金山。我不认为办公室在哪里，资本就必须来自哪里。我们不在硅谷办公这一点对融资反而非常有用。因为在那里，即便创始人没在进行融资，也可能会浪费过多的时间参加活动，与投资人社交，这对投资人很有帮助，但我认为对创始人没什么用。所以对我们来说，一年中有49周，我没有与潜在的投资者进行任何对话，每次收到投资人的电子邮件我都会发送自动回复邮件，然后在A轮、

B轮、C轮和D轮所有的融资活动前,我们会花3周的时间来专注做这件事。通常情况下,第1个星期,我在丹佛,开始与投资人交谈。然后我会在旧金山待1个星期,再回家工作1个星期,处理业务上的事情。你知道,融资本身也有一种节奏,我会把握这种节奏,在第4个星期回到硅谷。

在所有的融资环节,我最终都找到了合适的伙伴,然后回家,做尽职调查,完成交易,这个过程对我们来说非常高效。我常常发现这样做能让我把时间和精力更多地放在公司经营的其他方面。在创业早期,我们在旧金山举行所有的董事会会议,所以我每个季度都去那里,但一段时间后,投资人想更好地了解我们的员工,所以我们开始每年在丹佛召开两次董事会会议,在旧金山召开两次,效果出奇地好。

我非常着迷为普通人提供技术服务和产品,但依我看,旧金山容易给人一种错觉,让创业者认为应当为身边的人、认识的人、高收入的朋友去创造产品和服务。一种普遍说法是:你只能为你自己打造出最好的产品。但我认为这个说法有局限性。实际上,你可以通过真正了解客户群体,花时间和他们在一起来创造好的产品。因为我妈妈家大多数的兄弟姐妹都没有上过大学,所以我很热衷于我们所做的事情。虽然我不是社区大学的学生,但我花了差不多1年的时间住在社区大学,和那里的大学生打成一片,并由此得到了很多启发,形成了有价值的见解。我认为最好的产业将在美国中部发展起来,因为在那里你可以抛开自身,更深刻地去了解美国大部分人口的生活状态。在旧金山也有中低收入的美国人,但是,当你被财富、高科技和其他东西的噪声淹没时,很难找到最初的"产品—

市场契合度",这就是为什么那么多的产品被吸引到送洗服务、干洗或是其他的行当。我认为更多的创始人应当像我们现在这样,把创业的地理位置和产品联系起来。这不仅将创造更大的企业,更重要的是,还能完成更有影响力的使命。

对卡尔森和斯蒂奇而言,搬出硅谷被证明是一个伟大的决定。对许多人来说,搬到硅谷可能是一个正确的决定。随着环境的不断变化,远程工作和在家办公的文化可能很快(如果现在还不是的话)便会使公司所在地的许多影响变得无关紧要。Guild 教育创造出了能够帮助美国许多工人的教育产品。在第 8 章中,我们将重点关注产品本身对 10 亿美元规模创业公司成功的重要性。

第 8 章 | 08
产品

8.1 "维生素"与"止痛药"

创业公司的创始人仿佛什么都缺,如:缺睡眠、缺资金、缺客户。但是,很少有创始人抱怨过他们缺建议,其中,他们最常听到的一个建议就是:做产品,就做"止痛药",别做"维生素",这样的说法很容易被接受,然后一遍又一遍被重复。然而,我们很少停下来问这真正意味着什么。经常有人告诉创始人"一定要做能够满足真正需求的产品"。问题是,没有一个创始人认为他们的产品没有满足真正的需求。所有的创业公司都将它们的产品定位为"解决方案",许多创始人宁愿相信他们要解决的问题需要一种"止痛药"。那么,像 Snapchat 和 TikTok 这样的"维生素"又怎么会如此成功呢?

让我们先来了解一下这两种策略的区别:一种策略是解决客户所感受到的明确的痛点,这就是所谓的"止痛药";另一种策略是改进之前做事的方式,给客户带来更好的价值、效率、娱乐或享受,帮助客户有所收获,而不是减轻痛苦,这就是所谓的"维生素"。关于什么产品是"维生素",什么产品是"止痛药",目前还没有客观的标准,所以我运用了个人的判断来进行区分。

令人惊讶的是，在 10 亿美元规模的创业公司中，我发现"维生素"类型的公司远比我预期的要多——近 1/3 的 10 亿美元规模公司生产"维生素"类型的产品，这表明制造这些产品是有价值的，但成功的概率有些不同。在随机组中，超过 50% 的公司是"维生素"类型的，这表明做"维生素"类型的公司不太容易成功，这是我在数据中观察到的另一个显著差异（见图 8-1）。

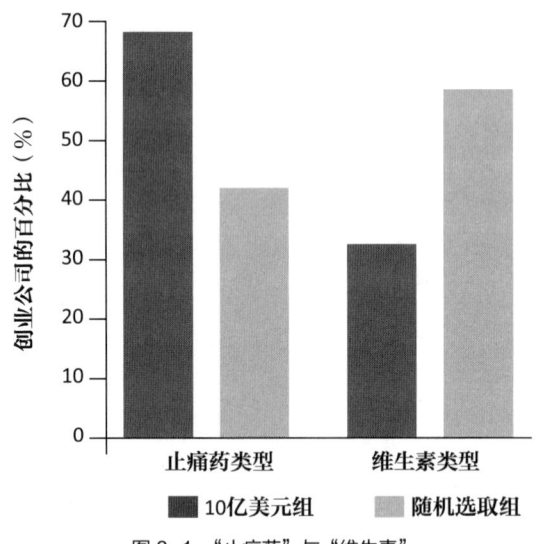

图 8-1 "止痛药"与"维生素"

注："止痛药"类型的产品更有可能成就 10 亿美元规模的创业公司，但"维生素"类型的产品也可以做到。

关于"止痛药"类型的产品，一个很好的例子是 Okta。长期以来，密码验证一直是公司的痛点，也是企业主要安全风险所在。Okta 向大型企业和小型公司销售密码验证服务，允许用户通过一次登录即可访问多个产品，这给员工带来了方便，他们不必再记住好几个密码，同时也免除了使用弱密码或过度使用密码给公司带来的安全风险。此外，Okta 还使得 IT 部门能够为组织中不同的人群提供不同的工具，解决了大公司的另一个痛点。

Okta 成立于 2009 年，当时正值经济衰退最严重的时候，许多组织都大规模地削减了预算。即便如此，Okta 公司的销售业绩还是一路飙升。Okta 将自己定位为一个不可或缺的产品，公司需要其验证服务才能有效运行。在 2010 年 Okta 发表的一篇博客文章中，公司坦率地谈论了其销售策略——"我们在客户购买时才销售"。① Okta 认为，公司无须推动大量的市场营销活动来说服客户，因为成千上万的 IT 部门都知道它们在验证方面存在的问题。Okta 的销售策略是找到它们，帮助它们诊断问题，并向它们销售解决方案。现在，Okta 已经成为超过 1 亿用户的默认验证服务商。公司于 2017 年上市，IPO 价值高达 150 亿美元。

BuzzFeed 则是一种经典的"维生素"产品，它不太关注眼前需求的解决，而是致力于创造一个令人快乐、让人上瘾的产品。这家媒体娱乐公司成立于 2006 年，通过易于分享的在线小测验、流行文化短片和 DIY 指南来娱乐用户，打造产品的吸引力（后来，该网站还引进了政治报道和调查性新闻报道）。BuzzFeed 的流行并不是因为它解决了某个特定的痛点问题，如果说它的娱乐性文章是为了解决什么问题，那一定是无聊的问题。

然而，BuzzFeed 一经推出就迅速蹿红，从用户那里获得了巨大的流量，并通过推送广告客户的赞助帖子将赞助货币化。② TikTok 是中国的视频分享社交网络，被用来制作短小的、"病毒式"的相声小品、喜剧和才艺视频，这同样也是一个"维生素"产品的例子，它在全球范围内捕获了大量观众的心，产生了大量的粉丝。

---

① 埃里克·伯格（Eric Berg）：《规模营销》，Okta，2020 年 8 月 4 日，www.okta.com/blog/2010/08/marketing-at-scale/。
② 莫汉·帕威特拉（Mohan Pavithra）："受众每月在 BuzzFeed 上花费超过 1 亿小时，"Fast Company，2016 年 2 月 18 日，www.fastcompany.com/3056667/buzzfeeds-audience-spend-over-100-million-monthly-hours-on-buzzfeed。

制造"止痛药"和"维生素"类的产品有很大的区别，不过两种方式都行得通。重要的是，作为创始人，你需要知道自己正在做什么，制定好策略，进入相应的市场去尝试。制造"维生素"并不丢人，你只需要知道你在干什么。如果客户有痛点，他们会尽其所能去止痛，寻找一些快速有效的东西，很可能会自己去寻找它，并将解决方案视为他们所需要的东西。你必须确保你的产品能够真正消除他们的痛苦，而不是"你想象中"他们的痛苦。另外，购买"维生素"产品的人更有可能会"货比三家"，他们更依赖别人的建议，并不时地改变购买的渠道。一旦"维生素"型的产品流行起来，就可以吸引大量的目标客户，并且"粘"住他们，让他们养成消费习惯。当你采取这种方法时，可以通过投资品牌和社区，设法帮助客户形成习惯，并通过增强产品的黏性来赢得成功。你还可以建立一个固有的价格优势，帮助压低市场，同时仍然赚取利润。重要的是要记住，"止痛药"产品对抗变化更有韧性。例如，"维生素"类的BuzzFeed在成立几年之后，消费者可能会寻找新的潮流或新的App来进行娱乐，它不得不解雇部分员工，并调低其他员工的收入。

8.2 省时与省钱

创业公司采用不同的方式来宣传"它们正在解决的问题"，号称它们的产品满足了人们的需求：有些是便利，有些是娱乐，有些是实惠，有些是安全，有些是省时。但是，独角兽级别的公司满足的是其中哪些需求呢？

从数据可以看到（见图8-2），在独角兽公司中，最大的一类（接近40%）专注于为客户提供提高生产力的产品，这些生产力工具为客户节省时间，让他们能够更高效地做事，也可以间接地为组织省钱，但这些产品的直接价值主张和营销策略是使客户能够更快地实现目标。例如，工作场所聊天软件 Slack 旨在取代电子邮件，Gusto 致力于处理人力资源、工资和福利事务，它们都属于这一类型的创业公司。另一类独角兽公司则专注于直接为人们省钱，这样的公司占到 1/5。例如，爱彼迎最初就是酒店的廉价替代品，尽管现在该平台为用户提供的产品早已超出了节省成本的概念，但爱彼迎早期面向客户的资源都非常注重价格实惠。此外，也有一小部分独角兽公司专注于提供便利，如杂货店配送公司 Instacart，它让顾客省去了去实体店的麻烦。

与之相对，在随机组中，仅有 1/3 的公司专注于提高生产力，19% 的公司专注于提供便利，13% 的公司专注于为客户省钱。这些数据表明，与专注于提供便利或其他类别产品的创业公司相比，专注于为客户省钱或省时间的创业公司有着明显的优势。

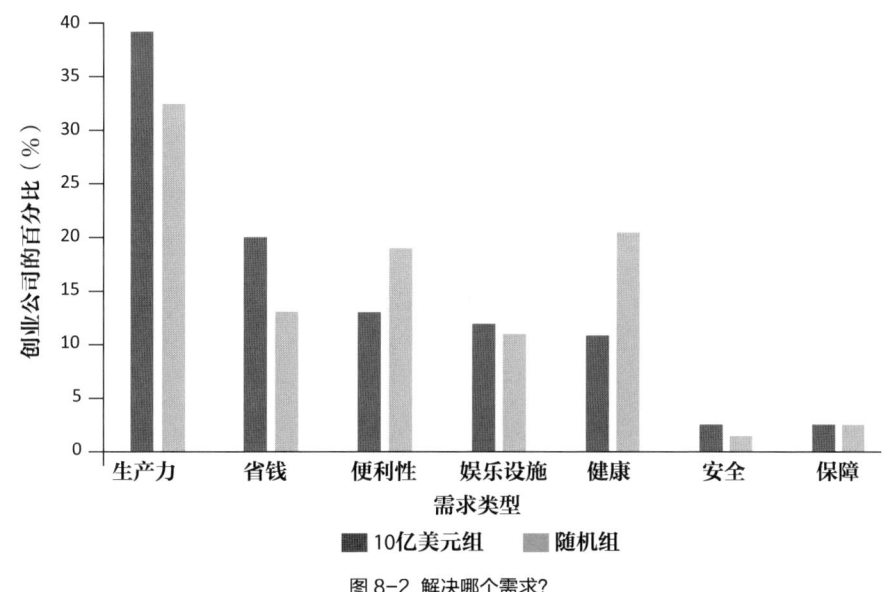

图 8-2 解决哪个需求?

注：省时和省钱是 10 亿美元规模的公司最常解决的需求，而满足这些需求的创业公司更有可能产生 10 亿美元的价值。

有些初创公司可以为客户既省时间又省金钱。当罗马尼亚企业家在2005年建造UiPath时，他们的计划是为世界上最大型的那些公司做软件外包项目。直到2012年，他们才意识到机器人过程自动化（RPA）的潜力，于是将产品转型为通常只需一键处理的自动化任务。RPA可以在方方面面节省时间：保险公司可以使用RPA软件自动从电子邮件下载收据并上传到数据库中；大型工厂的法律部门可以使用RPA机器人帮助律师自动发送保密协议。

作为RPA领域的先驱，UiPath赋能员工完成更多的工作，它的产品营销资料的侧重点是帮助客户组织变得更快捷、更省时并加速实现目标。不过，即使工作量变得越来越大，使用这样的机器人也可以间接地帮助客户保持精简的员工队伍，从而节省公司成本。实际上，许多致力于为客户提高生产力的公司最终也需要证明它们帮助客户节约了某些成本。UiPath帮助客户同时节省了时间和金钱，体现出巨大的价值，该公司最近的估值超过350亿美元。

8.3 系统集成与深科技

我们已经认识到大多数创业公司都专注于解决一个问题，也知道这些问题的复杂性大不相同。有些则不需要那么多的工程工作，而是依赖于系统集成，或者将各种组件组合到一个应用程序中。例如，爱彼迎就是一个很好的例子，它在早期只是一个短期住宿的产品，类似这样的产品仍然需要很多的工程工作，但其价值增值主要来自商业模式或营销策略的独特性，而不是技术本身。

而另一些公司则需要更多复杂技术来开发产品，否则产品就做不出来，就像Cloudera这样的产品，它为企业构建基础设施，提供数据库和工具，为企业客户管理数据流和数据库，产品本身需要投入数月甚至数年的工程开发。

像爱彼迎这样的网站可以快速建立原型，但像 Cloudera 这样的产品需要克服高难度的技术挑战，如在公司真正开始工作之前，就要弄清楚后端基础结构如何扩展。

最后一类是深科技，也被称为前沿技术、硬技术、艰深技术。这些公司通过开发难度大的产品创造价值，这些产品通常需要经由多年的科学进步与工程开发才能实现。深科技公司广泛存在于各个行业，从能源到制药再到企业服务等，它们创造新的电池技术、新的药物种类，甚至是新的运输系统等产品。对深科技公司来说，在理想的情况下不存在有没有市场的问题，重点是关注创建产品的能力。你能制造一个效率提高 3 倍的清洁能源产品吗？还是一种无可替代的救生药物？如果真是这样，那么你们可能就没有什么市场风险，政府或者公司客户有时甚至在产品出现之前就提前支付关键阶段的费用了。当你选择了承担科技发展的风险，就要确保市场风险是最小的。

实际上每一种方式各有利弊。在 10 亿美元规模的公司中，有将近一半的公司专注于系统集成，由于技术提升要求较低，系统集成更容易实现，但在销售和客户收购方面可能成本更高。与之相比，解决深科技问题要困难得多，但这样做为这些创业公司建起护城河，使其他公司不太可能与之分一杯羹。在 10 亿美元规模的公司中，25% 是技术性的，27.5% 是高科技或深科技的。在随机组中，56% 是系统集成的，20% 是技术性的，24% 是高科技或深科技的（见图 8-3）。这些数据可能意味着中等技术和深科技的公司更有可能成为 10 亿美元规模的初创公司。然而，需要警示的是，深科技公司需要在早期阶段进行更多的融资，因为它们需要支出的费用更高。在初创公司的收入可以证明其估值之前，风险投资家评估创业公司的一个方法就是看它获得融资的多寡，融资越多越可能使公司的估值增加，这种估值方式将在以下章节中作详细阐释。

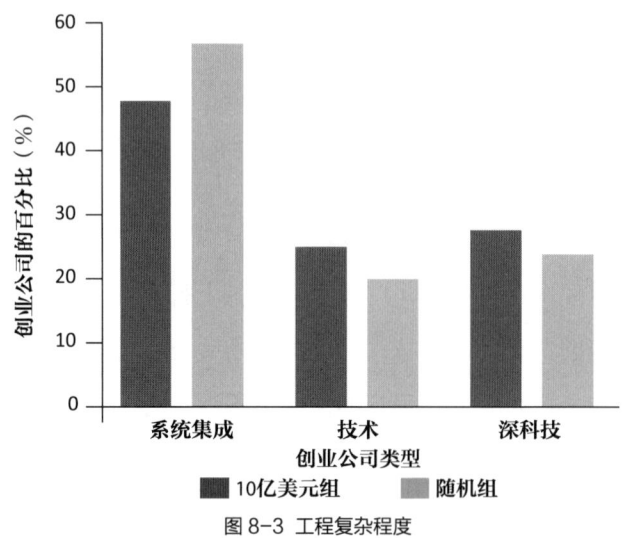

图 8-3 工程复杂程度

注：系统集成类的公司是最常见的，但深科技和中等技术类的公司更有可能达到 10 亿美元的估值。

成立于 2010 年的 Planet Labs 就是一家深科技公司，它们开发的产品可以持续监测地球，每天从地球的任意位置生成一张照片，这是如何做到的呢？原来它们开发了非常小的卫星，配备了高质量的摄像机，用火箭发射到地球轨道上。我们知道，过去的成像卫星规模巨大，花费动辄数千万美元，更不用说进入轨道的费用了。而 Planet Labs 发明的是微型卫星，每颗只有 11 磅（约为 4.99 千克）那么轻，10 立方厘米那么小。

该公司的创始人在 NASA 从事过类似的项目，但 Planet Labs 还是花了 3 年多的时间才在 2013 年 11 月推出第一颗卫星。由于这种深科技的创新，Planet Labs 已经发送了数百颗卫星，形成了最大的成像卫星星群，用它们的相机覆盖整个地球。Planet Labs 将这些图像销售给全球的公共和私营部门的实体，包括政府、农业、采矿和水务企业。我们需要注意到深科技公司的一大特点，即产品的第一个版本出炉就需要花费多年的时间，通过产品获得收入甚至需要更长的时间，这也是深科技公司面临的一大挑战。

8.4 高度差异化与山寨模仿

> 回顾过去的 40 年，我没有看到过一个来自大公司的重大创新，一个都没有。通用汽车（General Motors）和大众汽车（Volkswagen）无法设计电动汽车；波音（Boeing）和空客（Airbus）无法像 SpaceX 那样飞向太空；没有任何一家媒体公司能像 Twitter 和 Meta 那样经营媒体；没有一家制药公司能像基因泰克那样做好生物技术。
>
> ——维诺德·科斯拉（VinodKhosla），
> Sun Microsystems 公司与
> Khosla Ventures 公司联合创始人

上述引文中的"重大创新"一词值得注意。对成功的公司来说，能否做到与其他公司的差异化不应当成为一个问题，因为那些获得风险支持的公司需要做些创新的事情，至少这是我在着手研究时希望找到的。然而，在观察随机组的创业公司时，我有一些令人惊讶的发现。随机组的公司至少都融资到 300 万美元，且大部分来自风险投资人。其中，只有不到 40% 的公司与同行业其他公司相比存在着高度差异。因此，平均而言，投资人通常都会资助那些越来越差异化的公司。差异化也是一个依赖我个人判断的指标，我对"高度差异化"设置了一个非常高的标准。例如，我给爱彼迎和 Snapchat 贴上了差异化极大的标签，因为它们的客户体验与其他租赁网站或社交媒体应用程序的差异巨大。

差异化与其说是竞争，不如说是产品在早期如何从根本上区别于现有产品。一个高度差异化的公司不一定在工程上更为复杂，只是其产品非常与众不同，即使在像用户界面这样简单的东西上。在 10 亿美元规模的公司群体中，我看到超过 2/3 的公司是高度差异化的，只有一个非常小的比例是渐进差异化的。这是我在 10 亿美元的公司组发现的另外一个强烈的信号，充分表明相比生产渐进差异化产品的创业公司，那些创造高度差异化产品的创业公司更有可能获得成功。

两者之所以产生如此强烈的差别，可能是因为只有当客户感受到实质性的差异时，才愿意放弃原来信赖的品牌，或者承担新旧切换的成本来尝试一个新产品。一个高度差异化的想法有助于获得媒体的关注、营销口碑以及充满热情的粉丝群体。一般的公司和领导者每年都可以进行渐进式的创新，推出更好的产品，但是，那些愿意在高风险、高度差异化的，有时甚至是奇思妙想的产品上下功夫的创业公司，最终会产生巨大的价值。

热衷打造高度差异化产品的创始人

采访 Nest 创始人暨苹果手机共同发明人托尼·法德尔

Nest 公司的第一个产品恒温器就是一个高度差异化的产品。在公司开始重新发明家用恒温器之前,这一品类在几十年来几乎无人触及。恒温器的历史可以追溯到 17 世纪,而所谓"现代"的恒温器是 20 世纪 80 年代设计的一种数字化可编程的设备,是一个笨重的长方形的墙面控制板,需要人们每天设置想要的温度。[①]

苹果 iPod 部门的前高级副总裁托尼·法德尔,是著名的"iPod 之父"和 iPhone 的共同发明者。2010 年,他开始重新考虑可编程的恒温器,创造了完全不同的 Nest 产品,包括一个 WiFi 连接、一个圆形 LED 屏幕和一个带有旋转环的超级简单的界面来调整温度。当 Nest 恒温器感知到用户在家时,就会自动根据用户喜欢的生活方式调整温度,从而节省能源。Nest 后来又推出了其他智能家居产品,如烟雾探测器。2014 年,该公司被谷歌以 32 亿美元收购。为了深入了解托尼的创业故事,我与他进行了交谈。

我曾在密歇根大学学习计算机工程,1991 年毕业。上大学期间,我和教授艾略特·索洛韦(Elliot Soloway)一起创办了一家叫作 Constructive Instruments 的公司,专门制造和销售儿童多媒体软件。我过去经常去硅谷,与那里的一家软件出版商合作,

---

[①] 格力克·蒂里(Gerrit Tierie):《科奈里斯·德尔贝来》(*Cornelis Drebbel*), Isis 20, no. 1 (1933): 285—286, doi: 10.1086/346778。

每次在硅谷，我都会听说一家叫作 General Magic 的公司。General Magic 是由建造苹果电脑（Macintosh）的核心团队创立的，我真的很想在那里找到一份工作，因为在密歇根的安娜堡，我找不到有经验的伙伴帮我一起创业，共同发展创业公司。当时没有互联网和电子邮件，所以我专门跑到这家公司，最后终于得到了一次面试机会。

在 General Magic 公司，我们开发了智能手机的早期版本，几年之后它就成了 iPhone。公司融资了数千万美元，但这个产品当时的技术过于先进，到被大众接受还为时过早，所以遭遇了惨败。在 General Magic 之后，我自己设计了一个看起来很像个人智能手机的东西（没有电话功能），并把它推销给了 General Magic 的所有合作伙伴，其中一个是飞利浦（Philips）公司。我向他们的 CEO 展示了这个产品和愿景，对方说："我希望你为我做这个产品。"于是，飞利浦移动计算集团诞生了，并继续开发了一些基于 WindowsCE 的手持设备。1999 年，在飞利浦做了短暂的一段时间高管之后，我创办了另一家名为 Fuse 的初创公司。当时的想法是构建一个小型的基于硬盘的音乐播放器，这样就可以在一个设备上使用整个自动点唱机。就在那时，Napster 和 MP3.com 诞生了，盗版音乐开始遍布网络。由于 2000 年的互联网灾难，我们未能获得第 2 轮融资，公司命悬一线，所以我开始寻找其他公司的工作，用夜间兼职挣来一些现金来维持业务的运转。在我开始告诉朋友圈子自己的状况后，有一天突然接到了苹果公司一个惊喜来电，于是，我在 2001 年加入了苹果公司，设计了后来的 iPod。

在苹果公司工作了 10 年之后，我不想原地踏步，满足于仅仅做出比之前做过的更小、更轻、更快版本的产品。我制作了 18 代的

iPod，3代的iPhone，并制作了第一代iPad。看着这样的剧情不断上演，我告诉自己，在接下来的20年里，我不会坐在这里做同样的事情。所以我和妻子（她是苹果的人力资源副总裁）从苹果总部退出，结束了每天往返库比蒂诺（苹果公司总部所在地）的生活，开始和我们两个蹒跚学步的孩子一起环游世界。离开硅谷以后，我能够从不同的角度来看世界，并体验世界各地对不同问题的解决方案。硅谷和世界其他地方的问题并不一样。离开苹果之后的一年半里，我们在七八个不同的地方住过。在设计我们在太浩湖（一个离旧金山几小时车程的滑雪小镇）的住宅时，我们正在环游世界。我想把这所房子设计成地球上最环保、与外部世界连接最紧密的房子，但我找不到任何可以帮助节能、保持绿色并且连接外界的恒温器。当时我真不敢相信恒温器这个东西几十年来基本上没有变化。这是一个不显眼的问题，解决没人看到的问题，创新就赢了一半了。解决每个人都看到的问题是容易的，你必须注意到我们很多人经常忽视的问题。我们都有机会通过设计来改善我们周围的世界，并带来更好的体验。有些人生来就有能力看到未解决的问题。然而，我的情况并非如此，我在这上面努力了很多年。

那时，我已经在硅谷工作了20年，擅于把事情做好、能与杰出人才一起工作已经成为我的个人品牌，因此，我可以召集有才华的人来Nest工作。在iPod和iPhone获得成功之前，我在硅谷创办过多家创业公司，经历了10年的起起落落。如果没有过去的成绩单，情况将完全不同，将会很难吸引到有经验的人才跟我一起创业。在这种情况下，我应当与董事会成员和投资人合作，让他们帮助推销愿景，创建"信任链"，不能只是在领英上给人们留言"来加入我们吧!"在创办 Nest 时,我已经积累了 20 年的强大的"信任链"。作为一个新创业的企业家,你需要身边有人帮你站台,帮你的"值得信任"做背书。

Nest 的恒温器一经上市就立刻卖光了。我们在库存上非常谨慎,甚至可以说极其保守。当公司经营的是硬件类的业务时,如果有库存,这些库存押着公司的钱,稍不谨慎,很快就会破产。当公司正在做直接面向消费者的业务时,就需要押上公司的资本,赌公司将得到多少产品订单,这与 B2B 的业务非常不同。尤其是原子/电子业务,与纯电子业务不同,你会承担非常不一样的风险。开一家硬件类的公司,你不可能像谷歌或任何其他软件公司一样发布什么测试版。

在设计高度差异化的产品时,"保持初学者的视角"很重要,即确保产品直观且使用简单,不要过于复杂。这是我从史蒂夫·乔布斯那里学到的东西。史蒂夫总是会挑战我们,要我们通过客户的眼光来看待产品,这些细节都很重要。此外,创造一种体验也是关键,这是一种理性和情感体验的结合,它们同时封装在你的产品中。例如,Nest 恒温器的界面看起来的感觉,用户与之对话的体验,以及用户可以通过这个设备来节能省钱的体验。

我认为在大公司和创业公司的工作经验都很重要。如果你没有见过成长中的公司是什么样,就不知道你想构建一个什么样的公司,也不知道它应当如何成长,不知道一个组织的基本情况、各种职能以及它们如何运转。在大公司,你可以了解到大公司的问题以及优缺点;在创业公司,你可以了解事情进展的方向以及是否顺利。我们经常看到企业家和创业公司的 CEO 不知道自己要怎么发展,因为他们以前没有经历过，没有负责过落地执行与公司的成长，因此，获得这些知识极其重要。

如果你真的想创建一家大公司，你需要知道如何真正做到。这就是为什么我们看到当一家创业公司达到 100 人的规模时，大多数的 CEO 最终出局，因为他们没有经历过。有些人在这方面很有天赋，但那只是凤毛麟角。总体来说，不管他们读过多少书，除非他们以前经历过创业，否则都是很难的。

在整个职业生涯中，法德尔都执着于创造高度差异化的产品。当所做的事情开始不再具有挑战性，他选择离开苹果，并通过新的视角看问题。正如我们在本章中所看到的，高度差异化的产品更有可能产生价值数十亿美元规模的初创公司，但重要的不仅仅是产品本身，好的产品应当为有需要的客户解决需要解决的问题。在第 9 章，我们将研究对 10 亿美元规模创业公司的成功来说，市场规模及动态所发挥的作用。

09 | 第 9 章
市场

当伟大的团队遇到糟糕的市场，市场会赢。

当糟糕的团队遇到伟大的市场，市场会赢。

当伟大的团队遇到伟大的市场，就会创造出奇迹。

——安迪·拉奇勒夫，
Benchmark Capital 与
Wealthfront 公司创始人

2012年，当布莱恩·阿姆斯特朗和弗雷德·埃尔萨姆创建 Coinbase 公司时，"加密货币"还没有成为一个流行词。比特币作为第一种现代加密货币，只发明了 4 年，当时 1 比特币的交易价格还不到 5 美元。然而，阿姆斯特朗和埃尔萨姆颇具前瞻性，他们预见到这个新兴市场即将出现。阿姆斯特朗在圣诞节当天读到了一份关于比特币的白皮书，其中的理念激发了他的兴趣。他想，如果比特币流行起来，那么就会对周边的基础设施有需求：包括管理交易的经纪人，以及储存硬币的钱包。那时，他们预见到这个未来的市场，只是在担心自己在这场竞争中可能下手晚了。

结果证明，他们一点也不晚。那时比特币仍然只属于小规模的黑客社区，只有少数网站以捐赠货币的形式接受比特币。阿姆斯特朗后来说："曾经有过几次关于比特币的见面会，但没有几个人来参加。"[1] 买卖比特币仍然非常困难，而且对任何没有技术知识的人来说，的确令人望而却步。

当时，大多数持有比特币的人都对它的匿名性质颇感兴趣，他们并不在意技术细节，甚至愿意忍受交易比特币的简陋网站，但他们需要一个地方安全地储存、交易比特币。埃尔萨姆和阿姆斯特朗知道，比特币想要成为主流，就必须让这些持有人以及主流的消费者能够安全存储并购买加密货币。带着这样的想法，他们来到了创业加速器 Y Combinator，并入选了 2012 年夏季批次的路演。在公司正式成立时，他们已经竭尽全力让比特币合法化并赢得了用户的信赖。2013 年，TechCrunch 的一名记者称，Coinbase 是"我能让妈妈放心去买比特币的网站"[2]。

两位创始人同时预见到，加密货币的匿名性及不受监管性已经引起了政府的注意，监管措施很快就会出台。因此，Coinbase 全力做到合规，遵守政府法规和税法，此举有助于比特币进入主流人群之后，Coinbase 成为美元兑换比特币的可信赖场所。公司成立初期，整个比特币交易市场规模很小，全球每天的交易量刚刚超过 100 万美元，但之后便以每周 15% 的速度迅猛增长，换言之，一开始比特币的市场需求很小，但呈指数级增长。通过最早进入市场并押注需求增长，Coinbase 一举成为加密钱包市场的领头羊。

截至本书出版之时，Coinbase 的用户已经超过 4000 万，平台代理的加密货币交易量超过了 4500 亿美元。公司已经获得了 5 亿美元融资，主要投

---

[1] 凯文·罗斯：《基金会 35：布莱恩·阿姆斯特朗》，2013 年 12 月 17 日，www.youtube.com/watch?v=ZwG1roO70co。
[2] 亚莉克希亚·特索特斯（Alexia Tsotsis）、约翰·比格斯（John Biggs）：《Coinbase 的布莱恩·阿姆斯特朗》，2013 年 5 月 22 日，https://techcrunch.com/video/coinbases-brian-armstrong/。

资者包括 Union Square Ventures、Andreessen Horowitz、DFJ Growth 和 Ribbit Capital 在内。

9.1 小型成长市场与大型现有市场

Coinbase 成功进入了一个需求虽小却迅速成长的市场。对大多数价值 10 亿美元规模的公司来说，它们应当像 Coinbase 一样进军小型成长市场，还是去需求已经很大的现有市场参与竞争呢？

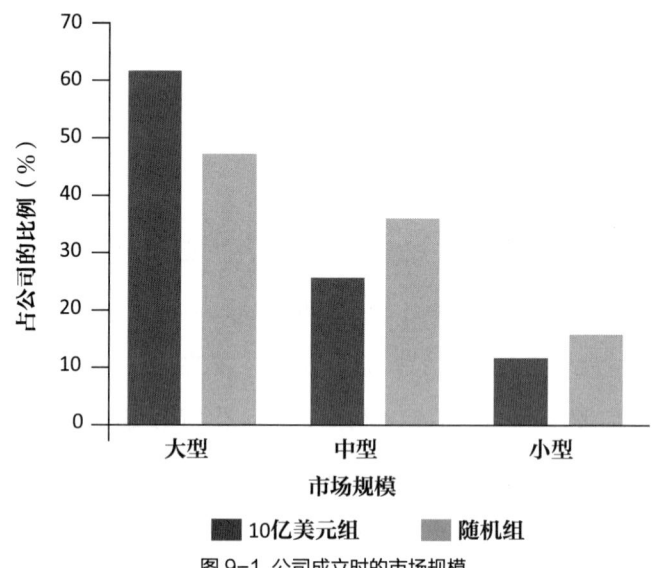

图 9-1 公司成立时的市场规模

注：大多数 10 亿美元规模的创业公司打造的产品，在公司创立时已经有很大的市场需求。

与人们普遍持有的观点相反，数据显示，在成功达到 10 亿美元规模的公司组中，超过 60% 的公司进入了已有良好需求基础的市场。在随机选取的创业公司组中，这个比例只有 47%。这一组数据表明，试图在已有大型市场中参与竞争的创业公司具备一定的优势。在大型市场上取得成功的公司，通过创造卓越的产品来抢占其他产品的市场份额，或者通过降低成本、向新的受众群体提供服务来扩大其市场份额。在研究中，我关注的是已有的市场需求，而非技术因素。例如，亚马逊进入的就是大型市场。尽管有人可能会说，当时网上购书的市场并不存在，但图书产业的整体市场规模已达到数十亿美元，互联网只是一种促进技术。因此，亚马逊是通过新技术进入了已有巨大需求的市场。

大多数价值 10 亿美元规模的创业公司并没有创造出新的需求，大多数情况下，它们也不需要等待市场的成熟。市场需求与市场时机的概念密切相关，我们将在第 10 章对其进行讨论。

9.2 创造新市场与竞争现有市场份额

有些创业公司是通过引入新的消费行为或全新的盈利模式来开创一个新的市场，有些创业公司则是去现有的市场争夺份额。通常，当一家公司进入大型的成熟市场时，它就是在竞争市场份额；当一家公司进入较小的已有市场时，它往往是第一拨拓荒者，正在创造市场需求。但情况也并非总是这样。一家公司也可以在虽然规模小但不断增长的市场中竞争市场份额。当 Coinbase 开始起步时，市场上只有很少的几家比特币钱包公司。Coinbase 通过创造对用户来说更合法、更优质的产品获得了更大的市场份额。作为另一种选择，公司也可以基于客户的需求开辟新市场，从一开始就创造出一个规模庞大的全新市场。

人们普遍有这样一种错觉，认为走开拓新市场路线的创业公司最终能成为更大的公司，但事实并非如此。竞争现有市场份额的公司实际上创造的价值略高一些，这类公司平均估值为 49 亿美元，而开拓新市场的公司平均估值为 45 亿美元。

在 10 亿美元规模的创业公司这一组中，超过 65% 的公司没有去开拓新的市场，而是选择了争夺现有市场的份额。随机组的创业公司也显示出类似的百分比，这表明无论是哪种方式，都谈不上是优势或是劣势（见图 9-2）。有更多 10 亿美元规模的公司选择了竞争现有的市场份额，但这样做成功的概率不一定更高。

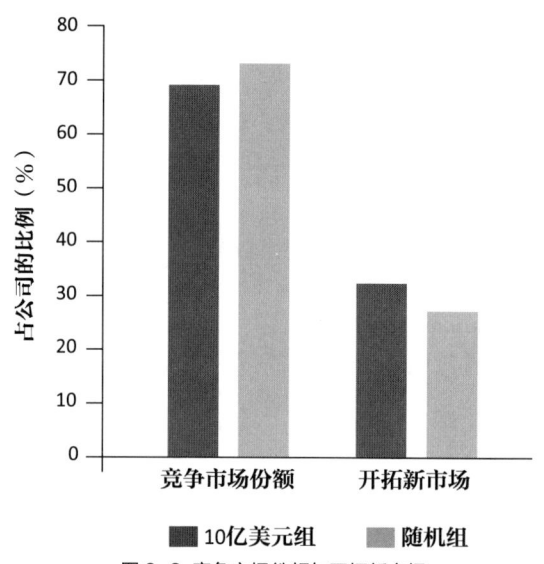

图 9-2 竞争市场份额与开拓新市场

注：与人们普遍认为的恰恰相反，在 10 亿美元规模的公司中，只有 32% 的公司在创造新市场，其余的公司都在争夺现有市场份额。但这两种方式都没有增加它们成为 10 亿美元规模的公司的可能性。

对一些 10 亿美元规模的创业公司来说，开拓新市场有着明显的优势。以 23andMe 公司为例，在面向消费者的基因测试公司成立之前，大多数人都不太愿意接受将一管自己的唾液寄给硅谷的一家创业公司的邀请。当时，基因测试主要用在医学上，很少有人用来计算针对某些疾病的遗传倾向。

换言之，面向消费者的基因检测当时还没有市场。23andMe 公司的创始人安妮·沃西基（Anne Wojcicki）、琳达·艾维（Linda Avey）和保罗·库森扎（Paul Cusenza）必须去开辟这个新市场。该公司是最早将唾液用于常染色体祖源基因检测的公司之一，它花了数年时间才在早期客户的基础上使销售额有所突破。这项测试最初的费用昂贵，在2008年时，测试一次要花费999美元，只有少数富人能负担得起。后来，公司尝试在高端聚会上举办"唾液派对"，如瑞士的达沃斯世界经济论坛，试图以此赢得有影响力的客户群体。随着销量的增长，以及摩尔定律（计算机领域著名的经验之谈，即每两年电子芯片的计算能力会翻一番，而成本大约会减少一半）在基因检测领域的显现，DNA检测成本大幅下降，市场逐步开放并得以成长。在2012年，公司将成本降至299美元，到2013年继续降至99美元。正如电脑生产成本的降低打开了个人计算机的市场，产生了像微软这样的公司，DNA检测成本的降低也催生了像23andMe这样的公司。如今，不仅超过1000万人进行了基因测试，许多面向消费者的其他基因公司也如雨后春笋般涌现，共同参与这个新市场的竞争。然而，创业者对消费者的需求和市场的规模不能想当然，尤其是在开拓新市场和创建新的需求类型时。虽然23andMe多年来增长势头强劲，但是，在撰写这本书的时候，随着这项技术早期客户的枯竭，该公司一直在努力实现直接面向消费者的需求增长。时间会证明，23andMe公司是会利用其丰富的临床数据加上与制药公司的伙伴关系打造出一家百年老店，还是会最终失去其独角兽公司的地位，让我们拭目以待。

9.3　面向消费者与面向企业

除了确定市场的规模以及份额之外，创始人还必须确定产品的销售主要是面向消费者还是面向企业，这可能是对创业公司最重要的划分。许多公司根据它们侧重的细分市场来决定商业模式、产品价格甚至对投资者的选择。然而，数据表明，面向消费者（B2C）与面向企业（B2B）的公司数量几乎相等，这两种模式都得到了很好的体现。

一些风险投资人的头脑中存在这样一种假设：以消费者为核心的公司比较依靠运气，不太可能达到10亿美元的规模，而以企业为核心的公司则更多依靠科技与执行力，更容易达到10亿美元的规模。然而，在随机选取组的创业公司中，有43%是面向消费者的，57%面向企业，这表明以消费者为中心的公司即使没有微略的优势，也有着相近的成功率。此外，只有少数公司在成立时同时面向消费者和企业两方面，不过这些公司只是例外。还有些公司，如23andMe，一开始是面向消费者销售，但后来也寻求B2B的渠道与其他公司（如23andMe与制药公司）建立合作关系。在搜集的数据集中，我将面向政府进行销售的公司，与面向其他公司进行销售的公司列在同一类别（B2B）中。

值得注意的是，多年以来市场似乎呈现不同的周期规律。2008和2009年左右是B2B公司的巅峰时期，诞生了更多的10亿美元规模的创业公司，这可能是因为在经济衰退最严重的时期，面向企业的公司很可能比面向消费者的公司更有可能活下来，不过这也只是猜测。之后，在2011和2012年前后，更多B2C的公司成立了，而且后来的估值达到了10亿美元。不过这也可能是相当随机的，因为一共只观察了两个市场周期。市场周期还会循环往复，而成功的B2C和B2B公司在任何周期中都会涌现，所以最终来看，这方面的区别并不重要。企业家需要弄清楚的是究竟谁对你的产品需求更强烈，是企业，还是消费者，并且同时了解面向消费者和面向企业的双重销售渠道，至少在起步阶段要做到这一点，因为创业成功的概率相当渺茫。

开辟新市场并玩转老市场的创始人

采访贝宝与 AFFIRM 公司的联合创始人马克斯·列夫琴

作为联合创始人，马克斯·列夫琴先后参与创建了两家 10 亿美元规模的公司——贝宝和 Affirm。贝宝成立于 1999 年，一举开创了点对点的在线支付市场，通过实现买家向卖家在线安全支付，在易趣网上被广泛应用。贝宝不仅提升了易趣网的收入，也由此打开了电子商务与在线支付的市场。2002 年，贝宝被易趣网以 15 亿美元的价格收购，现在其估值已超过 2000 亿美元。可以说，贝宝开创性地打开了一个全新的市场。与之相反，Affirm 则是在已有的信贷和消费贷款市场抢占份额。Affirm 成立于 2012 年，公司在商业网站上为客户提供"先买后付"型交易方式。客户可以选择使用 Affirm 分期付款，而不是使用信用卡。Affirm 公司的使命是掀起金融革命，让金融变得更加诚信透明，这一承诺引起了年轻一代的共鸣。在 2021 年首次公开募股时，Affirm 公司的估值超过了 200 亿美元。接下来，请跟我一起，倾听马克斯讲述贝宝和 Affirm 两家公司不一样的创业故事。

在 1993 年，我还是伊利诺伊大学厄巴纳-香槟分校的学生，我学的是计算机科学专业。同年，网景浏览器在我的母校诞生，那是最早的网络浏览器之一，是由马克·安德森与别人共同创立的。正是那时，我为自己设定了非常明确的学术路径——攻读博士学位，此生致力于教学和研究。直到有一天，有两个朋友对我说："嘿，做研究没什么荣耀可言，你应当和我们一起创业开公司。"尽管当时我在美国只待了大约 25 个月，而且对创业公司一无所知，我却说："为什么不呢？"于是，我们就在大学里创办了一家公司。

这家公司的名字叫 Sponsernet New Media，在我大二的时候就以失败告终了。糟糕的是，我的信用评级因此被毁了，我彻底破产了，更可惜的是，我的 GPA（平均学分绩点）也完了，在创业之前，我的 GPA 堪称完美，本来是可以考上博士的。不过，这段经历对我来说的最大意义，是我从此不再想搞研究或教学，而是决定这一生专心去创业。

回顾我创办过的公司，大多数都是从一些技术上的粗浅想法开始的，我并没有太去想这个世界需要什么，如"现在有这样一个大问题，我能用什么来解决它？"相反，我会说类似这样的话："我做的这件事很酷，这是把好锤子，那么，钉子呢？"有时候，你拿着锤子去找钉子，这并没有多大价值。但很多时候，你看到新事物时可以这样想："哦，这太酷了，人工智能能帮助我们做这个，虚拟现实对那个有用。"上大学的时候，我对密码学非常感兴趣，所以当时在计划攻读博士学位时，我在考虑学习加密方面的专业，这是在"加密"这个词被赋予比特币的意义之前的原义所在。在大学，我做了一个叫作 SecurePilot 的副业项目。那时候，如果你想真正安全地登录公司网络或校园网络，就需要一次性的密码生成器，它有时会遵循标准的算法，但很多时候用的还是不成熟的算法。我发现身边常有这样的现象——每个系统管理员都随身携带着各种小型密码生成器，对于每一台需要登录的新机器，他们都需要生成一次性的密码。为此，系统管理员要把 25 个密码器都随身携带，这太离谱了，这个问题需要解决。于是，我想倒推工程上所有的算法，并把它们放到掌上电脑模拟器中。

我全心投入在这件事上，乐此不疲。1995年，我开始在互联网上做推广，那时候互联网的使用范围还不大，但令人吃惊的是，人们愿意付费取得技术支持。后来，我把这个项目推销给彼得·蒂尔，它最终成为贝宝。

在成立贝宝公司之前，我还创办了好几家公司。前4家你肯定闻所未闻，贝宝是第5家。在第一次创业失败之后，我就和联合创始人离开了香槟市，搬到了帕洛阿尔托。我在那里偶然遇到了彼得。那时由于家里没有空调，我想找一个凉快的地方，于是我就在斯坦福大学的一个学术报告厅偶遇了他。当时，他经营着一家小型风险投资公司，叫Thiel Capital，筹集了大约100万美元的资金。听到我提出密码模拟的想法，他立即说："这是个好主意。你真是聪明绝顶，我马上给你开一张30万美元的支票。"我说："哇，我刚到硅谷48小时就拿到了融资！"他说："这点资金还远远不够，你应当去找更多的融资。"之后，我去尝试，但是过了几天都毫无进展，他基本上断定我不擅长融资，于是说："很显然，你不知道怎样融资，我来帮你搞定吧，你继续专心开发软件。"就这样，我们结为了合作伙伴。

在那之前，我一直是公司实际的CEO，但我想专注于技术，我问彼得是否愿意全职加入我们，成为新的CEO，这最终成为现实。所以，在1999年，我们成立了一家公司，这家公司最终成为贝宝。尽管当时我们仍在追求基于安全的理念，而且到1999年年中，我们已经在技术上获得了很大突破。但是，这样的产品显然还没有引起人们的关注，我们面临的现实是——零需求，产品-市场契合度并不存在，因为根本没有市场。那时，我结识了彼得的朋友里德·霍夫曼以及硅谷的几个朋友，现在这些人都相当有名了，当时他们都非常年轻，天赋超群。我们花了大量的时间进行头脑风暴：现在，我们有了这种保障设备和数据传输的技术，接下来，可以用它来做什么呢？

我们都坚信，这些手持装置总有一天会风靡世界，但现在，它的用户只有几百万人。是里德率先打开了这样的思路，他说："你知道，你们要保护的，是钱的安全。掌上电脑或台式电脑怎么就不能变成钱包呢？其实，你只需要一种能安全地把钱放进去并取出来的方式。"这就是贝宝公司的大致演变过程——从掌上电脑的资金转账到在线的资金转账。

通过贝宝，我们创造了一个全新的市场，在互联网和易趣网之前，那是前所未有的东西。在易趣网之前，如果你住在威斯康辛州，想从阿拉巴马州买一些东西，你必须亲自去那里买。易趣网从根本上实现了跨境贸易的想法，而这在以前完全不可能。贝宝的出现，让卖家可以轻松收到货款。在贝宝之前，买家需要先邮寄一张支票给卖家，如果卖家不是骗子，买家就会收到购买的货物。正是贝宝帮助开创了电子支付的商业活动。

在贝宝之后，我又开了几家公司，但后来我还是想回到金融服务行业，因为我对这个行业情有独钟。我联系了一些在贝宝的老朋友，我们谈到了贝宝使用数据来防止欺诈，进行风险管理，但是，它从未真正深入到信用层面。摆在我们面前的是一个纯粹的数学难题或者智力难题：我们能否找到可替代的数据来源，提供比银行贷款更智能的经济担保？在贝宝公司，我们当中很多人都不是在美国土生土长的，都面临着个人信用评分的问题——不是因为我们信用不好，而是因为我们没有信用记录。我们所有人都有着20年前刻骨铭心的记忆，在美国这个地方，你可以成功创业，可以挣到高薪，甚至可以进行IPO，但是，你却无法获得一张信用卡。这个痛点激发了我们创办Affirm公司的决心，也就是建立一个信用评分系统。这个系统将移民、新毕业生以及生活刚刚发生改变的人都包括进来，使他们从不借贷到真正想获得信用。

那时，我们所有人在金融服务和数据科学两方面都有着丰富的经验，很快就创造出我们自认为很好的评分系统。但是，我们突然意识到一个问题：没人会使用我们的新信用评分系统，除非有其他人已经在使用这个评分系统，这涉及一个冷启动的问题。那时，我已经有了另外3位联合创始人，我们几人都是学计算机科学的，没有一个懂市场营销，那么，我们如何对这个东西进行市场营销呢？于是，我们做出了一个决定，干脆不向消费者进行推销，而是找到一个在线零售商，在信用卡的旁边提供这样一个选项。没想到，几周之后，我们接到了这个零售商朋友的电话："你们把我的销售额提高了30%，你们是怎么做到的？"事情原来是这样，有很多年轻人在网上购物，但他们还没有资格获得信用卡，所以我们提供的服务为他们带来了便利。我们可以看到，相关研究不断表明，千禧一代正在积极地摆脱债务，他们的心声是："我们不会使用信用卡，不会真的背上债务。看到2008年世界金融危机中父母因为借贷遭遇的惨痛经历，我们不想重蹈覆辙。"

我想，我们创造了对客户来说最好的产品，这个产品只收取单利,没有任何形式的复利,也没有滞纳金,更重要的是,它用美元而不是百分比来表示利息:一笔500美元的借款,利息是12美元。然后,我们的创业故事快进到今天,已经有数百万的用户和数十亿美元的业务量,这显然是件了不起的事。我们有一个能够反映商家业务的指标,指标显示我们的产品大大增加了它们的销售额。在绝大多数的商家集合中,交易量的变化非常显著,这反映了一群人内心的诉求:"我不想使用信用卡",或者"我没有信用卡,我更喜欢这种简单的Affirm金融"。这些人不只想获得信用,他们想要的是透明度,他们喜欢这种没有手续费的方式,喜欢我们站在他们的立场上考虑问题,而不会因为错过一笔还款就压榨他们。

可以说,列夫琴的两家创业公司——贝宝和Affirm,玩转了两种不同类型的市场运作方式:在贝宝公司,他们经历多次转型之后,找到了运用技术开拓出一个新市场的渠道;在Affirm公司,他们找到了对路的客户群和渠道,在信用卡市场参与竞争并扩大自己的份额。此外,基于他本人和团队的优势,列夫琴还明智地选择了专门让商家作为Affirm信贷产品的分销渠道,并确定了B2B2C(企业对企业对消费者)的战略,而不是采用B2C的战略直接面向消费者。在这一章,我们了解了如何运用这些策略成功创建10亿美元规模的公司,这充分说明,市场动态很重要。然而,还有另外两个重要的因素,那就是市场时机和市场成熟度。我们将在第10章中对此进行专门的探讨。

第 10 章 市场时机

> 没有所谓的"坏点子",只是时机未到,我深信这些点子总会出现。每个走进这里带着疯狂想法的聪明人,总会在某个时刻出现,早晚都会出现,这只是时间的问题。
>
> ——马克·安德森,网景公司和 Andreessen Horowitz 公司的创始人

1995 年,托尼·法德尔所在的创业公司 General Magic 制造出一个早期版本的智能手机,这种电话和电脑的综合体与业内之前的任何产品都不同。但这款产品根本就没有流行起来,当时触摸屏技术尚处于起步阶段,处理器耗电量太大,扼杀了电池寿命,而且,也很少有人使用电子邮件。12 年后,当苹果公司推出第一款 iPhone 时,这些问题大多得到了解决。但那时,General Magic 公司早已不复存在,其智能手机也被遗忘。苹果公司没有与 General Magic 公司竞争,但 General Magic 也并非第一家提出智能手机概念的公司。

许多价值数十亿美元的公司都以重复利用了某个点子而闻名。在谷歌之前，至少有 8 家公司试图涉足搜索引擎业务，最终各有得失；在脸书之前，社交网络已经存在了 10 年；在 Dropbox 之前，已经有公司提供在线存储的功能；在 Instacart 于 2012 年作为食品杂货递送 App 获得成功之前，Webvan 就有了类似的想法，并于 2000 年尝试这项业务，但在网络泡沫破灭期遭遇了失败。伟大的创意之所以成功，创意本身的伟大固然重要，而在正确的时机被提出则更为重要。

实际上，创始人常常将其成败归因于时机的对错。在芝加哥大学布斯商学院（University of Chicago Booth School of Business）所做的一项调查中，900 名风险投资人被问及同一个问题，即他们认为影响所投资公司成功的最重要的因素是什么。"时机"这项因素赫然排在第二位，仅次于团队的构成，这充分证明了市场时机的重要性高于许多其他因素。[1] 在苹果公司为 iPhone 增加了应用商店（App Store）后，优步等公司看到了利用手机设备的互联网连接和 GPS 定位功能的机遇；高质量智能手机摄像头的普及使 Instagram 成为可能；智能手机前置摄像头的普及使 Snapchat 应运而生；易趣网的成长使贝宝得以发展壮大。

风险投资人往往会高估"第一个提出点子"的价值。有些人，甚至仅仅因为"这个想法之前已经试过十几次了都没成功过"而拒绝一个投资机会。在他们看来，问题不在于竞争，也不在于有多少其他公司正在尝试同样的想法，而是他们害怕把钱投到曾经失败的想法上。然而，在实践中，似乎有些创意时常被重复提出，当这些想法与市场动态相匹配时，就会成功。

我收集了有关市场时机的数据，然后将 10 亿美元组和随机组的创业公司进行比较，发现没有一个明显的模式可以将它们区分开来（见图 10-1）。

---

[1] Paul A. Gompers 等：《风险投资家如何做决定？》，《金融经济学杂志》第 135 期, no. 1 (2020): 169—190, doi: 10.1016/j.jfineco.2019.06.011。

有些10亿美元规模的公司是第一个进入市场的,有些位列进入市场的前5家,还有一些公司是纯粹的后来者。这意味着,成功的公司可能成就于创意的第一次迭代,也可能成就于最初的几次尝试,或者成就于对某个想法的重复开发。在以上各种情况下,这些公司成功的可能性并不会变得更大或更小。看来,市场时机确实至关重要,也确实是公司成功密码中最难破解的一环。

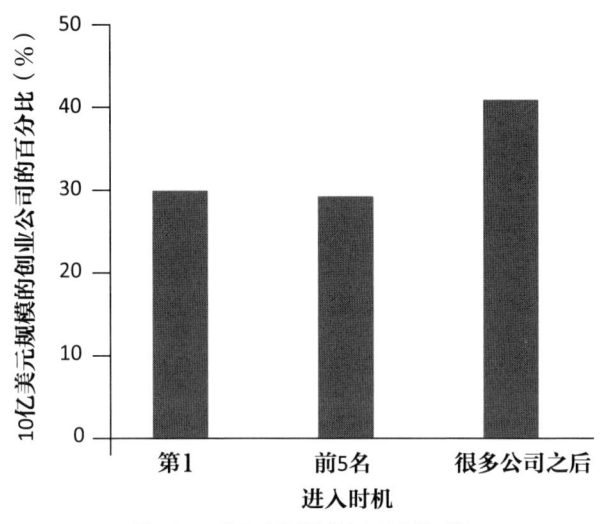

图10-1 进入市场尝试某个创意的时机

注:10亿美元规模的创业公司有时是第一个尝试某个点子的,但更多的时候,这个点子之前已经被尝试过5次以上。

作为创始人,重要的是你能预见影响市场时机的外部因素,包括经济拐点、使能技术、法规变化、新的细分市场以及其他基本行为的转变,这些都是10亿美元规模的公司成功的关键因素。至于你是第一个提出这个点子,还是最后一个尝试这个点子的,倒不是特别重要。天使投资人埃兰德·吉尔(Elad Gil)在职业生涯早期曾经在谷歌的移动团队工作,他告诉我:"当时所有的电信运营商都会对每次使用GPS收取一美元的费用,欧洲的电信运营商更是如此。"因此,在那个时候,像优步这样依赖位置数据的App

根本不可能存在，因为成本太高了。这种情况随着 iPhone 的出现和安卓系统的兴起得到了改变，移动运营商寡头垄断的局面被打破了。正如吉尔所说，"优步之所以现在'应运而生'，是因为行业结构发生了变化，特别是关于 GPS 和其他数据服务的经济状况发生了变化。"

对创始人来说，如果你的想法过于超前，那就相当于你的想法是错误的。有时候，当零部件价格降到足够低，使新的消费产品成为可能时，时机就会成熟。风险投资公司 NFX 的管理合伙人彼得·弗林特（Pete Flint）指出："一旦手机热潮带动电池价格下降，特斯拉和电动汽车就会变得更加可行。"但有些时候，情况则恰恰相反：价格飞涨之时，才是进入市场的大好时机。弗林特写道："价格昂贵的有线电视订阅和唱片专辑在一定程度上推动了奈飞、Spotify 和 Hulu 等流量媒体公司的崛起，正式合同工高额死板的成本和一些经济领域的涨薪停滞，催生了零工经济和 TaskRabbit、Postmates 和 DoorDash 等零工平台的繁荣。某些宏观经济力量造就了共享经济，爱彼迎和来福车在金融危机后的几年里突然出现，并非巧合。"①

再举一个例子，最近估值超过 50 亿美元的金融技术公司 Plaid 的业务，是通过使用一套应用程序编程接口（APIs），帮助 App 开发者在用户允许的情况下从用户的银行收集金融数据。这样想要放款的公司就可以使用 Plaid 轻松连接到借款人的银行账户并查询余额。②

在监管发生变化之前，从银行收集此类数据是绝对不可能的。2010 年 7 月通过的《多德－弗兰克华尔街改革和消费者保护法案》（Dodd-Frank Wall Street Reform and Consumer Protection Act）提出了一系列金融改革方案，

---

① 彼得·弗林特（Pete Flint）：《为什么创业时机就是一切》，NFX，2020 年 7 月 21 日，www.nfx.com/post/ why-startup-timing-is -everything/。
② 埃里克·埃尔顿（Eric Eldon）：《〈创业公司周刊〉：Plaid 的 53 亿美元收购是硅谷的一次教科书式的胜利》，TechCrunch，2020 年 1 月 18 日，https://techcrunch.com/2020/01/18/startups-weekly - plaids -5-30b -acquisition-is-a-textbook-silicon-valley-win/。

旨在避免重蹈 2008 年的覆辙。该法案第 1033 条规定，银行必须"应消费者要求，向其提供……与任何交易、一系列交易或账户有关的信息"和"可被计算机应用程序使用的电子形式的信息"。这几句话为 Plaid 在几年后于 2013 年应运而生创造了机会。Plaid 利用了监管方面的变化，与银行建立了关系，并建立了基础设施收集此类数据，并与贷款方、金融管理 App 和财富管理平台分享这些数据。

显而易见，市场时机对初创企业的成功至关重要。伟大的风险投资公司通常会问这样的问题——"为什么是现在？"好的创意遭遇失败往往有很多原因：可能是技术基础设施尚不存在，或者是客户根本没有准备好。为了练习如何适时提出对的创业想法，你可以尝试这样的思维方式。例如，看看以前曾经尝试过但遭遇失败的那些想法，找那些公司的创始人聊一聊，了解他们失败的真正原因。有时是因为当时的技术还不成熟，但事情往往不是这样，更典型的问题在于市场参与者激励，单位经济效益，或者类似"先有鸡还是先有蛋"这样难以解决的问题。你也可以投入时间去研究为什么你的想法以前会失败，这也许是你能做出的最佳时间投资。如果你非常确信这些失败点这一次不会再发生，并且能做出有效的解释，或者能识别出一个有利的趋势或者转折点，那么你的想法可能值得加倍努力去实现。好的想法终会成功，你需要做的，只是在正确的时间抛出这样的想法。

把握完美市场时机的独角兽公司

采访 Oscar Health 创始人
马里奥·施洛瑟

在一个特定的市场中，你是第一家进入还是最后一家进入的公司似乎总没有能赶上一个转折契机那么重要。例如，使 Plaid 公司成为可能的那种转折点。另一家擅于把握时机的公司是成立于 2012 年的健康保险公司 Oscar Health，该公司利用数据和技术来简化保险并帮助会员了解医疗保健及相关费用。在 Oscar Health 成立前后，奥巴马总统和国会颁布了《平价医疗法案》（ACA），规定所有美国人都必须有健康保险，为数千万以前没有参保的个人打开了市场。

即便在那时，Oscar Health 也面临着一场艰苦的战斗。美国的健康保险是一个高度竞争的市场，联合健康保健（United Healthcare）公司号称有近 5000 万会员，其次是安森（Anthem）、安泰（Aetna）、信诺（Cigna）和哈门那（Humana）。[1] 这些保险公司都拥有更大的医生网络，更高的品牌知名度，以及与医疗服务系统的长期合作关系。Oscar 在其平台上签署的每一个会员都可能是另一家保险公司失去的会员，所以 Oscar 必须专注于提供更好的服务以赢得客户。

在本书撰写之时，Oscar Health 公司的健康计划大约有 42 万名会员，预计带来 22 亿美元的收入。Google Ventures、General Catalyst 和 Thrive Capital 等投资机构对它的最新估值为 36 亿美元。

---

[1] 斯特林·普赖斯（Sterling Price）：《2020 年最大的健康保险公司》，ValuePenguin，2020 年 10 月 12 日，www.valuepenguin.com/ largest-health-insurance- companies。

接下来,让我们听听 Oscar Health 公司的联合创始人兼 CEO 马里奥·施洛瑟(Mario Schlosser)讲述 Oscar Health 的创业故事。

我是在德国学习计算机科学的,后来到美国斯坦福大学计算机科学系担任访问研究员。那是在 21 世纪初,我做了关于在点对点分布式扩展网络中存储数据早期算法的研究。在那之后,我在桥水对冲基金公司(Bridgewater Associates)工作了几年,之后我与乔什·库什纳(Josh Kushner)创办了一家游戏公司。

2012 年年初,我的妻子怀上了我们的第一个孩子,我们亲身感受到医疗保健有多么烦琐复杂,简直到了令人抓狂的程度。与此同时,乔什也突然有了类似的感悟,于是,我们决定创办一家健康保险公司。如果健康保险公司可以为你省钱,你可能会因此很高兴,健康保险公司也会很高兴,因为这将有助于提高公司的利润。在最初讨论的 3 个月后,我们意识到《平价医疗法案》得到了最高法院的确认,并且第一次出现了个人健康保险市场,而以前并不存在这种形式,这是对规章的突破,对我们创办公司至关重要。我有时喜欢说,Oscar Health 可能是唯一一家由于增加监管而得以问世的公司。

在创业初期,乔什和我有一个惯例,那就是不断去寻找拥有相关知识和经验的人,邀请他们做导师,或者从他们那里得到一些反馈。2012 年年中,乔什在一场推广会上说:"我们认为,在医疗保健或保险方面缺乏经验,恰恰对我们来说是一笔真正的财富。"随后,一家 90 年代中期成立的老牌健康保险公司的创始人冷冰冰地说:"在创办医疗保险公司这条路上,说过你这种大话的人死尸遍地。"我认为,缺乏恐惧对我们来说是一个真正的优势,但我们需要在早期找到那些行家里手。事实上，除了我和乔什，后来加入Oscar Health工作的10个人都是健康保险的高管前辈。

他们是去参加纽约监管机构会议的人，他们的出现让监管机构知道我们实际上了解索赔业务，擅长建立业务网络之类的事情，从而让监管机构放心。实际上，我们胜在人才的搭配组合，既有在健康保险方面有经验的人，也有像我这样有技术和创业背景的人。

当Oscar Health起步的时候，个人健康保险市场的开放并不在我们的意料之中，但《平价医疗法案》推行的时机对公司的成功至关重要。类似的市场时机也推动了一家叫作Epic的公司迅猛增长，这家公司已经经营了几十年，后来赶上政府开始推行新的法规，迫使所有医疗机构以电子方式保存记录，Epic公司抓住机遇向医疗机构提供电子医疗记录软件，并借势得以疯狂发展，直到今天成为数十亿美元规模的公司。因此，在像医疗保健这样高度管制的行业中，你需要注意这类政策性的突破，看准机会进入竞争环境突然变得更加公平的市场。

我们早期在纽约出名的原因是使用了地铁广告，与其他健康公司的广告非常不同，这是抢占市场份额并脱颖而出的一种方式。我们刻意在企业形象传播和品牌建设中冒更多的风险以求有所突破，这是大型保险公司做不到的。显然，我们也必须用好的产品来支持这样的宣传。能以与众不同的方式讲好自己的故事非常重要，这在没有那么多竞争者争夺的市场上也会有帮助。当特斯拉开始制造电动汽车时，所有的德国公司都认为这永远不会成功，因为没有参数，没有规格，人们不太相信电池技术会改变。我认为类似的事情也发生在医疗保健领域，事情正在向个性化的趋势转变。

有些事情发挥了作用，使我们把产品推向市场的方式更加消费化。从市场相对闭塞的地方开始做起来也会有所帮助，如果你坚信市场的其他部分也会逐渐打开，而且你在其他公司之前就进入并且坚持的时间足够长，那么就能抓住市场。

有很多事情，我们认为自己可以做得非常不同，非常快捷，我们以为这些是"秘密"，但事实证明，保险公司也知道这些秘密，而它们不选择这样做的原因有很多，包括现有的医疗保健公司已经对烦琐复杂的流程司空见惯，并且习惯以劳动密集型的方式来经营。

我们试图让所有利益相关者明白，我们以不同方式做的事情也会使他们受益。例如，在监管机构方面，我们的法律顾问和监管顾问建议我不要演示产品，因为这样做会带来更多的审查和批评。但我认为，我们展示样本是希望做到透明，希望从监管机构那里学习，纠正我们的任何错误。通常情况下，保险公司和监管机构对抗，监管机构不得不使用文件及其他措施来管理它们，而我们想尝试的是与监管机构公开对话。对于供应商和医院系统，我们有意告诉它们，我们正在建立一个不同类型的网络，而且将更快地支付索赔。你们不必像对待其他保险公司那样与我们对抗，我们将成为伙伴。如果你能用数据和实实在在所做的事情来支持这一点，那么这将是非常有说服力的推广。因此，你必须目标明确地做与众不同的事情，然后将这件事与其他利益相关者的商业模式联系起来，看如何使他们受益。如果你只是说些冠冕堂皇的话，那是没有用的。但是，如果你能把他们需要完成的事情从商业角度结合起来，同时保持你与竞争对手的差异性，那么这就会成为一个强有力的推广。

《平价医疗法案》是一个非常重要的催化剂，但这并不意味着我们的生存只能依赖于《平价医疗法案》现有的政策。在不同的监管条件下，我们照样可以做得很好，过去的几年已经表明我们可以做到这一点。但我认为，如果我们只是跟风追赶现有的市场，比如由雇主赞助的保险市场，那么就不可能创办 Oscar Health。此外，《平价医疗法案》也指向了医疗保健的未来。我们认为，发生在养老基金上的事情也会发生在医疗保健上。过去，养老金都是预先定义缴款和公司计划，而现在转向了预先定义员工福利和 401（k）计划，这种转变是由嘉信理财（Charles Schwab）、保诚（Fidelity）和指数基金公司带来的。我们相信，类似的事情也将发生在医疗保健领域。《平价医疗法案》改变体制的方式更有助于这一转变。因此，这不是一个监管变化的问题，不是毫不创造社会价值的一个新动向，而是对关键社会价值的独特调整，并且在一些重要的方面改变了体制本身。

Oscar Health 的创业故事凸显了市场时机在创业成功中发挥的作用，这种作用远在公司的产品质量及营销策略之上。正如我们在本章中所了解的，成为第一家拥有某个创意的公司并不重要，创意有时会在长达几十年的周期中重复出现，直到时机成熟。在某个时间点上，一家公司有可能是某个领域的唯一，更有可能与其他一些公司同台竞争。时间将证明 Oscar Health 公司是否能在竞争激烈的健康保险市场上继续发展壮大。在第 11 章中，我们将重点讨论市场竞争在 10 亿美元规模的创业公司的成功中所发挥的作用。

第 11 章 竞争

在开始攻读沃顿商学院 MBA 的几周前，戴维·基利波（David Gilboa）不慎将眼镜落在了飞机座位上，因为眼镜的价格实在太高了，他没再买新的眼镜，而是"在没有眼镜的情况下度过了研究生的第一个学期，一边眯着眼睛看东西一边抱怨"。①

他本人后来回忆说："我刚刚买了 iPhone，这部手机能做到以前人们不敢相信的事情，确实物有所值。但是，眼镜这项技术已经存在了 800 年，现在，我却不得不为一副眼镜支付跟 iPhone 一样高的价格，这实在是说不通啊！"②

2008 年 2 月，基利波与 3 个商学院的同学：尼尔·布卢门撒尔（Neil Blumenthal）、安迪·亨特（Andy Hunt）和杰夫·雷德（Jeff Raider）联手创建了在线眼镜店 Warby Parker，直接向主导眼镜行业的老牌企业陆逊梯卡（Luxottica）和依视路（Essilor）发起了挑战。

Warby Parker 的竞争对手都是行业巨头。在价值 280 亿美元的全球眼镜行业中，陆逊梯卡控制着众多主要品牌，包括雷朋（Ray-Ban）、奥克利

---

① 沃比·派克（Warby Parker）：《历史》，2020 年 7 月 28 日，www.warbyparker.com/history。
② 马克斯·查辛（Max ChaThin）：《Warby Parker 公司看到了零售业的未来》，Fast Company，2015 年 2 月 17 日，https://www.fastcompany.com/3041334/warby-parker-sees-the-future-of-retail。

眼镜（Oakley）和奥利弗·皮帕（Oliver Peoples）。此外，它还拥有亮视野（LensCrafters）、珀尔视觉（Pearle Vision）、Sunglass Hut 和 Target 的眼镜店，并为范思哲（Versace）、普拉达（Prada）、博柏利（Burberry）、DKNY、香奈儿（Chanel）、拉夫·劳伦（Ralph Lauren）和许多其他设计师品牌生产镜架。依视路是一家领先的眼镜制造商，在美国，该公司于 2017 年以 240 亿美元的价格收购了陆逊梯卡公司，打造了依视路陆逊梯卡公司（EssilorLuxottica），凭此举巩固了其在全球接近 30% 的市场份额，这一数字在美国市场可能更高。Warby Parker 的联合创始人布卢门撒尔说："我们发现，这个行业被几家大公司左右，人为地保持着高价格，这就是我们可以进入并颠覆的领域，我们只收过去费用的 1/4，并有望开始占据市场份额。而且，在这个过程中，我们将数十亿美元从这些大型跨国公司让利到像你我这样的普通人手中。"①

并非所有人都相信这 4 个商学院的学生能够与行业巨头竞争，如沃顿商学院的教授、《离经叛道》（*Original*）一书的作者亚当·格兰特（Adam Grant）就放弃了对 Warby Parker 的投资，不过，后来他承认这是他人生中"最糟糕的财务决策"。他开玩笑地说，这一失误直接导致"我妻子现在全盘负责我们所有的投资"②。尽管在投资方面存在不确定性，Warby Parker 还是筹集了一小笔种子资金，并利用它来获得媒体的关注，甚至在正式推出之前，公司就已经有两万名潜在客户出现在等待名单上。

Warby Parker 之所以受到如此热烈的欢迎，是因为它利用了竞争对手商业模式的低效，降低了其自身的成本，而且它的模式不是在零售店经营，而

---

① Inc. 工作人员：《我们是如何战胜歌利亚的》，2012 年 5 月 18 日，www.inc.com/neil-blumenthal/neil-blumenthal-warby-parker-disrupting-an-old-industry.html。
② 亚当·格兰特（Adam Grant）：《如何发现，如何成为》，尚卡尔·韦丹塔姆（Shankar Vedantam）的采访，美国国家公共电台（NPR），2016 年 3 月 1 日，www.wbur.org/npr/468574494/originals-how-to-spot-one-how-to-be-one。

是向顾客寄送 5 副镜架，供其试用 5 天，这一点充分利用了网上贸易的低成本，同时又不牺牲实体店"先试后买"的特点。公司在 2013 年推出了第一个实体展示店面，至今已拥有一百多家店面，尽管 85% 的零售买家早已在网上浏览过各种产品。此外，这家公司没有向奢侈品牌支付高昂的许可费，而是自行采购材料并设计框架。在美国，一副镜框的平均价格为 238 美元，一副镜片的平均价格为 113 美元，而 Warby Parker 提供的眼镜框加上镜片的价格仅为 95 美元。

Warby Parker 通过追求"三重企业绩效"来强化其独特的商业模式：即在考虑盈利能力的同时，也考虑到环境及社会影响。该公司致力于碳中和，它每卖出一副眼镜，就会在发展中国家捐出一副眼镜，这些做法使 Warby Parker、Patagonia、Seventh Generation 和 Toms 等遵循类似捐赠模式的消费品牌相媲美。Warby Parker 的市场定位极其精准，即与大型跨国企业依视路陆逊梯卡竞争的、充满道德感并富于人性化的品牌。

老牌企业正试图效仿 Warby Parker 的商业模式，但它们可能无法提供有竞争力的价格，因为其成本结构中包括支付昂贵的品牌及设计许可证。Warby Parker 依靠的是自己的品牌和设计者，其直接面向消费者的战略为其提供了更高的利润率。只有时间能证明 Warby Parker 是否能继续增加其市场份额，或是否会成为眼镜领域的小众企业。

流行的观点认为，创业公司选择进入竞争激烈的市场，将会面临一场艰苦的战斗，因为它们没有资深同行的经验或资源，惨烈的竞争很快就会压倒它们。但令人惊讶的是，我的数据集显示，在 10 亿美元规模的创业公司中，超过一半的公司在成立之初就面临着与众多老牌大公司竞争的局面，这与 Warby Parker 所遇到的情况类似。虽然这些巨头往往拥有 10 亿美元规模的预算以及上千名的员工队伍，但是，它们并非不可逾越的障碍，反倒是市场机会巨大的一个标志。实际上，与老牌大企业竞争的初创企业避免了培养客户的障碍，因为现有企业已经解决了这个问题，它们只需改进竞争对手系统中的低效现象即可获益。此外，它们还具备一个优势，那就是不会被遗留下来的老旧系统拖累，而这些过时的系统会拖垮那些大公司。老旧系统往往需要更密集的维护，通常需要不断的修改才能与现代技术相整合。一家大公司可能因为各种原因沿用老旧系统，认为如果它还在运转，就不要去改进，也可能是出于担心流失现有的客户，或因转换新平台而导致潜在的安全性或可靠性问题。因此，它们不愿意改变原来的系统或者分销渠道。

在10亿美元规模的公司中，面临多个大型现有企业竞争对手的公司（占55%）最多，其次是在成立时没有面临任何竞争对手（占17%）的，然后是那些在分散市场中竞争的公司（占15%），这些分散市场缺乏一个主导者，但有十几家公司，每个公司占据一小块市场。最后一类公司在成立时只与其他初创公司竞争（占13.5%）（见图11-1）。当我将这些数字与随机组公司的数字进行比较时，没有观察到任何明显的差异，这表明无论面临何种类型的竞争，即无论是面临非常强大的老牌公司，还是其他初创公司，创业公司都有机会获得10亿美元规模的成果。

在非常罕见的情况下，两家资金雄厚的初创公司相互竞争，并且都成功跻身价值10亿美元的公司之列，如来福车和优步。但值得注意的是，这是一个例外的情况。将10亿美元组与随机组的数据进行比较发现，选择与其他资金雄厚的初创公司竞争的创业公司，成功的机会更小一些。

我们在关于创建市场的章节中谈到没有竞争对手的创业公司。接下来，让我们来谈谈在分散市场中竞争以及与其他创业公司竞争的问题。

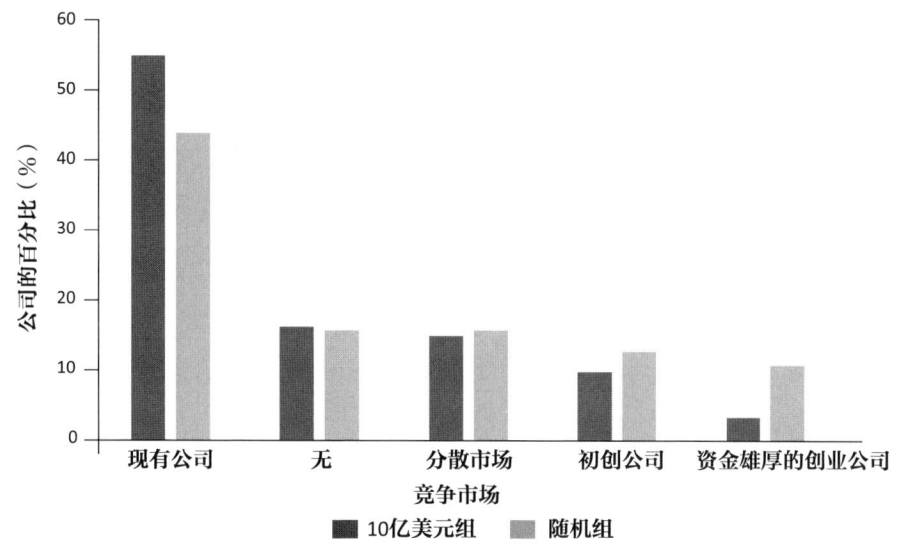

图 11-1 创业公司成立时的竞争对手

注：与多家现有公司竞争是最常见的情况，其次是进入一个分散的市场。然而，这些类型的竞争都没有增加创业成功的可能性。但与其他资金雄厚的创业公司竞争的情况是个例外，这样的公司达到 10 亿美元规模的可能性较低，因为基本上复制另一家已经获得大量资金的创业公司的想法，很少能找到通往成功的道路。

11.1 在分散市场竞争

Warby Parker 利用了这样一个事实，即把 5 副眼镜寄给客户试戴，总比在客户家附近经营零售点并运送库存货物要便宜得多。但是，如果是运送 5 万副眼镜呢？2013 年，一家名为飞协博（Flexport）的创业公司将更好的货物跟踪及沟通机制引入了货运代理服务，后来的事实证明，Warby Parker 正是使用飞协博来运送它的货物的。

在 2000 年年中，飞协博的创始人瑞安·彼得森（Ryan Peterson）从中国进口全地形车、滑板车和越野车在美国网上销售，当时他曾因运输问题而抓狂，他说："你的货物要经过所有传送环节，你不知道它到了哪里，也不知道你将为这笔货物支付多少钱。"

在传统意义上，货运物流是通过利益相关者之间共享的"Excel、电子邮件、传真和纸质清单"来处理的。彼得森说："在中国，会有一家工厂，一个卡车运输公司，然后是港口、海关机构、海运公司。当货物运到美国方面时也是如此，必须有很多不同的公司共同参与其中。"[①]

货运代理作为物流网的中心枢纽处理这些所有关系，它们与客户签订合同，将货物从一个地方（通常是制造商那里）运到分销点。彼得森从中发现了一个机会，那就是在网上开展货运代理业务，这是几十年前的竞争对手无法做到的。在排名前100家的货运代理公司中，飞协博是唯一一家在互联网出现之后成立的公司，公司使用一个在线平台来管理网络，而不是用过去的传真和电话的方式。

如今，这家公司拥有1万多个客户，收入高达数亿美元。与传统的货运代理方式相比，一个综合的软件平台提供了多种实质性的优势，而飞协博公司则充分利用了这一优势。

货运代理的市场是高度分散的，该领域最大的公司在市场上所占的份额不到8%。没有任何一家公司在全球货运市场中占主导地位，与小型包裹的运输相比，大型和重型包裹的运输是一个细分市场，敦豪速递（DHL）和联邦快递（FedEx）等公司在这一领域享有市场支配地位。飞协博公司充分利用了这一行业现状，即这是一个没有吸引力的、老旧的、分散的行业，没有来自现代的、技术领先的同行的竞争，因此能够迅速获得市场份额并建立一个品牌。

"假以时日，老牌企业的老旧系统总有机会赶上来，但彼得森似乎并不

---

① 亚历克斯·康拉德（Alex Konrad）："货运初创公司Flexport在获得软银牵头的10亿美元投资后，估值达到32亿美元"，福布斯，2019年2月21日，www.forbes.com/sites/alexkonrad/2019/02/21/flexport‑raises‑1‑billion‑softbank/#682793ca5650。

担心这种可能性,"他说,"把一个旧的运营模式移植到互联网上,这需要经过非常艰难的努力。因为它们并不是互联网的原生公司,必须使这些老旧系统适应现代社会。"飞协博公司没有过时的软件和烦琐流程的负担,它提供的端到端解决方案将继续推动货运代理行业向前发展。

11.2 与资金雄厚的初创公司竞争

如前所述,优步和来福车给我们提供了一个不太常见的例子,即两个资金雄厚的初创公司在同一领域获得成功,但这两家公司都不是从我们今天所知道的叫车服务领域开始的。实际上,是另外两家公司——Zimride 和 Sidecar,帮助塑造了优步和来福车的成功故事。

第一家出场的公司是 Zimride,该公司在 2007 年开始提供跨城市的共享出行服务。优步于 2009 年进入市场,但此优步非彼优步,这是一家起初只提供"黑车"服务的公司,针对有钱、有地位的客户提供城市汽车和豪华轿车,并号称自己是"每个人的私人司机"。Sidecar 于 2011 年在旧金山推出,这是第一个按需叫车的 App。数月之后,Zimride 于 2012 年举行了一次内部黑客马拉松,试图提升其用户的保留和参与度,其想出的解决方案就是来福车。次年,该公司更换了企业名称,调整了经营重心,并将其剩余的 Zimride 资产出售给 Rent-A-Car 汽车租赁公司。

来福车与 Sidecar 相互竞争,在旧金山大受欢迎,这证明了消费者愿意跳上没有牌照的出租车到达目的地(优步的黑车有牌照)。此时,优步已经从风险投资公司融资 1100 万美元,Zimride/ 来福车融资 600 万美元,Sidecar 融资 1000 万美元。当来福车和 Sidecar 开始流行时,优步意识到零工经济所带来的更大的机会,旋即从豪华服务过渡到廉价服务,推出了优步

X 服务。

Sidecar 面临许多问题,包括司机可以设定自己的价格,乘客也可以选择司机,这让事情变得太过复杂。最重要的是,它无法像优步和来福车那样获得大量融资。Sidecar 的 CEO 苏尼尔·保罗说:"我们无法与优步竞争,这家公司获得的融资比过去任何一家公司都多,而且一向因其反竞争行为而臭名昭著。Sidecar 的遗憾是,我们超越了优步的创新,但仍然未能赢得市场。我们失败了,在很大程度上是因为优步愿意不惜一切代价赢得市场,而且它几乎拥有无限的资本。"[1] 在 2015 年新年前夕,Sidecar 停止了业务,通用汽车公司收购了其剩余资产及知识产权。优步则继续融资数十亿美元,成为共享汽车业的主导力量。

今天,来福车和优步已经从公募和私募市场的投资人那里融资数十亿美元。尽管来福车的销售额和市场份额较低,但在过去的 10 年里,它仍然坚持不懈将自己打造成一个比优步更有商业道德的选择,而优步则遭遇了一系列的丑闻和争议。此外,两家公司在不同地区表现也不同,来福车在底特律和旧金山等城市大获成功,而优步在迈阿密和休斯顿的表现则更为出色。

两家公司都还没有实现盈利,这可能是因为彼此之间存在激烈的价格竞争。一些分析人士认为,只有当优步收购来福车缓解了价格竞争时,这两家公司才会盈利(假设政府会批准这样的合并及可能造成的垄断)。

数据显示,许多独角兽公司无论与谁竞争都能取得成功,但最重要的是了解帮助公司占领市场份额的真正原因,盲目以为一个资源有限的初创公司可以在与任何对手的竞争中获胜,则是完全错误的。Warby Parker 与强大的老牌公司陆逊梯卡竞争,后者拥有数千家零售店和数百万美元的营销费用,

---

[1] 肯·杨(Ken Yeung):《Sidecar:"我们输是因为优步不惜一切代价要赢"》,VentureBeat,2016 年 1 月 20 日,https://venturebeat.com/2016/01/20/sidecar-we-failed-becaus-uber-is-willing-to-win-at-any-cost/。

Warby Parker通过创新的"在家试戴"模式和自行设计眼镜的方式，使公司获得了更好的单位经济效益，因此在市场上占有了一席之地，即便那只是很小的市场份额。在飞协博的案例中，它与超过25家的传统货运代理公司竞争，这些对手与客户有着多年的关系，但没有一家公司的规模独大到足以封锁当地的卡车运输及航运供应商，这为市场新进入者的出现留下了空间。就来福车而言，与优步这样有能力从投资者那里筹集数十亿美元的创业公司竞争绝非易事，但来福车凭借诚信友好的品牌形象与市场主导者一起成长。不过，数据也表明，一个初创公司与另一个资金雄厚的初创公司竞争，成功的概率比较低，正如我们在Sidecar身上看到的那样。对每一个公司来说，时间将证明它是否能继续增长，并在某一天取代现有的竞争对手，或者其增长是否会趋于平稳。

与强大的老牌对手竞争

采访 Zoom 公司创始人袁征

作为本章的完结,让我们来听听 Zoom 创始人袁征的故事,他于 2011 年在加州圣何塞创立了 Zoom 视频通信公司。Zoom 提供了一个具备高可靠性的视频会议平台,现在已经成为标准的企业视频通信与协作工具。公司在 2011 年融资 300 万美元种子资金,随后在 2013 年从 Qualcomm Ventures、AME Cloud Ventures、Maven Ventures 以及包括 Subrah Iyar、Dan Scheinman、Bill Tai、Farzad Nazem 和 Matt Ocko 在内的天使投资人处获得了 600 万美元的 A 轮融资。2017 年 1 月,在获得红杉资本领投的 1 亿美元 D 轮融资后,Zoom 加入了 10 亿美元规模公司的俱乐部。袁征是独立创始人,在 41 岁时创办了这家公司。2019 年 3 月,该公司在纳斯达克上市,估值为 160 亿美元。自上市以来,Zoom 公司呈指数级增长,最近的估值已超过 1000 亿美元。

在大学本科时,袁征的大部分空闲时间都花在乘坐十几个小时的火车去看望那个有一天会成为他妻子的女人的路上。他讨厌那些旅途,确切地说,是一种"厌恶",他在旅途中梦想着能够不用旅行就见到她。即使在今天,袁征的旅行也比其他 CEO 要少得多;当然,他更喜欢使用 Zoom 进行视频通信。

视频通信已经有 20 多年的历史了,当 Zoom 出现的时候,市场上有几个激烈的竞争对手,包括 Skype、宝利通(Polycom)和思科的网讯(WebEx)。事实上,早在 2011 年,思科就控制了近 50% 的市场,提供免费服务的 Skype 刚刚被微软收购,微软在向企业销售产品方面有着几十年的经验,如图 11-2 所示。

尽管面临这些挑战,Zoom 仍然成了赢家,这是因为袁征清楚地知道他需要解决哪些问题和缺陷，因为他曾经在即将成为竞争对手的公司工作过，于是，他全神贯注于产品，并把满足客户需求作为自己的使命。2018年，Zoom在市场份额和客户满意度方面都成了行业领导者，其评分是行业平均水平的2倍多。2020年新型冠状病毒大流行，导致许多公司和学校施行在家工作和教学的政策，这大大促进了Zoom的业务，使其收入在一个季度内翻了一番，在公开市场上的估值也翻了4倍。

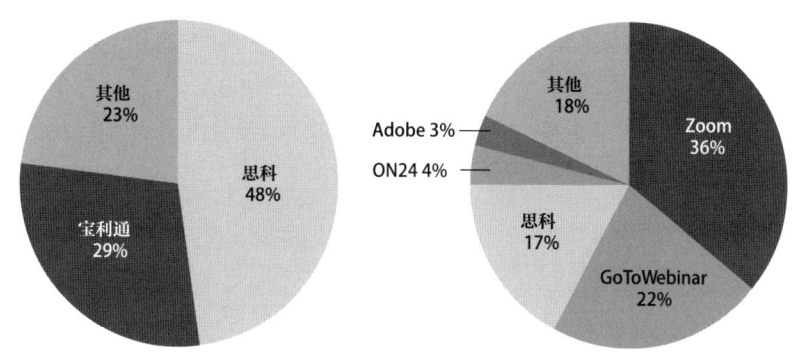

（a）企业视频会议的市场份额，2011年　　（b）企业视频会议的市场份额，2020年

图11-2　企业视频会议的市场份额①

注：2011年，思科和宝利通拥有企业视频会议市场的大部分份额。2020年，Zoom成为市场领导者。

以下是由袁征自己亲口讲述的Zoom的创业故事。

我 1970年出生在中国，大学本科的学位是应用数学，我主修数学，辅修计算机应用。1991年，我去北京攻读硕士学位。硕士毕业后，我在一家出版公司工作，公司派我到日本工作了4个月。

---

① 肖恩·巴克利："企业视频会议市场份额的领导者"（图表），Fierce Telecom，2012年3月9日，www.fiercetelecom.com/telecom/week-research-enterprises-catch-videoconferencing-bug-adc-revenue-surges-to-1-4b；《网络会议市场份额报告：竞争者分析：Zoom, GoToWebinar, 思科网讯（Cisco Webex）》，Datanyze，www.datanyze.com/market-share/web-conferencing--52?page=1。

1995年，当我在日本时，碰巧参加了比尔·盖茨在一个行业会议上的演讲。我从那次演讲中了解到了互联网。他的演讲使我深受启发，回到中国后，我满脑子想的都是如何能够拥抱互联网，我知道互联网将改变一切。

鉴于在出版业工作，我的第一个想法是在网上卖书，但在中国，我搞不清楚怎么做。所以我想来硅谷看一看，了解一下这里的情况。我多次申请美国短期的B-1签证但一直被拒签。我了解到硅谷有一家创业公司网讯（WebEx）正好在那一年（1995）成立，它致力于实时数据协同。我有一个好朋友曾为这家公司的联合创始人工作过，于是我提交了申请并得到了这份工作，公司为我的H-1B签证提供担保，让我去美国。1997年，我来到硅谷，当时我27岁，是网讯的第12名员工，职位是软件工程师和工程经理，之后我担任工程总监的职位7年，最终被提升为工程部副总裁。2007年，我们被思科收购，我又在思科工作了4年半，担任公司负责协同软件的副总裁。

我是网讯创始工程团队的一员，这个产品就像我的孩子一样。然而，尽管我对它有着深厚的情感，但因为1998年编写的代码在2010年仍在运行，因此有很多遗留问题。每当与网讯的客户交谈时，我都看不到一张笑脸。我为此感到非常尴尬，也很不高兴，我意识到为了解决这个问题，需要从头开始建立一个新的解决方案。我从未想过要离开思科，但它并不想从头开始重建网讯。我花了1年的时间，还是没能说服公司管理层。每天早上我都不想去办公室，我真的很不开心。最后我告诉自己："你不能再受这种罪了。"我不得不离开，去建立一个新的解决方案，把快乐带给我们的客户。

我的目标只是为了解决这个问题，仅此而已。我从未想过这是一个多么大的市场机会，或者如何创建一个很大的创业公司，没有任何这些想法，我一门心思只想提出一个更好的解决方案，因为我相信我可以解决这个问题。

创办Zoom时，我的想法就是使视频通信尽可能无障碍、无卡顿，我们有很多强大的竞争对手，但我们并没有注意到这一点，我们所做的就是专注于客户。我经常与客户交谈，了解他们正在使用哪种视频软件，是否喜欢现有的解决方案，每个人都说不喜欢。没有一个客户对现有的产品感到满意。因此，当我告诉客户我正在创建一个更好的解决方案时，每个人都想尝试一下。我关注的是终端用户，而不是竞争对手。否则，你所做的就是考虑你的竞争对手的庞大团队和巨大资源，而不是在你自己的产品上下功夫。

在Zoom成立的早期，《华尔街日报》的著名技术记者沃尔特·莫斯伯格（Walt Mossberg）对Zoom进行了评价，并写了一篇非常好的文章。那篇文章对我们帮助很大，因为行业中的每一个人都尊重他的意见，我也非常尊重他。大约在那个时候，甚至在产品准备或推出之前，我们就得到了第一个付费客户——斯坦福大学继续教育学院。这两件事确实增强了我们的信心。

对创业公司来说，速度就是一切，拥有一个更快的创新速度就是一切。你需要信任你雇用的人。在我们的案例中，我在思科网讯公司工作了很长时间，管理近千人，所以Zoom最初的第22名或第23名工程师都曾在某个时期为我工作过。我们首先雇用了工程师，这些工程师可以向部分客户销售我们的产品。当客户增加时，我们雇用了销售团队，能够完成更多交易，然后我们有了支持团队；当客户已经很多时，我们有了客户成功团队（Customer Success

Team）。即使在某些时候，我们有许多工程师和销售人员，但公司只有一个人全职负责财务工作，那时候没有必要建立更大的财务团队。甚至到 2015 年，公司才有了一个营销团队。因此，我们是一步一步地成长起来的，一个团队接一个团队建立的，而不是在同一时间完成的。

  回顾过去，我没有意识到开始创办公司时有多么令人兴奋。虽然你必须更加努力地工作，而且做的事情更具有挑战性，但是，最终你可以创造自己的命运，你知道自己所做的事情真的可以对世界产生很大的影响和作用。

  袁征能够通过对产品质量的高度关注而击败竞争对手，他让 Zoom 的视频通信工具完美无缺，以至于其他竞争对手都无法追赶。视频通信的质量是客户的核心需求，而通过创造卓越的产品，袁征使 Zoom 成为这一领域的赢家。在多数情况下，仅仅关注产品质量并不足以赢得客户，或者成功地与其他公司竞争，你可能还需要执着于销售和走向市场的行动，或者专注于品牌建设。竞争与可防御性是相辅相成的。创业公司核心产品的可防御性越强，未来竞争就越不可能伤害它。在第 12 章中，我们将重点探讨 10 亿美元规模的创业公司的防御因素。

第 12 章　护城河

弗莱德·莫尔（Fred Moll）这一生仿佛都在为成为医生而做准备，他的父母都是医生，所以他上医学院是顺理成章的事情。但是，当他加入外科住院医生的行列时，却发现自己被手术室的工具搞得不知所措。莫尔后来在一次采访中说："我被手术工具切口的大小和对身体造成的伤害震惊了，感觉这一切都很落后。"[①]

于是，莫尔请假暂时停止了外科住院医生的工作，他想尝试是否能为外科医生制造更好的工具。在成功地创办了几家公司后，很显然他不会再回医院。莫尔创办的前两家公司生产医疗设备，每家公司都以不太高的价格被收购。他的第 3 和第 4 家公司 Intuitive Surgical 和 Hansen Medical 开创了外科手术机器人领域，这是外科医生在手术室里控制的像操纵杆一样的精密工具。在创办第 5 家公司 Auris Surgical 时，他已经花了几十年的时间来研究外科医生的需求和机器人手术的潜力。

Auris 公司历时 10 多年开展了繁重的工程工作，累计获得了 150 项授权专利，最后终于推出了第一款产品——Monarch，这是一种灵活的微型机器人，专为外

---

① 巴纳比·J. 费德：《预备进行手术的机器人》，《纽约时报》，2008 年 5 月 4 日，www.nytimes.com/2008/05/04/business/04moll.html。

科医生治疗肺癌而设计。"CT 扫描显示了一个肿块或病变,但并没有告诉你它是什么,"莫尔说,"然后你必须取出肺上的一小块,如果它是一个小病变,就不那么容易做出手术的决定,因为这可能是一个创伤性很大的手术过程,所以你希望以一种非常系统的微创的方式进行。"在 Auris 公司推出 Monarch 之前,医生们一直在努力使用手工技术,莫尔说:"但在 40% 的情况下,都没有诊断结果。多年来这一直是个问题,阻碍了临床医生诊断和治疗早期癌症的能力提升。"①

后来,Auris 公司向 Highland Capital、Lux Capital、OrbiMed、Mithril 和 Coatue 在内的众多投资机构成功融资 8 亿多美元,专注研究这一课题。2019 年,在成立 12 年之后,公司被医疗保健巨头强生公司以 34 亿美元收购。通过繁重的工程基础工作以及庞大知识产权的组合,Auris 公司已经使自己具备了高度的可防御性。换句话说,其他公司要想复制其产品,不仅代价高昂而且异常困难。因此,强生公司高价收购该公司,成为史上最大的医疗设备收购案。

在第 11 章中,我们看到与强大的对手竞争实际上并不是坏事。但是,为了有效竞争,无论是与其他新来者还是与可能复制你产品的现有对手竞争,创业公司都需要具备防御能力。风险投资人尤其重视创业公司的可防御性,希望确保当他们投资一家公司时,下一家有类似想法的公司将很难追赶上来。贝宝和帕兰提尔(Palantir)的联合创始人彼得·蒂尔对这一概念做了更进一步的阐述,他说"创业公司应当努力制造'垄断'"。②

我研究了各公司不同类型的可防御性因素。在 10 亿美元规模的创业公司中,只有 8% 的公司没有可防御性因素,但在随机选取的初创公司中,超过 45% 的公司缺乏具体的可防御性因素。这显示了在公司周围建立强大护

---

① 乔纳森·谢波(Jonathan Shieber):《J&J 斥资 34 亿美元现金购买 Auris Health 的肺癌诊断和手术机器人》,TechCrunch, 2019, https://techcrunch.com/2019/02/13/jj-spends-3-4-billion-in-cash-for-auris-healths-lung-cancer-diagnostics-and-surgical-robots/。
② 彼得·蒂尔:《竞争是对弱者而言》,《华尔街日报》,2014 年 9 月 12 日,www.wsj.com/articles/peter-thiel-competition-is-for-losers-1410535636。

城河的重要性，也是我在数据中观察到的另一个强烈的差异。

在价值 10 亿美元的初创公司组中，56% 的公司通过工程设计而拥有某种可防御性，这意味着产品本身很难制造，其他公司很难轻易复制（见图 12-1）。在这里，我对"工程"进行了广泛的定义，例如在制药业的创业公司中，开发新药就是一种工程类型。数据显示，仅有 38% 的公司工程具有可防御性，当工程具备复杂性时，成功的可能性就会增加。然而，仅有工程往往是不够的。许多公司将工程防御性与其他类型的护城河结合起来。在 10 亿美元规模的创业公司这一组，大约 28% 的公司具有网络效应，也就是每增加一个新用户，公司就会变得更好更强。网络效应的极致案例就是成为社交网络主导者的脸书公司，因为你认识的每个人都有一个账户，而在随机组中，只有不到 7% 的公司具有网络效应的可防御性，这充分表明这种防御性的重要性。

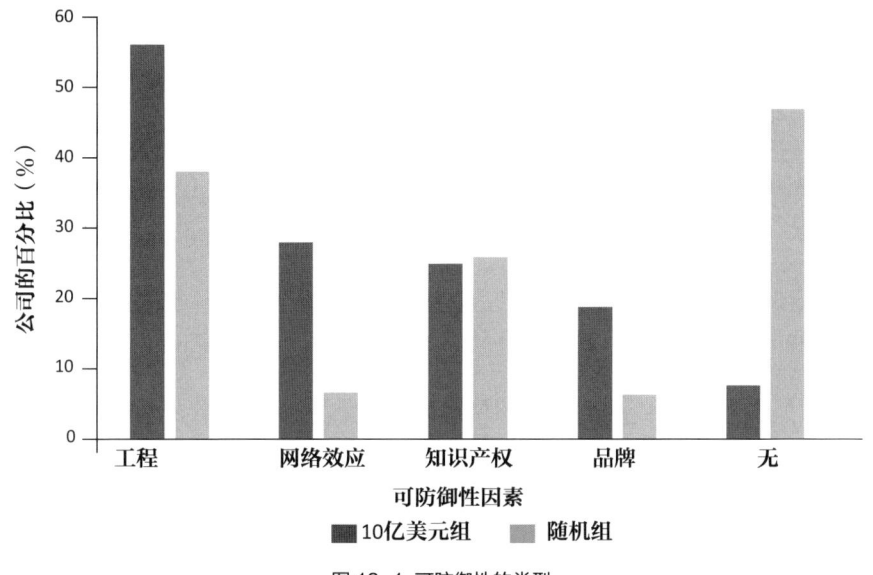

图 12-1 可防御性的类型

注：具有工程防御性和网络效应的创业公司更有可能成为独角兽企业。请注意，一些创业公司可能拥有多个可防御性因素。因此，两组的数字加起来超过了 100%。

最后，在 10 亿美元规模的公司中，有一个较小的群体（约占 19%）拥有基于其品牌的可防御性。许多公司利用品牌来增加销售及营销额，但很少有公司在品牌上进行大量投资，并将其作为主要的可防御性因素。在随机组中，只有不到 7% 的公司具有品牌可防御性。这表明，早期投资品牌建设的初创企业更有可能成为 10 亿美元规模的公司。不过，总体而言，10 亿美元规模的创业公司中只有一小部分依靠品牌作为其主要的防御策略。值得注意的是，随机组中的许多公司根本没有获得足够的融资来投资品牌的创建。

12.1 网络效应

对于网络效应的概念，Founders Fund 的普通合伙人基斯·拉博伊斯（Keith Rabois）有另一种思考方式，他将"网络效应"与所谓的"积累优势"联系起来。拉博伊斯每听到一个创业项目推介的时候，就去寻找能证明这家公司创业势头越来越强、业务日益成功的证据。然而他告诉我："如果你对防御性因素考虑过多，有时可能会说服自己放弃一项投资。积累优势是网络效应之上的一个层次，基本上就是思考为什么事情越来越容易，或者说，随着时间的推移，事情是如何变得越来越好的。"

一些公司的网络效应非常直接，Twitter、Quora、Reddit 和大多数其他社交网络就是最好的例子。当你有两个朋友加入这个网络时，这个网络对你来说立即变得更好，这个惯性轮就会永远转动下去。但是，网络效应也可以在许多其他类型的企业和市场中看到。网络效应有时是如此强大，以至于一个公司可以持续几十年保持市场领先地位，即使只进行最小的创新，像易趣网和 Craigslist 就是很好的例子。

虽然网络效应是一种很好的防御性策略，但也不是不能被打破。例如，点对点借贷平台从网络效应中获益：加入平台的人越多，由于他们的背景、信用评分和需求各不相同，想要借钱的人借钱的机会就越多，也吸引更多的放款人加入。加入的放款人越多，可用于借款的资本就越多，进而吸引更多的借款人加入。然而，如果出现了一个竞争对手，一旦它的平台上有足够多的放款人和借款人，那么它就能成功。如果另一家公司能够生产出更好的产品，并找到一种方法来达到最低限度的临界量，那么它就有竞争力。

最好的网络效应是在没有最低用户数量的情况下产生的，这可以使两个平台对用户具有同等价值。例如，领英有非常强大的网络效应，它没有最低的用户数量限制，因为你可以与各种各样的人互动，拥有最大数量的会员和最新的职业信息的平台将永远是求职者首选的平台。相比之下，点对点贷款人在有最低数量的用户加入其平台后，变得同样有价值。在这种情况下，也许可以通过创造巧妙的切入点及利用专业化来打破网络效应的防御性，如创建区域性的网络（如拉丁美洲的领英）或特定的职业网络（如医生的领英）。

12.2 善用品牌赢得消费者

在创立美容品牌 Glossier 之前，艾米丽·韦斯（Emily Weiss）是《时尚》（*Vogue*）杂志的美容编辑。韦斯不喜欢许多化妆品品牌的营销方式，所以她开通了一个博客 Into the Gloss，在那里她提供了行业中普遍缺失的关于美容的明智诚实的对话。这个博客恰似一股清流受到粉丝欢迎，每月有超过 1000 万的访问量，这激发了韦斯推出自己的产品系列。

Glossier 是一个精心策划的美容产品系列，主要针对千禧一代。品牌传递的声音是诚实的，甚至偶尔会建议人们使用其他品牌的产品，而且它不依靠付费渠道来推广产品，而是通过口口相传来扩大其有机增长的粉丝群。当

Glossier 推出一种眉毛凝胶 Boy Brow 时，立即被抢购一空，客户等候名单上足足有 1 万多人。① 从此，Glossier 成了一个重要的名字。这家创业公司有效地将品牌作为其护城河，将品牌置于运营的前沿与中心，并将公司建立在内容和品牌之上。

现在，品牌的概念已经变得更加复杂，因为除了电视或杂志上的广告，创业公司还有许多新的方式来接触客户。品牌不再仅仅是一个标志和一个网站，相反，它包含了一个公司与用户不同方式的互动：从网站内容或营销邮件的措辞，到包装或产品用户界面的设计，再到客户服务中对细节的关注，甚至到用户如何取消订阅或退回产品。品牌是一家初创企业接触客户的所有方式，无论是个人消费者还是企业客户。品牌是一个公司与用户及社区建立联系的方式。当品牌有助于创造一个充满激情的粉丝群体和社区时，它就会成为一种资产，就会成为一个防御性的因素。

拥有强大的护城河的创业公司更有机会成为独角兽公司，具体的可防御性有多种形式：深度工程、伙伴关系、数据、品牌、网络效应，以及基斯·拉博伊斯所说的积累优势。可防御性并不意味着没有人可以复制这家公司。有很多例子表明，品牌、工程或知识产权的可防御性可以被资金更充足或经营更出色的竞争对手战胜，甚至网络效应也被战胜了。事实是，防御性因素仅仅是帮助公司在竞争中保持领先的进入壁垒。如果公司不能利用其作为行业领导者的地位不断创新，更好地与客户建立联系，并制造更好的产品，那么最终注定会被取代，就像诺基亚手机和 MySpace 公司。

---

① 西莉亚·萨茨曼（Celia Shatzman）：《艾米丽·韦斯（Emily Weiss）谈 Glossier 的新化妆品，她投身于 Gloss 和 Desert Island Beauty Staples 的原因》，《福布斯》，2016 年 3 月 14 日，www.forbes.com /sites/celiashatzman/ 2016/03/14/emily-desert-island-beauty-staples/#72de97f84b69。

第三部分

关于资金募集

在本书第一部分，我们介绍了关于创始人的情况，研究了他们的背景，并采访了一些独角兽公司的超级创始人。在第二部分，我们研究了关于创业公司的情况，从公司的创业点子到产品、市场乃至竞争策略。我们了解到，在10亿美元规模的创业公司中，有许多公司在早期就进行了转型，通过转型寻找产品与市场的契合点，其中大多数公司为客户生产的是"止痛药"类的产品，但"维生素"类的产品也很有效。此外，我们还了解到，那些致力于帮助客户节省时间或金钱的公司往往更加成功。无论公司采用何种市场策略，拥有高度差异化的产品才是真正重要的。在选择市场方面，并不是所有10亿美元规模的公司都会去创造新的市场，事实上，许多公司参与争夺的都是已经存在大量客户需求的现有市场的份额。成为第一个想出好点子的人并不重要，重要的是抓住一个关键转折的时机。我们可以看到，许多10亿美元规模的创业公司在分散的市场中竞争，或者与大型的老牌对手竞争，并且使用各种防御性的策略来保护自己不被竞争对手击败。

在本书最后的部分，我们将探讨关于投资人与融资的问题。围绕着天使投资人和风险投资人解释一些迷思，诸如他们是谁，他们如何评估交易，以及最重要的，如何说服他们进行投资。我们将首先了解风险资本的作用和历史以及公司资金来源的途径，如自给自足。此外还将探讨在牛市和熊市中融资的区别，并讨论资本的效率。最后，我们将讨论天使投资人与独角兽公司的风险投资人看重的是什么，10亿美元级的公司如何融资，以及关于公司估值的秘密。

13 | 第13章
风险资本与自给自足

> 对一个国家的经济增长来说,最重要的贡献因素是 20 年内收入增长到 10 亿美元规模的创业公司的数量。
>
> ——卡尔·施拉姆(Carl Schramm),经济学家,考夫曼基金会(Kauffman Foundation)主席

萨拉·布莱克利(Sara Blakely)生平的第一笔生意是在希尔顿清水湾海滩度假酒店提供临时保姆服务,为此她向那些想在阳光下放松休息的父母收取每个孩子 8 美元的看顾费用。那时她还是个十几岁的孩子,但是她想赚点钱,于是,她在没有任何证书、心肺复苏培训和保险的情况下,居然做了 3 个夏天的临时保姆,直到这一服务被酒店管理层叫停。

后来令她声名鹊起的生意是她一手开创的女性服装品牌 Spanx。布莱克利深知,女性喜欢连裤袜的塑形效果,但讨厌老式丝袜的感觉。在有了创建现代塑身衣品牌的想法后,她废寝忘食地研究袜类专利,参观工艺品商店,研究面料,并给袜类工厂打电话,试图说服他们生产,把她的发明变成现实。最后,她甚至仅凭在巴诺书店找到的一本教科书就自己申请了专利,这为她

节省了足足 3000 美元的法律服务费。

为了创办公司，布莱克利投入了 5000 美元的个人储蓄。很快，她赢得了与尼曼·马库斯（Neiman Marcus）、萨克斯（Saks）和布鲁明戴尔（Bloomingdale）的合作交易，在他们的商店中展示她的产品。在那之后，她仍然朝九晚五地在一家办公用品公司销售传真机。在创业早期，由于负担不起额外雇人的费用，她自己完成了 Spanx 的所有包装、营销、公关和客户服务工作。2000 年，当奥普拉·温弗瑞（Oprah Winfrey）将 Spanx 列为年度最受欢迎的产品时，布莱克利甚至还没有一个正式的网站。她说："我的做法是把包装的彩色副本扫描进去。事实上，我是以每月仅仅 18 美元的花销经营着偌大的网络业务。"①

Spanx 公司从第一天起就实现了盈利，第 1 年就赚了 400 万美元，第 2 年赚了 1000 万美元。布莱克利从未接受过任何投资，所以她拥有公司 100% 的股份。一旦公司的估值超过 10 亿美元，布莱克利就加入了 10 亿美元俱乐部，比起那些规模更大但是靠风险投资撑起来的公司的创始人，她保有了更多的财富。

如今，风险投资已经成为大多数创业故事中不可或缺的一部分，这使人们很容易忘记这样一个事实，即并不是每个创始人都接受了投资资金。虽然大多数 10 亿美元规模的公司都有风险投资的支持，但有些公司，如 Spanx，在没有得到一分钱的情况下也能发展壮大。其实，创业公司直到最近这些年才开始得到风险资本的资助。几百年以来，企业都是靠从银行贷款并偿还利息来获取资金的。当一个公司达到一定的规模或成熟度时，就可以申请 IPO 从公众市场上筹集资金。小企业仍然依靠自己的利润和银行贷款求得成长，

---

① Clare O'Conner：《Spanx 的萨拉·布莱克利如何将 5000 美元变成 10 亿美元》，《福布斯》，2012 年 3 月 14 日，www.forbes.com/global/ 2012/0326/billionaires-12-feature-united-states-spanx-sara-blakely-american-booty.html#2b8182537ea0。

但多年以来，这才是新兴企业筹集资金的主要方式。即便是第一批半导体公司也不是由风险资本资助的，这些公司就相当于硅谷的代名词。当年，发明晶体管的威廉·肖克利（William Shockley）通过贝克曼仪器公司（Beckman Instruments）获得了资金，并不得不以该公司的名义开创自己的事业。后来，他手下的8名雇员反水开了一家竞争公司，这些雇员也不得不在投资方仙童（Fairchild）照相仪器公司的保护伞下这样做。该公司是第二次世界大战时期销售成像设备的公司，[①] 后来更名为仙童半导体公司（Fairchild Semiconductors）。

贷款通常是为那些拥有有形资产的公司准备的，如铁路、零售或制造业。高科技公司在早期没有太多的有形资产，却需要大量的资金，这使得银行很难对其进行评估或投资。1958年，国会通过了《小企业投资法》，允许联邦政府向新近成立的投资公司贷款，作为向新一轮高科技公司注入资金的一种方式。[②] 当时正值冷战时期，政府希望加强国家的科技能力。该计划本身并不成功，但其中的许多基金经理后来都创办了早期的风险投资公司。

直至20世纪60年代和70年代初，风险投资公司才开始形成，它们的主要目标是投资高风险高回报的技术企业，在当时主要是电子和半导体公司。1959年，西海岸的第一家风险投资公司Draper, Gaither & Anderson成立于帕洛阿尔托。[③] 随后，在1962年，Draper and Johnson投资公司成立；1964年，Sutter Hill风险投资公司成立；1969年，Venrock Associates公司成立；1972年，凯鹏华盈（Kleiner Perkins Caufield & Byers）和红杉资本成立。从那时起，

---

① 戴维·A.劳斯（David A. Laws）：《一个传奇的公司：仙童半导体公司的遗产》，《IEEE计算机历史年鉴32》，第1期（2010）：60—74，DOI: 10.1109/mahc.2010.12。
② 《小企业投资法》，美国小企业管理局，2019年3月，www.sba.gov/document/policy-guidance--small-business-act。
③ 《三代传承的风险投资家族》，计算机历史博物馆，2020年7月30日，https://computerhistory.org/events/venture-capital-blood/。

由于监管的变化和政府的推动，加上新兴的高风险科技公司的出现，数以百计的风险投资公司应运而生。

不过，即使在今天，风险投资行业仍然很小。根据美国全国风险投资协会的数据，美国有 1000 多家活跃的风险投资公司，2019 年所有美国风险投资公司管理的总金额为 4440 亿美元。与金融业的其他部分相比，这只是很小的一部分，如金融业的资产管理总额高达数万亿美元，① 私募股权投资公司黑石集团（Blackstone）在 2019 年就管理着 5450 亿美元。在美国每年成立的数十万家新公司中，只有不到 1 万家获得了不论任何形式的风险投资，仅占所有新成立公司的不到 1%，而在这些公司当中，又仅有不到 1% 的公司成了 10 亿美元规模的公司。②

那么，为什么风险资本公司和由风险资本支持的公司会受到如此之多的关注呢？这些关注主要来自媒体、立法者和那些推销伟大想法的创始人，因为风险投资在超级成功的公司中占了很大比例，不仅是像苹果和基因泰克这样的科技和生物技术公司，就连像全食超市（Whole Foods）和星巴克这样的零售企业也得到了风险投资的支持。总体而言，在 1974 年至 2014 年期间，风险投资支持的公司占美国所有 IPO 公司的 42%，这些公司占 1974 年以来所有美国上市公司总价值的 63% 及研发总额的 85%。③

我收集的有关 10 亿美元级公司的数据显示，超过 90% 的公司是由风险投资支持的，其余的公司要么自给自足（也就是说它们没有筹集风险投资资金），要么是通过有能力的创始人自筹资金（见图 13-1）。

---

① 《美国资产管理行业：增长、趋势和预测（2019—2024 年）》，Mordor Intelligence，2019 年，www.mordorintelligence.com/industry-reports/usa-asset-management-industry。
② 全国风险投资协会：《2019 年年鉴》，https://nvca.org/wp-content/uploads/2019/08/NVCA-2019-Yearbook.pdf，" https://nvca.org/ wp-content/uploads/2019/08/NVCA-2019-Yearbook.pdf。
③ 风险投资的经济影响：来自上市公司的证据，https://nvca.org/ wp-content/ uploads/2019/08/NVCA-2019-Yearbook.pdf。

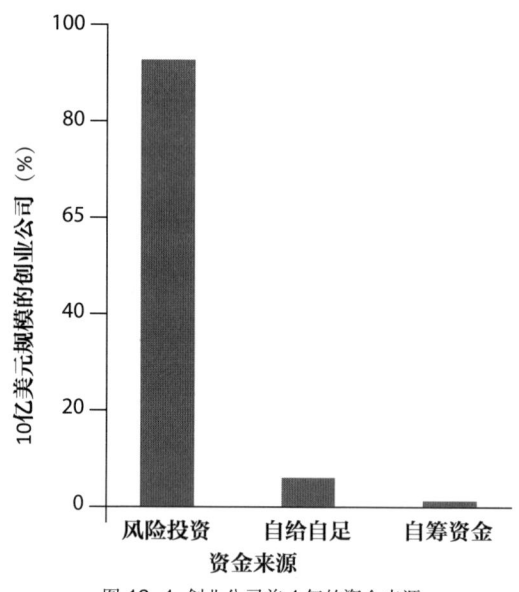

图 13-1 创业公司前 4 年的资金来源

注：超过 90% 的 10 亿美元规模的创业公司是由风险资本投资的。

那么，为什么这么多 10 亿美元规模的公司都有风险投资支持呢？原因主要是两者志趣相投。简单地说，寻求风险投资的创始人力求创建 10 亿美元规模的强大企业，而风险投资公司同样在寻找有望取得巨大成功的公司，所以它们各取所需，一拍即合。此外，也有许多不一样的企业家，他们创业的目的是建立完全自主的、可健康盈利的伟大公司，公司的收入可增长至数千美元乃至数亿美元，创始人可以慢慢扩大业务，承担适度的风险。但是，在风险投资支持的公司中，人们往往倾向于抓住机会快速达到数十亿美元的规模，即便这意味着要承担可能扼杀企业的风险。接下来，我们将讨论是什么激励了这种豪赌，但是也需注意，正是这种追求高风险、高回报的心态，在风险投资支持的公司中创造了更多的独角兽公司，尽管不乏以灾难性的失败为代价的案例。

13.1 风险资本：反直觉的数学模型

风险投资痴迷于高风险、高产出的结果，这在直觉上是说不通的。为什么要去追逐不太可能的独角兽，而不是一个尽管增长不多但更有可能增长的公司？我们可以想象一下，如果一家公司估值2000万美元，一个投资者给它投资500万美元，而后该公司被收购，价格为8000万美元。对许多投资者来说，这4倍的回报将是一个很好的结果，比投资股票市场好得多。但对风险投资人来说不是这样，这取决于风险投资基金的经济运作方式。

对于从事风险投资的人，坊间有一个常见的误区，认为他们本身就是非常富有的人，他们将个人的资金投入创业公司。虽然这对极少数风险投资人来说可能是真实的，但对大多数风险投资人来说并非如此。为了"共担风险"，风险投资基金的普通合伙人，即GP，必须将他们自己的一些资金投入基金中，通常至少占基金规模的1%或2%，这被称为"普通合伙人承诺"，其余的钱通常来自机构性的资本、大学捐赠基金、高净值资产家庭的投资办公室、非营利基金会、养老基金、主权财富基金等。有一些风险投资公司只代表非营利机构投资。这是风险投资公司和天使投资人之间的一个关键区别：天使投资人用自己的钱投资，而风险投资公司用别人的钱投资，别人的钱往往比自己的钱多50到100倍。事实上，许多风险投资人在其职业生涯早期不得不向银行借款，以支付其"共担风险"的资本。

风险投资人每隔两年就会像创业公司一样到处去融资。向风险投资公司投资的实体，称为有限合伙人（LP），有限合伙人将其总资产的一小部分投资风险资本这一资产类别。如前所述，风险资本资产类别是高回报的，但也是高风险的；也就是说，风险投资公司很有可能得不到这些超额收益。为了获得更稳定的回报，有限合伙人还在股票市场、债券市场、房地产、商品和其他投资资产类别中投资。有限合伙人希望风险投资公司在10年内能使其资本回报率达到3倍（3x）或以上。

有风投雄厚的资金支持却经营失败，或者以高估值融资却没有收入，媒体有时会嘲讽这样的公司，这些批评十有八九是对的。但是，这种失败已经融入了风险投资的模式。当风险投资公司投资失误时，它们会损失1倍的资金，但是，当它们投资正确时，就可以赚到20倍的钱，弊有限而利无穷，这就是为什么风险投资公司会冒损失100%资金的风险去赚取10倍的投资，尽管成功的可能性非常低。风险投资是一种指数博弈，创业公司的退出结果通常遵循指数曲线，而不是正态分布。即使是一家最好的风险投资公司，在一只基金中投资了10家公司，通常的结果也会是其中三四家亏损了大部分的资金，另外三四家只是保本，每只基金的成功与否完全取决于其投资名单上前3名的公司，排名第1的公司和第2名的回报之间往往差距悬殊。

弗雷德·威尔逊（Fred Wilson）是Union Square Ventures风险投资公司的联合创始人，他有一套"三分法"的理论："一笔交易给基金带来本金回报，另外3到4笔交易又带来1倍回报，其余的再一次给基金带来1倍回报，以此达到基金必须赚来的3倍毛利，给有限合伙人带来好的回报。"[1] 威尔逊的说法可能适用于更精英的风险投资基金。Correlation Ventures 的研究发现，在过去10年中，在风险投资公司的所有投资资金中，大约有一半是亏损的，只有不到4%的资金产生了10倍或更高倍数的回报（见图13-2）。

---

[1] 弗雷德·威尔逊：《风险投资的数学问题》，AVC，2009年4月29日，https://avc.com/2009/04/ the-venture-capital-math-problem/。

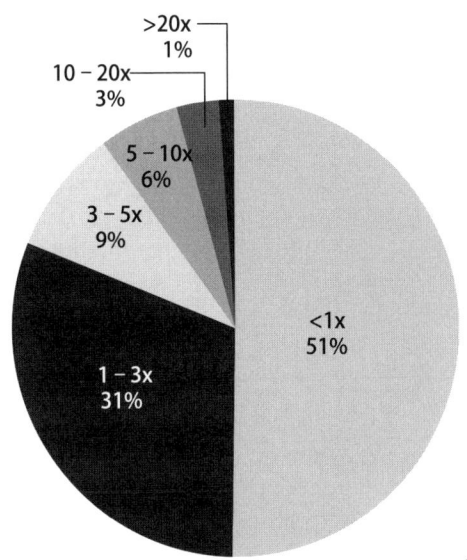

图 13-2 2009—2018 年美国风险投资成果的分布情况①

注：超过 50% 的风险投资公司的投资是亏损的，而只有不到 4% 的投资回报率是 10 倍或以上。数据由 Correlation Ventures 提供。

你可能会想，为什么风险投资公司不把重心放在风险较低回报也较低的公司上呢？与其寻找稀有的 10 倍收益，为什么不去寻找 10 个更有把握的 3 倍交易？这个想法在理论上看起来不错，但毕竟创业公司可能会因为各种各样的原因倒闭，包括联合创始人之间的冲突、创始人丧失兴趣、联合创始人离职、失去关键客户、未能找到适合的市场、无法创造产品、法规变化、竞争激烈等原因。因此，风险投资很难持续找到有 3 倍回报而没有风险的公司。也许风险投资公司唯一可以控制的一点，是找到一个拥有无限上升空间的创业想法，从而让自己拥有获得 10 倍回报的可能性。

有些基金因专注于单一投资组合而一战成名。比如，作为一家顶级品牌

---

① David Coats："美国风险投资的回报范围"（图表），2019 年 9 月 11 日，https://medium.com/correlation-ventures/venture-capital-no-were-not-normal-32a26edea7c7。

风险投资公司，Accel Partners 从其第 9 只基金中投资了一小部分，主导了脸书的 A 轮融资。7 年后，脸书进行了首次公开募股，公司估值为 1000 亿美元，这使最初的投资至少得到了 300 倍的回报，这只基金被称为 Accel 的脸书基金。当然，这是一个异常值，不过这正是有限合伙人所期望的超额回报。

不过，问题是风险投资公司在投资时并不知道哪家创业公司会表现得最好。事实上，许多风险投资公司都公开承认，它们永远猜不到哪家公司会成为其投资组合中的佼佼者。一些优秀的公司很早就被收购了，一些表现不佳的公司可能会因为遇到一个转折点而突飞猛进。因此，风险投资公司需要对其投资的每一家公司都抱有信心，相信它就是那个佼佼者。风险投资公司所投的每家公司都要有潜力，至少要有获得 1 倍基金回报的能力。如果你正在募集风险投资资金，这种计算方式将决定投资者的期望值，并确定他们在什么时候会乐意让你出售公司。

让我们用一个例子来说明风险基金的运作机制。想象将一只 3 亿美元的基金投资于 20 家公司。风险投资公司通常将其一部分钱用于第一次投资（称为初始投资），其余的作为再投资（称为后续追加投资），这样做是为了在随后几轮的投资中保持对创业公司的所有权。假设是平等分配，那么这只虚拟基金可以向每家创业公司投资 750 万美元作为初始投资。假设该基金以 750 万美元领投创业公司 X 的 A 轮融资，公司估值为 4000 万美元，因此风险投资公司拥有创业公司 X 18.75% 的股权。风险投资公司可以通过在下一轮投入 750 万美元的后续追加投资来保持其所有权。但到退出时，该公司仍会遭遇大量稀释。例如，风险投资将被稀释 30%，所以风险投资公司在退出时拥有大约 13% 的股权。对每笔投资都能获得 1 倍基金回报的理想情况，创业公司 X 的 13% 需要估值为 3 亿美元（风险投资基金的规模），这意味着创业公司 X 需要以 23 亿美元退出，这就是为什么风险投资公司关心的是

10亿美元公司的结果，而不是1亿美元公司的结果。请注意，在这个等式中，基金规模是一个非常重要的因素，它往往会大大影响风险投资公司所追求的目标。对于规模较大的基金，预期的结果也会按比例增加。企业家在向风险投资公司融资时应牢记这个数学公式，以了解风险投资公司所追求的结果类型。一个5000万美元的基金所寻求的结果与一个10亿美元的基金所寻求的结果大不相同，也与一个天使投资人预留20万美元用于投资的结果大不相同。

13.2　自给自足与自筹资金

创业公司寻找风险投资看似常态，其实也有例外。你可以在没有任何风险投资资金的情况下创建10亿美元规模的公司。事实上，那些能够在早期自筹资金或自给自足创建骄人业务的创始人，最终将在后期募集增长资本时处于更有利的位置，而且被稀释的可能性也会小很多。

以Yeti这样的公司为例，它生产的耐用型露营冷却器系列产品大受欢迎。大多数人在想象一家10亿美元规模的创业公司时，不会联想到冷却6瓶啤酒的问题。然而，在撰写本书的时候，Yeti公司的估值规模高达40亿美元，每年的产品销售额超过10亿美元。2006年，在得克萨斯州奥斯汀，罗伊和瑞安·塞德斯兄弟（Brothers Roy and Ryan Seiders）在父亲的车库里创办了这家公司，他们通过稳步提高业务量来使公司做到自给自足，从第一个产品开始，即一个坚固美观的冷却器，其售价就是普通冷却器的5～10倍，后来的型号售价高达1000美元。

Yeti成功地将本来的日用品变成了优质产品，从而获得了客户的追捧，并最终扩展为面向户外运动者、车尾野餐者及后院烧烤者的大众市场品牌，2011年销售额达到约3000万美元。此外，公司又通过服装、帽子和饮具扩大其商品业务，这部分业务已经占到 Yeti 销售额的大头。2012 年，Yeti 从一家小型私募基金公司 Cortec 集团获得融资，但这种融资是在公司收入超过数千万美元之后才进行的。

  自给自足的方式不仅适用于零售业的公司，也同样适用于其他行业的公司。例如，在科技行业就有许多成功的案例，这些公司至少在最初阶段是靠自己的利润来自行运转的。许多公司在经过多年的自给自足之后，才向成长型投资机构或私募基金融资以加速发展。Atlassian 是澳大利亚一家数十亿美元规模的软件公司，公司以推出了问题跟踪 App Jira 而闻名，在从 Accel Partners 募集到成长轮资金之前，该公司已经自给自足经营了 8 年。UiPath 是罗马尼亚一家机器人流程自动化公司，在募集风险资本之前，公司自给自足经营了 10 年。许多这样的公司在开始阶段通过提供咨询和服务带来收入维持运营。有些公司根本不知道什么投资机构，或者没有机会接触到投资人，便不得不在必要的情况下自给自足。UiPath 的创始人丹尼尔·迪恩斯（Daniel Dines）在早期不得不"在从事咨询和外包工作"的同时进行创业，他称这是 UiPath 所犯的第一个错误。因为"这会让人分心，真的。你们更适合进行融资。但在我们那个时代，这是不可能的。"①

  少数 10 亿美元规模的公司靠自筹资金，其中一个例子是作为最大的二手车买卖网站之一的 Carvana，其创始人欧内斯特·加西亚（Ernest Garcia）来自一个从事房地产和汽车销售的家族，自筹资金是利用技术推动家族企业发展的自然而然的路径。另一个例子是提供互联网安全服务的 Zscaler，它也是一家 10 亿美元规模的创业公司。在最初的四年里，Zscaler 由创始人杰伊·乔杜里（Jay Chaudhry）自筹了大量资金，他是一位超级创始人，曾经以数

---

① Georgeta Gheorghe:《UiPath 的故事：它如何成为罗马尼亚的第一个独角兽》,《商业评论》, 2018 年 9 月 4 日，https://business-review.eu/news/the-story-uipath-how-it-become-romanias-first-unicorn-164248.

亿美元的价格出售了多家网络安全公司，并且有能力将这些收益投资于他的下一家公司。

当你打算做一些有风险的事情时，风险投资资金就能派上用场了，它不是简单为一个企业或项目提供资金。从这个意义上讲，风险投资首先不是许多公司一开始的正确资金来源。对许多创业公司来说，特别是那些资本成本高的企业，风险资本或大规模的自我资本注入是必要的，如特斯拉或SpaceX。对其他公司来说，根据创始人的财务状况，有可能会自给自足，并将风险资本资金仅用于抓住增长机会或击败竞争对手，而不是简单地用于公司的启动。

Qualtrics公司的CEO兼联合创始人瑞安·史密斯（Ryan Smith）说："你必须建立一个真正的企业，经历艰难的转型、权衡取舍，并在创业早期面对各种限制。然而，很多公司的创始人跳过了这一点，因为他们获得了很多融资，所以他们没有进行那些也许应当进行的对话。"Qualtrics是一家经验管理公司，大部分时间都在自给自足。史密斯认为，他们的优势在于知道自己要去哪里，"而不是先去融资再来琢磨这个问题"[1]。

无论公司是自给自足还是通过风险资本融资，至关重要的是，先使用尽可能少的投资尽快了解市场对其产品的反应。曾经有一些创业公司在进行大量融资后却发现没有市场需求，这些公司因此声名狼藉。最近的一个案例是Quibi，这家公司在一个移动App上制作播放5~10分钟的视频内容，获得了超过10亿美元的投资，在推出之前委托制作了数百个节目，最初被吹捧为最热门的新兴创业公司，但在推出的6个月后就不得不关闭了，白白消耗了超过10亿美元的资金。

---

[1] 玛丽·阿泽维多（Mary Azevedo）：《为什么这些曾经自给自足（但仍然有利润）的公司的CEO会接受风险投资》，Crunchbase News，2019年11月25日，https://news.crunchbase.com/news/why-the-ceos-of-these-once-bootstrapped-but-still-profitable-companies-took-vc-money/。

创业前 5 年自力更生，终成估值 75 亿美元的独角兽公司

采访 Github 联合创始人
汤姆·普雷斯顿 – 维纳

另一个在创业早期就自力更生的例子是 GitHub，该公司成立于 2008 年，是一个代码托管平台，为版本控制及协同制作软件。它同时也是世界上开放源代码的主要免费储存库，大多数开发公司或团队的开源代码都存储在 GitHub 上，允许其他用户访问。其中，开源部分是免费的，而允许公司内部私有代码的企业版则是付费的。截至 2020 年 1 月，超过 4000 万的活跃用户和超过 1 亿的存储用户使其成为世界上最大的源代码主机。在创业之初，GitHub 自给自足运营了近 5 年，后来经历的第一次融资是由 Andreessen Horowitz 领投的 1 亿美元的 A 轮融资，成功跳过了多轮融资及随之而来的稀释问题。3 年后，GitHub 获得了由红杉资本领投的 2.5 亿美元的 B 轮融资。2018 年 6 月，微软以 75 亿美元的高价收购了 GitHub。

GitHub 是如何做到这一切的？公司的几位创始人是自由职业的程序员，他们使公司收入获得有机的稳健增长。跟许多其他 10 亿美元规模创业公司的创始人一样，GitHub 的联合创始人之一汤姆·普雷斯顿 – 沃纳（Tom Preston- Werner）在创立这个公司之前，已经开发并出售过一个产品。接下来，就让我们来听听汤姆的个人经历与 GitHub 早期的情况。

我一直对计算机有所涉猎，并且自主学习计算机科学。但在大学二年级后，我就辍学到一家创业公司工作。我主要通过书

本自学，一边学一边练，一直在编写代码，还学习了 Ruby on Rails（一种网络应用框架）。后来我搬到了旧金山，为一家做 Ruby on Rails 的公司工作，这家公司叫 Powerset，是一家试图打败谷歌的搜索业务公司。

结果我们发现要超越谷歌很难，但是，这家公司后来被微软收购了。作为公司第 32 号雇员，我从中得到了 1 万美元，那是 1 亿美元的收购，而我得到的却只有 1 万美元。你可以从这些收购中学到一些东西，也可以看到作为创始人与作为雇员有很大的不同，两者通常有着相当大的差距。工作之外，我一直在做副业，包括做咨询时开发的一个叫 Gravatar 的项目，我开发的头像可以在博客上作为个人标识。当时我不想再继续这个项目，因为项目需要花钱，却没有任何商业计划。我的初衷是为博客圈做点贡献，于是就想出了一个全球公认头像的点子，然后就把它做了出来，没想到一下子就开始流行起来。后来，我与马特·穆伦维格谈好，最终把这个产品卖给了他的公司 Automattic，这家公司旗下拥有 WordPress 网站。因此，现在这个产品为 WordPress 网站提供所有的头像，这个项目算不上公司业务，我只是把代码卖给了他，并给了他代码、URL 和域名，而他给我个人写了一张支票，就是这样。

我在 Powerset 有一个同事叫 Dave Fayram，最初是他介绍我使用 Git，我们由此开启了这种新的工作方式，工作效率非常高。我们可以来回传递代码，但是没有一个好的方法来真正查看它们，并且实际用起来也不容易。你必须在某处设置一个 Linux 服务器，给自己一个账户，然后每个人都要登录，你们会有一些都能访问的共享位置，然后会提交到同一个资源库，这有点可笑。与其他人使用的东西相比，Git还有很大的潜力。当时除了核心的Linux和Git社区之外，没有人认真地用它来做任何事情。

我很想好好开发一个副业项目，不是像Gravatar那样随便做做，我的目标是做成之后可以变成一份全职的工作，能给我提供报酬。所以最初GitHub是一个副业，是我开始着手研究的东西。

我通过一个用户小组认识了其他一些Ruby程序员，我们每两周会在某个人的办公室见面，大概进行1个小时的技术交流。我通过那个小组认识了克里斯·万斯特拉斯（Chris Wanstrath，GitHub的另一位联合创始人），我一直很欣赏他的工作。他当时在做咨询，并且推出了很多开源的库，很多人都在使用。我觉得这很了不起，我想，如果能和他一起工作，一定会非常酷。所以在一次聚会之后，我请他坐下来，给他看我正在做的事情，并告诉他我关于GitHub的创意——一个可以成为在线存储和分享资料库的地方。其实，Git是有能量的，但没有发挥出来，因为存在一个障碍，那就是网上没有好的分享界面。有一个网站试图做到这一点，但是，比如说，如果你忘记了你的密码，就必须给经营这个网站的人发电子邮件，他会为你手动重设密码。这显然还没有为规模化做好准备，而且总体来说也不是很好用。于是，我们开始一起利用空闲时间为GitHub工作，他用做自由职业者写代码的工作来支付账单，我用在Powerset的工作来支付账单，就这样我们大概做了6个月的工作。之后，我所在的Powerset公司被收购了，他们给我提供了一份工作，让我继续在微软的必应搜索产品工作，我拒绝了。因为对我来说，很明显GitHub会有所发展，当时我们已经在用它赚钱了。

经过6个月的工作，我们公开了第一个测试版并邀请人们使用它。3个月后，我们开始收费。因此，从我们开启工作到开始收费总共只花了9个月的时间。我们对私人存储库收费，对开放源代码则完全免费。今天，我们仍然沿用这样的商业模式。我们认为，如果开放源代码的人可以免费使用它，这将是一个内置的广告机制。因为很明显，你会让它免费用于开源，作为回馈开源社区的一种方式。

如果你是一家公司，拥有自己的私有代码，那么你就会付钱，因为你会乐意为有用的东西付费。这一点马上就起作用了，很快就有人开始付钱给我们，主要是那些想拥有私人代码的个人，他们会把代码放上去。我们把价格定在每个月7美元，用于几个主要的资源库。我们希望价格做到足够便宜，使个人用户能够负担得起，因为还没有公司用户使用这个产品。每个月5美元似乎太便宜了，但每个月10美元又似乎太贵了，所以我们选择了7美元的价格。之后GitHub开始赚钱，我也退出了Powerset，开始全职为GitHub工作。我们没有像做以前的工作或自由职业者赚那样多，但也足够给自己一些报酬。再之后，我们的业务开始攀升，每个月都在赚更多的钱。

当我全职在GitHub工作的时候，公司的月收入大约是1万美元，我们每个人大概付给自己3000美元的报酬。后来公司又来了第3个人P. J. 海厄特（P. J. Hyett）和第4个人斯科特·查康（Scott Chacon）。

我们已经在盈利，不需要考虑融资的问题，而且我们喜欢正在做的事情，对公司的现状和雇用的人才都感到满意，认为没有必要融资。我们试图真正保持盈利的状态，所以当雇人时，就能有足够的钱来支付他们的工资，而不需要风险投资的钱。所以，我们会等到收入增长到足够多的时候，才花钱去雇用下一个人。GitHub的增长曲线总体上是指数级的，但在开始时非常平缓，最初是缓慢上升的。当我们同时雇用第一个设计师和第一个真正靠谱的后端工程师时，公司有一两个月没有盈利，但这看起来是值得的，因为他们两个都很了不起，就像超级明星一样。

第一个向我们提出合作的风险投资人是 Floodgate Capital 的管理合伙人迈克·梅普尔斯（Mike Maples）。他问我们："你们想谈谈吗？"我们说："当然，咱们可以出去吃饭聊聊。"

于是他带我们出去谈，说他想投资，我认为没有必要。我们当时想："为什么要融资呢？"我们现在很好，公司是盈利的，我们很乐意以这样的速度增长，除了人员薪酬和服务器的费用，我们根本没有任何资本支出。我们不希望有人告诉我们该怎么做，我们创立公司的全部意义就在于拥有自己的自由，没有老板管我们，这就是我一直在追求的东西。

真正到公司第一次融资时，公司规模大约是 100 名员工，一直靠自身的利润稳步运转。那时是 Andreessen Horowitz 向我们伸出了橄榄枝，我不记得具体的细节，但资本就在这时出现了，告诉我们可以融资，并且可以在一个非常好的估值下运作。这对公司有好处吗？我们需要至少调查一下，看看这可能意味着什么，才算得上谨慎。如果我们能得到一个合适的估值，也许很有意义，我们可以更快地成长，可以更有效地解决公司的问题，可以做市场营销。我们从来没有去过沙山路（在硅谷，有几个风险投资办公室在那里），从来没有。风险投资公司总是来找我们。现在看来，我发现这是非常不寻常的经历。

后来我们决定接受这笔钱，因为我们从中看到了机会，并且也开始看到竞争对手的出现，Bitbucke 公司正在做我们所做的事情，但是它落后了 1 年左右。因此，我们在关注这一点，并考虑会出现的其他竞争者，希望能够保持我们的优势，继续创新。同时，我们不得不解决企业运营的问题，即需要雇用一群销售人员来解决这个问题。因此，在这方面有一些专长的风险投资公司可能带来一些真正的价值。Andreessen Horowitz 有最好的专业人士，与我们最终合作的合伙人彼得·莱文（Peter Levine）正好有市场营销背景，所以他后来成了董事会成员。这种合作方式看起来很有吸引力，Andreessen Horowitz 拥有我们需要的所有服务要素。当我们需要一个 CFO 时，它可以说："好吧，你想雇用 CFO，我们会帮助你妥善办好。"坦白讲，我不知道如何雇用一名 CFO，也不想把事情搞砸，所以交给它去办是最好的选择。依我看，现在我们就是在一种大联盟的合作关系中，当涉及财务、公司治理以及我们缺乏专业知识的领域时，我们也许应当更加严肃地授权专业人士去做。我们非常清楚彼此合作的方式与众不同，而这就是我们想要的结果，除非我们要求，否则它不会进来告诉我们该做什么。唯一令人烦恼的地方是，它会给我们寄来合作意向书的修订版，但没有确切说明与另一个版本之间的区别。我们当时就想："能不能按 GitHub 版本控制的要求做啊？"

创始人喜欢自力更生，其中一个主要原因就是为了防止稀释，他们因此可以拥有更多的公司股份，而且更为重要的是，可以保持对公司的控制权。根据我之前作为创始人的经验，有时你确实会感觉是在为风险投资人工作，而不是为自己工作。我能给予创始人最好的一个建议是，让你的公司像无法获得风险投资一样去经营。思考你们将如何盈利？如何在最初就创新出产品？创始人最好遵循 GitHub 和 Atlassian 两家公司的道路。一旦你们已经盈利，融资就将成为创业旅程中最容易的部分，而不是最困难的部分，那样你将面临更少的稀释，并且能够保持更多的控制权。当然，在没有资本注入的情况下起步创业，这一点说起来容易做起来难，许多创业公司是无法做到的。没有风险投资人的加入，公司可能会更容易进行快速的调整，做出艰难的决定，并反复尝试，直到找到产品与市场的契合点。显然，我的观点也有自身的偏见，但最终，我认为好的风险投资是一种增值，可以帮助公司提升品牌，有助于说服高层人士加入公司，有时还可以帮助引进高级的公司管理人员，使其成为关键的合作伙伴或客户。

第 14 章
牛市与熊市

2008年10月10日,红杉资本与所投资公司的CEO们分享了一份长达56页的PPT报告,报告上赫然写着一个不祥的题目——《再见了,好日子》。当时的世界正在被一股大规模的金融海啸席卷,经济急剧衰退,股市下跌40%,红杉资本的报告意在警示所投资公司为即将到来的危机做好准备。这可不是什么好消息,大规模的增长轮结束了,并购结束了,好日子结束了。创业公司需要大刀阔斧削减成本,竭尽全力降低债务,真正能活下来。

对创业界来说,这并非第一次面临如此严峻的经济形势。早在2000年4月互联网泡沫破灭后,红杉资本的普通合伙人道格·莱昂内(Doug Leone)就曾向所投资公司的CEO们发送了一封电子邮件,警告他们危险即将来临。2008年10月,他又给所投资公司发送了类似的信息,叮嘱它们千万小心行事:如果有正在进行新一轮融资的,就应当尽快结束融资;如果有正在进行估值的,就要对估值抱持非常现实的态度;如果有在银行中的现金少于12个月运营所需的,就应当考虑接下来如何能被收购。[1]

---

[1] 《再见了,好日子》,红杉资本,2020年7月28日,www.sequoiacap.com/article/rip-good-times。

同一周，Benchmark Capital 的普通合伙人比尔·格利（Bill Gurley）及著名的天使投资人罗恩·康韦也向他们所投资的公司发送了类似的警示邮件，强烈建议它们削减成本，并通过砍掉市场营销预算、裁员和尽量缩减其他开支来将战线延长 3 到 6 个月，[①] 因为资金已经极其匮乏。以下是格利邮件中的一段摘录：

1. 事情失控的速度超乎你们的想象，因为在经济衰退中存在着自我强化的负面效应。

2. 除非万不得已，务必不要花钱。

　　① 不到实在挤不下，不要换大办公室。

　　② 不到忍无可忍，不要雇用新员工。

　　③ 不到站点面临瘫痪，不要扩大数据中心的容量。

3. 宁可"姗姗来迟"，也不要把钱早早烧光。

4. 每月对预算进行逐项审查（法律、会计等一切费用）。

5. 全公司要上下同欲，齐心协力渡过危机：

　　① 每个人都必须参与这个过程。

　　② 但要以平静的方式应对，而不是慌不择路。

6. 准备两三种不同的烧钱率，随时都要知道还剩下几个月的现金。

风险投资公司更敏于察觉市场的萎缩，这并不是什么秘密。从理论上讲，股市今天的下跌不应影响风险投资人的投资风格，毕竟他们采取的是长期的观点，希望在 7～10 年的周期内获得回报。但实际上，股市的大规模下跌确实会影响风险投资对创业公司的资金支持。例如，风险投资的总额在

[①] 迈克尔·阿灵顿（Michael Arrington）：《Benchmark Capital 建议初创企业为资本服务，寻找机会》，TechCrunch，2008 年 10 月 9 日，https://techcrunch.com/2008/10/09/benchmark-capital-advises-startups-to-conserve-capital/。

2008年是400多亿美元，1年后就减少到不足300亿美元，在很大程度上影响了在2009年和2010年融资的创业公司。更严酷的现实是，这些公司不得不以较低的估值接受投资。就交易前的估值而言，2007年，进行C轮融资的公司平均估值为4000万美元，到2009年，这个数字降至大约2500万美元。同样地，在2020年，与冠状病毒有关的防疫封锁临时减少了约25%的投资活动，但这个数字很快就反弹到了正常水平，之后又增加了更多。总体来说，经济的荣枯、股市的涨跌对风险投资公司的投资额及估值都有影响，处在创业后期阶段的公司受到的冲击更大。然而，这种影响还谈不上是毁灭性的。在这些时期，虽然创业公司会发现融资变得更难，估值变得更低，但生活仍在继续，风险投资公司仍在工作，创业公司仍在获得资金，独角兽企业也仍在横空出世。[①]

在经济衰退期，即使是实力最强的公司也会受到低估值融资（在下一轮融资中获得更低的估值）的冲击，特别是在后期的增长轮。例如，在2007年，脸书以150亿美元的估值进行了C轮融资。但不久之后，金融危机暴发，当脸书试图进行D轮融资时，大多数投资者对它的估值仅为60亿~80亿美元，仅相当于上一轮融资时估值的一半（最终，脸书以100亿美元的估值从俄罗斯投资集团DST Global那里获得了D轮融资）。无独有偶，在2020年4月新冠肺炎大流行之后，爱彼迎获得了一笔10亿美元的新融资，当时公司估值降低到260亿美元。然而，仅仅7个月后，公司就进行了IPO，估值超过了1000亿美元。

资金之所以跟着市场走，其中一个原因是，风险资本本身依赖的是有限合伙人（即投资风险投资公司的实体）的资金。有限合伙人需要在公开发行

---

① 唐·巴特勒（Don Butler）："投资前估值"（图表），《福布斯》，2020年3月17日，www.forbes.com/sites/donbutler/2020/03/17/this-downturn-will-be-different-what-we-expect-in-a-recession-marred-by-coronavirus/#201610ad2cd7./#201610ad2cd7。

的证券（如对冲基金）和私募市场（如风险资本）之间保持其资金结构的平衡。当股市暴跌时，它们的风险资产类投资一下子在其资金结构中占了较大的比例（因为它们的股市头寸价值缩水），所以它们可能不太愿意再向风险投资公司投资。相应地，准备进行下一只基金募集的风险投资公司可能会决定放慢投资的步伐，从而使基金持续的时间更长。风险投资公司也会考虑到投机的因素，当总体风险投资活动下降时，创业公司会减少资金需求并降低估值。因此，风险投资公司可能会等到公司估值较低的时候再进行投资。最后还有一点，大多数有限合伙人会要求风险投资公司在几年的时间跨度内进行投资，以此保持基金在时间方面的多样性。因此，红火的年景与冷清的年景可以互相平衡。

尽管创业公司在熊市融资非常紧张，但在我研究涉及的范围内，一些最大规模的公司却是在经济衰退期成立的。在 2007 年创建的 10 亿美元规模的创业公司比以前任何一年都要多，而 2009 年开办的这一批公司产生了远远高于其他年份成立的公司的价值。在 2008 年或 2009 年创建的 10 亿美元规模的创业公司阵容强大，包括爱彼迎、AppDynamics、Cloudera、Cloudflare、Docker、FanDuel、Okta、PagerDuty、Pinterest、Quora、Slack、Square、Stemcentrx、Thumbtack、优步和 WhatsApp。我认为，这是一个相当耀眼的群体，也许创新恰恰来源于限制。然而，并没有足够的数据支持说明熊市周期是否会激发更大的创业成果，至于 2008 年和 2009 年创办的一批独角兽公司的成功，可能应归因于智能手机的普及和向云计算的转变。

尽管在经济下行周期中融资非常困难，但经济衰退可以使这一过程中的其他环节变得相对容易，或者使成本变得更低，至少在理论上是这样。公司可能会发现，与在经济繁荣期每家公司都在竞争人才的局面相比，在经济低迷期雇用大学毕业生或被其他公司裁减下来的人才变得更加容易。就像

2020年初，在优步和爱彼迎等公司进行裁员之后，许多创业公司从中受益，雇用到了顶尖人才。

放眼回顾，2008年的经济衰退并非造就了一批成功公司的唯一历史时期，其间还有别的从经济衰退中走出来的著名公司，包括思科公司（成立于1987年市场崩盘后不久）、全球生物科技巨头美国安进公司（成立于1980年经济衰退期间）以及惠普公司（成立于1939年，当时美国刚刚走出大萧条）。在2008年的经济衰退期，融资变得更加困难，完成的交易数量和投资的总资本都下降了至少25%，公司的估值甚至下降了更多。然而，即便在熊市中，公司仍然可以获得资本。2002年的风险投资总额，也就是在网络公司崩溃后的几年，回到了1997年的水平，2009年时又回到了2005年的水平。那些伟大的公司仍然得到了资金，特别是在创业早期阶段，经济因素对其种子轮的估值也没有太大的影响。

在经济衰退期创办公司可不是一个简单的决定，这需要创始人真正拥有勇气和决心。为了创业，Okta公司的联合创始人托德·麦金农不得不郑重其事地通过一个文件演示来说服妻子和朋友，从而证明他在2008年经济衰退期离开Salesforce那份薪酬颇丰的工作去创业的想法是正确的，并且他没有失去理智，为此，他甚至把演示的题目定为《为什么我不是疯子》。[1] 在演示中，他提出了一个家庭财务计划，说明他们的储蓄将如何支撑到新公司能够获得融资并向他支付薪水。此外，他还简单介绍了一个后备计划，也就是如果事情没有成功，他将如何找到另一份工作。

我们需要铭记于心，创业是一种长期的行为，有时候，当公司的产品准备好的时候，市场已经恢复了稳定。总而言之，我的观点是：无论市场看起来是好还是坏，你都可以而且也应当去大胆创业。

---

[1] 托德·麦金农：《为什么我不是疯子》，Scribd，2020年7月30日，www.scribd.com/document/440970657/Why-I-m-Not-Crazy-Todd-McKinnon-Okta-002#from_embed。

起步于经济衰退谷底的独角兽公司

采访 Cloudflare 公司
联合创始人米歇尔·扎特琳

另一家从经济衰退中脱颖而出的独角兽创业公司是 Cloudflare，这是一家位于旧金山的网络安全与基础设施公司。Cloudflare 成立于 2009 年，公司提供介于网站访问者和网站托管服务器之间的服务，致力于让网站变得更快速、更安全。Cloudflare 在 2009 年 11 月进行了第一轮融资，当时由于金融危机，许多风险投资公司已经停止投资。10 年后，该公司上市，估值接近 50 亿美元。我见到了这家公司的联合创始人兼首席运营官米歇尔·扎特琳（Michelle Zatlyn）。让我们听她自己来讲讲 Cloudflare 的创业故事。

我是在加拿大长大的，在麦吉尔大学（McGill）读本科，学习的是科学和化学专业，当时我的想法是以后可以学医，成为一名医生。后来突然有那么一个时刻，我不想再做医生了，所以毕业后，我没有申请读医学院，而是申请了一份工作。我记得父母为此气得够呛，他们说："你为什么不申请医学院？那你打算做什么？"其实，在某种意义上来说，我不知道自己想做什么。

我在金融业找到了第一份工作，我喜欢那份工作，但是不太喜欢这个行业，那之后我在多伦多一家科技创业公司找到了另一份工作。那家公司当时还处在非常早期的阶段，还没有募集过任何风险资金，那是我第一次看到一群充满激情的人用技术解决问题。两年半后，我在东芝公司的多伦多办公室找到了一份产品经理的工作，需要全权负责一个6000万美元的产品系列的盈亏。那里与创业公司的环境完全相反，我突然意识到，通过技术可以大规模地帮助很多人。

这些我本以为当医生才可以找到的价值感，却在技术中找到了。我需要学习一些商业基础，所以我申请进入了哈佛大学的MBA课程。哈佛商学院做了很多了不起的事情，比如说学生可以计划去世界各地旅行，由此获得国际经验。因为学校有着如此广泛的影响力，总是能够利用校友的资源安排学生访问公司和政府。在商学院的第2年，有一个机会是去硅谷，我来自加拿大，从来没有去过那里，所以我报名参加了。

那是2009年1月，正是在金融危机之后。当时世界的金融情况不容乐观，股票市场下跌了很多，而且由于市场下行，对创办公司非常不利，融资非常困难，每家公司都在努力削减成本。但我们在旅行中仍能接触到那些了不起的人。那时，Zynga（硅谷的一家手机游戏开发公司，估值超过100亿美元）是一家炙手可热的公司。我记得参加过Zynga创始人马克·平卡斯（Mark Pincus）的一个招待会。对一个来自加拿大商学院的二年级学生来说，能够接触到马克·平卡斯，我觉得这简直太酷了。脸书、Etsy和其他公司的著名风险投资人吉姆·布雷耶（Jim Breyer）与我们进行了交谈。在那一周的星期三，我们在桑尼维尔的全球创业加速器Plug and Play技术中心，听到了很多早期的创业公司介绍它们的创意。在休息时我走进房间，对一个同学说："如果那个人可以开公司，我也可以。"谢天谢地，我的朋友当时说的是："你当然可以。"

这个人就是马修·普林斯（Matthew Prince），他现在是我的商业伙伴。在上学之前，马修与李·霍洛韦（Lee Holloway）一起启动了一个名为"蜜罐"的项目，他们可以在线追踪网络垃圾邮件的发送者。我不明白为什么有人会注册。他说："这是因为所有蜜罐用户希望我们有一天能开发一种服务，真正能阻止这些恶劣的跟踪者，提高他们的网络性能，使之更快。"

对我们来说，那简直就是一个顿悟时刻。于是，我们当天晚上就开始了一个学校项目。我们去了帕洛阿尔托市中心的喜来登酒店，并在餐巾纸上画了草图，而且去找了汤姆·艾森曼（Tom Eisenmann）教授并对他说："汤姆，我们有一个想法，你能当我们的顾问吗？"他说："我没有很多空余时间，但因为是你们，我很愿意帮忙。"

第一个月，我们确认有一个大问题。下一个阶段是看我们能否提出一个技术解决方案。之后，我们自我反省——"这里有商业机会吗？"结论是，我们相信是有的。于是，我们写了商业计划书，并准备在学校比赛中进行推介，没想到我们居然赢了！这在当时并不是什么大事，因为我已经毕业并安排好了工作。话说回来，这次成功要归功于一些担任商业计划书竞赛评委的投资人，是他们推动我们去实现这个目标。高地资本（Highland Capital）的丹·诺瓦（Dan Nova）说："你们说的东西很有意思，应当来见见我的技术合伙人。"马修和我对他说："我们不知道行不行，这只是一个学校项目。"他说："不，你们应当来和我的合伙人彼得·贝尔（Peter Bell）谈谈，应当来。"

后来我们去了，但当时我们连一个推介方案也没有，他们提议让我们在那年夏天成为高地资本的驻场企业家。有时风险资本公司会这样孵化潜在的企业家，研究他们的想法，关注其发展方向。我现在能记得的下一个场景就是，我们正在收拾东西，准备从波士顿去硅谷。

我读过很多关于创始人的书，数据显示 95% 的创业公司都会失败。看过这样的数据，我不免会问自己："我为什么还要开公司呢？"在创办 Cloud flare 时，我也读了这些书，但是我想："如果大家都这样想，那就没有人会去创业了。"我不害怕，但我不知道能否成功。那是一段艰难的日子，但那就是初生牛犊不怕虎的阶段，我们没有很多开支。

Venroc 是一家顶级的风险投资公司，在那一年里它所做的唯一的科技投资就是对我们公司。在 2009 年 11 月，我们获得了融资。在我们向投资人做推介时，并不知道经济状况有那么糟糕，这是我后来才知道的。

从事技术方面的工作有一个好处，那就是有很多人已经走在了你前面，你可以向他们学习。我读了很多关于如何建立一个销售团队以及要关注哪些指标的文章。HubSpot 公司的 Dharmesh Shah 在博客上写了很多这方面的内容；Redpoint Ventures 的托马什·汤古兹（Tomasz Tunguz）也发表了很多关于 SaaS 公司指标的文章。你是否认识 Dharmesh 或托马什都不重要，你可以直接通过阅读他们的文章来学习。我学得很快，就像一块海绵一样吸收水分，这对我非常有帮助。

扎特琳和她的联合创始人能够在经济最低迷的时期创办 10 亿美元规模的公司，这实在是非常了不起。在那个艰难时期，给他们带来希望的，是其他也在创办新公司的人们,帮助他们起步的,是看重他们想法的风险投资公司的小额投资和支持鼓励。正如我们在本章前面所了解的,只要能筹集到所需的资金,在经济周期的不同阶段创办公司都是没有问题的。由此也引出了我们第 15 章关于资本效率的内容,以及不同的创业公司为了扩大规模需要什么水平的投资资本。

第15章 资本效率

在2009年来到哈佛商学院时，卡特里娜·莱克（Katrina Lake）心里就明白自己想要的是什么，她想在服装购物领域创办一家公司，专门提供个人购物服务，利用先进技术根据顾客的个人风格来推荐服装，就像个人造型师一样。于是，在读商学院期间，她就开办了Stitch Fix公司，莱克把这当作是一种对冲风险的方式。她后来在采访中说："我当时是这样想的，最好的情况是我能够开始自己的生意，最坏的情况是我只得到哈佛大学的MBA证书，不过那也不错。"[①]

在运营的前6个月，Stitch Fix的收入就迅速达到了13.2万美元。由于莱克不知道如何写代码，所以公司还没有网站，于是，她将自己的造型业务放在谷歌办公、SurveyMonkey和Excel上运行。不过，Stitch Fix的客户群还是与日俱增。后来，公司利用Baseline Ventures的史蒂夫·安德森（Steve Anderson）提供的种子资金购买了少量的库存服装，雇用了TaskRabbits和实习生来手动输入人们的信用卡信息并处理订单。

---

① 《卡特里娜·莱克如何藐视投资界，创建了一个30亿美元的公司》，《福布斯》，2018年8月9日，www.youtube.com/watch?v=Ro68PlHeB5k。

莱克开发了一些变通的方法来发展业务，她通过创建 Excel 模板来确定客户的个人风格，通过调查来收集客户的个人信息，并通过贝宝链接（手动发送给每个客户）来接收付款，但她在购买库存扩大业务规模方面却没有找到变通的方式。Stitch Fix 的业务是卖服装，库存的成本使它的商业模式需要很高的资本成本支出。此外，这种商业模式还依赖一支造型师队伍，他们根据顾客的风格来搭配服装，这些造型师的费用也很高。

莱克曾在一家风险投资公司担任助理，她亲身体会到投资者可能对这种类型的商业模式持谨慎态度。她说："没有那么多风险投资人对开一张支票去买一堆衣服有兴趣，但这正是我们的业务起步所必须做的。"[①] 她还知道，投资人往往对依赖人力的业务望而却步，如 Stitch Fix 的造型师，这种依靠人力线性扩大规模的公司是没有资本效率的。

虽然莱克在早期阶段从 Benchmark 的比尔·格利等风险投资人那里获得了融资，但她在增长轮融资时遇到了问题。因此，莱克不得不学习如何极尽高效地利用手上的资金。例如，Stitch Fix 在向供应商付款之前就卖掉了衣服，并尽可能快地周转库存。此外，公司改变了其现金周期，这样就不必在未售出的产品上耗费时间。同时，通过雇用富有才华的高级数据科学家，她把 Stitch Fix 变成了一个强大的技术集团，吸引最优秀的数据科学人才。此外，公司还能够通过一系列复杂的算法来更好地分析客户的风格，这样就可以提高人工造型师的劳动效率并大大降低成本。

莱克说："如果你一上来就直接把 1 亿美元交给我，我不知道还会不会像现在这样去理解业务。拜资金匮乏所赐，我们被迫去挖掘自己的优势，尽

---

① 埃里克·约翰逊（Eric Johnson）：《10 年后，每家"相关"公司都将是一家科技公司，Stitch Fix 的 CEO 卡特里娜·莱克如是说》，Vox，2019 年 7 月 24 日，www.vox.com/recode/2019/7/24/20707751/katrina-lake-stitch-fix-retail-fashion-clothing-data-kara-swisher-recod-decod-podcast-interview。

早考虑盈利的能力，这样我们就不会依赖风险资本家了。毋庸置疑，正是这样的挑战使我们成为一家更强大的公司，也成为一个更强大的团队。"

就这样，在短短3年之内，Stitch Fix公司实现了盈利。莱克将此归功于公司不得不精打细算开展工作。她说："对创业者来说，最糟糕的建议莫过于尽可能多地筹集资金，有一些公司可能实际上已经失败了，但它们还在，不是因为别的，而是因为它们有太多的钱，从不需要考虑商业的经济性。"[①] Stitch Fix在2017年首次公开上市，公司估值超过16亿美元，34岁的卡特里娜·莱克成为当时带领公司做到上市的最年轻的女性。

大多数创始人都很清楚高资本效率商业模式的价值。以最少的投资获得最大的回报，从而避免稀释，这符合投资人和创始人的最佳利益。但是，虽然资本支出低的创业公司很容易被识别，但一个资本效率高的创业公司并不总是从一开始就鹤立鸡群。像Stitch Fix这样的企业，涉及众多业务环节，从购买并持有库存、存储到运输，还包括从造型师到仓库工人的大量体力劳动，乍一看会被认为是资本密集型与低效率的，而莱克通过与供应商重新谈判合同，并雇用数据科学家来增强设计师的工作以扩大业务规模，从而设法提高了效率。

诚然，许多资本效率高的公司是轻资本的（资本支出很低，简称为"低资本支出"），但在实践中，资本需求高的公司也可能在融资和达到数十亿美元的成果方面都很成功。在我的研究中，大约42%的10亿美元级的创业企业属于轻资本，大约28%是中资本，另外30%是高资本支出的商业模式（见图15-1）。

---

① 斯蒂芬妮·绍默（Stephanie Schomer）：《Stitch Fix首席执行官卡特里娜·莱克如何学会拥抱她的力量》，《企业家》，2020年3月4日，www.entrepreneur.com/article/346302。

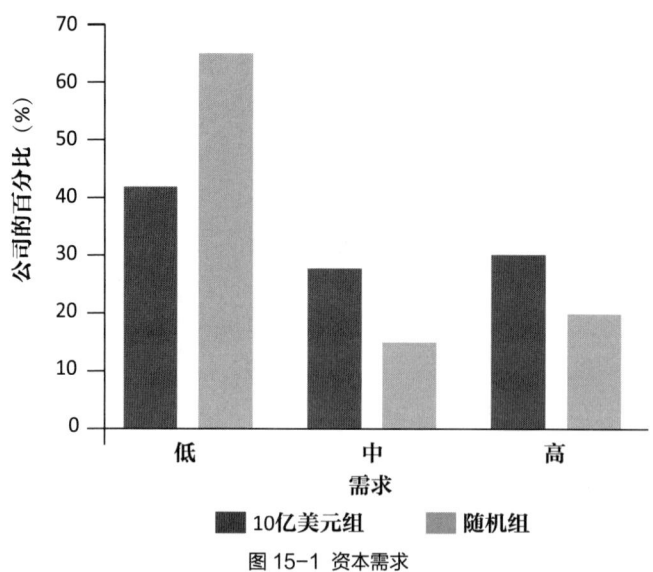

图 15-1 资本需求

注：58% 的 10 亿美元级初创公司的商业模式有着中等资本或者高资本的需求。

以 SpaceX 这样的企业为例。埃隆·马斯克（Elon Musk）在 2002 年创办了这家航天器公司，在一次尝试购买翻新火箭失败后，他不得不自己建造火箭。马斯克的愿景是探索火星，在火星土壤上种植植物，并最终将人类送到那里生活。要做到这一点，他需要火箭，而火箭需要花费数百万美元。

为了找到翻新的火箭，马斯克两次前往俄罗斯，但第一次去时，他被当作生手打发了，两手空空返回美国。第二次去时，他带着曾在美国宇航局担任过行政职务的迈克·格里芬（Mike Griffin）同往，再次与火箭制造商会面。制造商给一枚火箭的标价高达 800 万美元，马斯克对这个价格提出异议，双方没有达成交易。后来，当他自己进行计算时，发现制造火箭的原材料只需要花这个价格的一小部分。如果他能自己制造火箭，就可以根据自己的需要拥有尽可能多的价格低廉的火箭。通过自行制造大部分设备，SpaceX 可以将发射价格降低 10 倍，并且仍然享有 70% 的毛利率。

于是，马斯克用自己的钱创办了这家公司，其中一些钱来自出售他共同参与创办的贝宝公司。到 2006 年 3 月，马斯克个人在 SpaceX 投资了 1 亿美元，并从包括 Founders Fund 和 DFJ 基金等投资者那里获得 1 亿美元的融资。制造火箭的业务需要高额资本，这种水平的资本投资对私人创业公司来说并不典型。马斯克能够通过在公司内部制造可重复使用的火箭来重新思考经济问题，使 SpaceX 的计划成为可能。SpaceX 最新的估值为 360 亿美元，是历史上第一家将人类送上太空的私人公司。马斯克的其他公司，如特斯拉、Neuralink（一家脑机接口创业公司）和 Boring Company（一家隧道挖掘创业公司），也都符合高资本支出的模式。

另一方面，像 Veeva Systems 这样的公司从一开始走的就是低成本的商业模式。公司成立于 2007 年，为生物技术和制药公司提供基于云的客户关系管理软件。通过专注生命科学行业，Veeva 对数据管理和法规遵从领域有了深入的了解，这帮助它成为该领域的首选产品。公司的客户包括强生、安进、葛兰素史克、诺华和辉瑞，相比其他行业的公司，这些大型制药公司有能力支付更高的软件价格。同时，Veeva 也有助于降低制药公司的客户获取成本。

因为 Veeva 能够迅速聚集强大的客户群，所以它成为收入最快达到 5 亿美元的公司之一，[1] 同时也是我的数据集中资本效率最高的初创企业之一。该公司总共融资 700 万美元，然后就实现了盈利。2013 年 Veeva 的 IPO 估值超过 24 亿美元。此后，该公司作为一家上市公司表现异常出色（上市后 3 年内增长了 500%）。

---

[1] 马特·沃勒克（Matt Wallach）：《为什么 Veeva 系统如此成功》《产业聚焦》，2017 年 3 月 20 日,www.fool.com/podcasts/industry-focus/2017-03-22- healthcare-interview-with-veeva。

从资本密集型到资本高效型

从理论上讲，资本支出较低的公司应当产生更高的回报，未来的融资也会降低稀释程度，这就是为什么许多投资者追逐高利润、轻资本的软件公司。软件初创公司的资本支出通常较低，因为它们的实物资产较少。大多数支出是用于技术开发人员的薪酬而不是服务。有实物元素的产品通常是资本密集型的。以一家生物技术公司为例，为了开发一种新药，公司需要支付实验室、大量设备和工资的费用，并在多年之后才有可能获得收入。此外，生物技术公司还要定期支付有可能非常昂贵的临床试验的费用。制造医疗设备、保健服务、硬件、材料科学或能源产品的公司都面临同样的挑战。Planet Labs 公司将成像卫星放入地球轨道，并出售由卫星收集的数据和画面，因此公司的资本需求高到令人难以置信的程度。但这些资本需求本身也创造了一条护城河，毕竟只有这么多公司能够筹集到足够的资金将数百颗卫星送入太空。在某种程度上，对新进入者来说，筹集所有这些资金只是为了获得竞争机会，那就会出问题。投资者或创始人不应当排除资本密集型的创业公司，它们可能更有韧性，而且高资本需求为竞争对手创造了更大的进入障碍。

认为只有低资本支出的"软件即服务"（SaaS）企业才有资本效率，这也是一种误解。我的数据表明，资本效率最高的 10 亿美元规模的创业公司不仅是 SaaS 公司，还包含了许多类型的创业公司，有些是消费者公司，如 WhatsApp；有些是制药公司，如凯德药业和 Stemcentrx；也有很多 SaaS 公司，如 GitHub 和 Slack。具有高资本支出业务模式的公司，平均而言，其资本效率仅比低资本支出的公司低 25%。高支出并不总是导致低效率，一些资本密集型的创业公司同时也具有资本效率。

资本效率也不一定等同于轻资产。当我在10亿美元规模的创业公司中去观察资本效率最低的公司时，我再次发现了软件、SaaS、制药和实体产品的组合。一些原本轻资产的软件公司在营销、客户获取和销售方面花费了大量资金，从长期来看增加了它们的资本支出。

即使在SaaS公司内部，也存在着不同的资本效率，可以参见欣·金姆（Shin Kim）为TechCrunch平台提供的分析，该分析研究了在公开交易的SaaS公司中筹集的总资本除以年度经常性收入（ARR）的比率（见图15-2）。

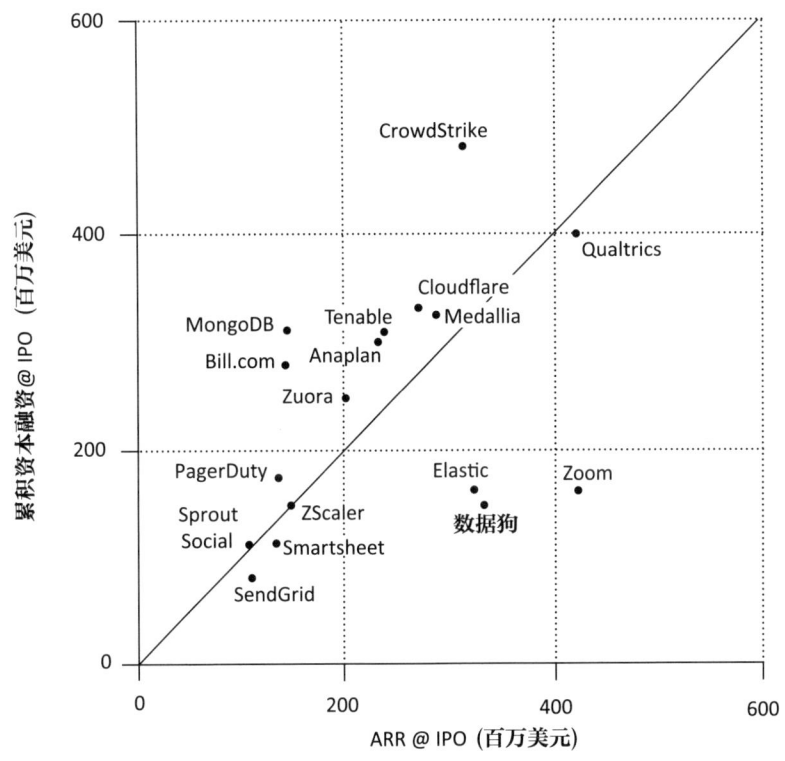

图15-2 ARR和IPO时筹集的累积资本①

注：即使是SaaS创业公司在资本效率方面也有很大差异。对角线以下的公司的资本效率更高。

---

① 欣·金姆：《大多数科技公司不是WeWork》，TechCrunch，2020年1月24日，https://techcrunch.com/2020/01/24/most-tech-companies-arent-work/。

此外，商业和技术方面的动态变化也会影响资本效率。在云计算盛行之前，软件公司的效率较低，因为它们需要硬件和服务器。随着向云计算的转移，其中一些成本被削减了。但是今天，随着计算负荷的不断增加，云计算的价格以及客户获取成本的不断提高，软件公司的效率可能不如以前了。红点投资的普通合伙人托马什·汤古兹研究了一个叫作 ROIC 的指标，即投资资本回报率。ROIC 是指风险投资公司投入 1 美元获得的收入量。汤古兹的分析表明，SaaS 公司的 ROIC 最初有所增加，但自 2014 年以来一直在下降（见图 15-3）。

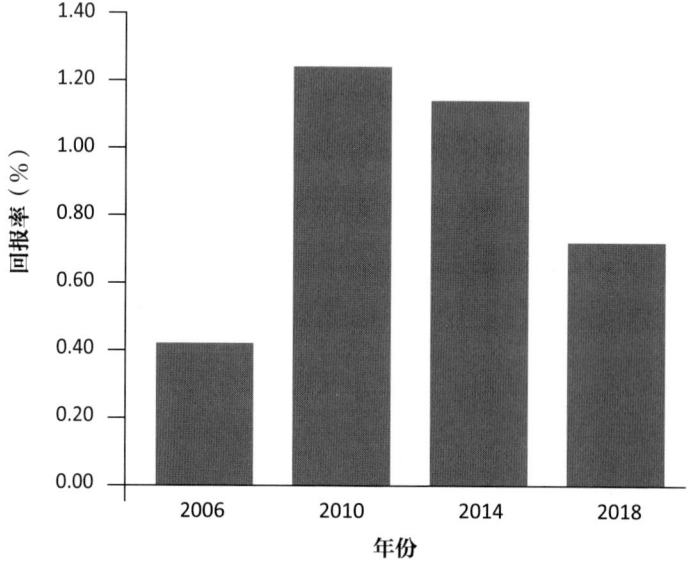

图 15-3 多年投入资本的回报率[①]

注：软件公司的资本效率一直处于下降趋势。

低资本支出和高资本支出的公司都可以达到数十亿美元的规模。尽管在我的数据集中，高资本支出的 10 亿美元级的创业公司的资本效率比低资本

---

① 托马什·汤古兹：《SaaS 初创企业所需的资本仍比 10 年前少吗？》，2019 年 4 月 2 日，https://tomtunguz.com/capital-efficiency-five-years-later/。

支出的创业公司平均低25%，但许多资本密集型的创业公司也非常成功，创造了数十亿美元的股东价值，并创造了拯救生命的药物、医疗系统或新的运输模式。SaaS公司通常有更高资本效率的潜力，但也并不总是这样，它们有可能成为资本效率最高和资本效率最低的创业公司，这取决于它们的管理方式。创始人应当在早期考虑单位经济性，以及公司如何能够以目前的支出成本实现盈利，并找到所有可能的方法运行一个更具资本效率的业务，无论他们是否有能力筹集大量资金。

16 | 第 16 章
天使投资与创业加速器

亚伦·莱维在 19 岁就想到了云存储公司 Box 的创意，他一点时间也没耽误，在几个高中朋友的帮助下很快创建了一个原型。但事实证明，将 Box 变成一家成熟的公司比他预期的更具挑战性。莱维（我们在第 1 章中读到过）知道，要使 Box 发挥作用，他需要资金。问题是，莱维在筹集资金方面运气不佳。为了这个点子，他联系了 100 多位投资者，甚至把他的商业计划传真给了比尔·盖茨的办公室，没想到都是石沉大海。最终，在给投资者发传真、信件和电子邮件，甚至亲自登门拜访均不奏效的情况下，莱维给马克·库班（Mark Cuban）发了一封毛遂自荐的电子邮件。库班几年前以 57 亿美元的价格将自己的公司 Broadcast.com 卖给了雅虎。也许，只是也许，库班会感兴趣。

莱维并没有要求投资，他追求的是最有价值的东西——宣传。因为库班是当时最受欢迎的博客作者之一，莱维知道，如果库班肯帮忙推荐 Box.net，就会给 Box 带来巨大的流量。幸运的是，库班立即回应了这个消息。在与莱维进行了长时间的电子邮件交流并进行了大量的研究之后，库班被这个想法吸引了，他直接向 Box 投资了 35 万美元，成为该公司的第一个天使投资人，而且，所有这些都发生在他见到创业者本人之前。①

莱维后来说："我认为给更多的人发邮件寻找机会有百利而无一害。我当时是这样想的，关于这个公司能有多大的发展，马克·库班知道什么我不知道的？"② 库班的投资为 Box.net 提供了足够的支持，让莱维几个月后从大学退学专心做这件事（库班后来把自己的股份以成本价卖给了下一轮投资者，因为他对公司的看法开始与创始人的看法出现偏离，这导致他失去了本来可以获得的巨大的上升空间）。

天使投资人通常为创业公司提供第一笔真正的资金来源。不过人们对天使投资人有一个常见的误解，那就是任何有闲钱的人都可以进行天使投资，其实并不完全是这样。在美国，天使投资人必须是符合美国证券交易委员会（SEC）规定的那种"有资格的投资人"，他们必须在过去两年中每年的收入超过 20 万美元（如果单身申报）或 30 万美元（如果已婚申报），或者他们的净资产必须超过 100 万美元（不包括其主要住所）。2020 年，美国证券交易委员会修改了要求，扩大了"有资格的投资人"的定义，将拥有某些专业认证、授权或证书的个人也包括进来，这些要求使天使投资与其他类型的投资略有不同。例如，你不需要满足任何资格就可以投资上市公司的股票，因为它们是由美国证券交易委员会监管的。但投资创业公司和其他私有公司则不然，为了保护人们免受损失全部资金的高风险（这在创业公司投资中很常见），政府制定了这些法规，限制谁不可以投资创业公司。

自从制定了这样的规则，人们就一直争论不休。财富本身体现了不同的教养吗？不，不一定。一个收入 40 万美元的人会不顾一切地投入所有的钱

---

① 《Box 是马克·库班放走的独角兽》，Pando，2014 年 1 月 31 日，https://pando.com/2014/01/31/box-is-the-unicorn-that-mark-cuban-let-get-away/。
② DraperTV：《我是怎样冲进库班的邮箱的》，2015 年 3 月 7 日，www.youtube.com/watch?v=Z4SgDvH4mL0。

然后赔光吗？当然会。一个收入 15 万美元的人能将一小部分收入进行有风险的投资吗？当然能。有些人认为，美国证券交易委员会的限制只是让富人变得更富。不过，这个话题不在本书的讨论范围之内，我们只是需要了解，官方法规的存在限制了哪些人不能成为天使投资人。当然，有些人并不知道或者不遵守这些规定。此外，相对较新的法规允许股权众筹和其他"无资格的投资人"参与创业公司融资的方式，但由于法律程序复杂，这些都不太常用，至少在撰写本书时，那些可以随时获得风险投资的最优秀的创业公司转向股权众筹的情况也不太常见。

对许多天使投资人来说，投资的目的不仅仅是为了赚钱，而是他们真心希望看到一项事业或一个产品成功。许多天使投资人在进行天使投资之前都是成功的高净值人士。数据显示，只有 10% 的天使投资产生了 90% 的回报，并不是所有的天使投资人都能幸运地在投资组合中拥有那些"全垒打项目"。虽然天使投资作为一种资产类别为投资者创造了良好的回报，但只有少数的天使投资人会获得丰厚的回报，大多数的人都会赔钱。我们将在第 16 章中了解到，即使是风险投资公司也会产生不理想的回报，而它们之中都是以投资为生的专业投资人，每年要关注数百家公司。天使投资人要想战胜困难，就需要有一个投资组合。2012 年的研究表明，天使投资人至少需要投资 4 到 6 家公司，少于这个数字，他们就有可能赔钱。[1] 一旦投资者拥有至少 4 项投资的投资组合，他们的回报率中位数就会超过 1 倍，但理想的情况是，他们的投资组合中有十几项投资，而且每项投资都应当有潜力成为"全垒打项目"（见图 16-1）。由 AngelList 的数据科学团队所做的一项研究表明，对更多公司进行投资的天使投资人会产生更高的回报（根据一项调查，天使

---

[1] 罗伯特·维尔特班克（Robert Wiltbank）：《天使投资人确实赚了，数据显示总体回报率为 2.5 倍》，TechCrunch，2012 年 10 月 13 日，https://techcrunch.com/2012/10/13/angel-investors-make-2-5x-returns-overall/。

投资人在他们的投资组合中平均有 14 家公司）。在美国，天使投资人的投资额中位数为 2.5 万美元，所以天使投资人需要留出一大笔钱来创建一个多元化的投资组合，争取其中某一项投资有机会大赚一笔。①

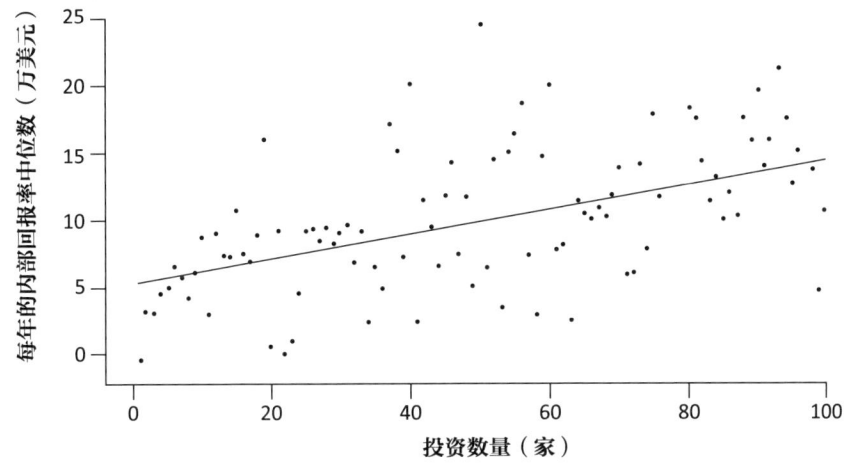

图 16-1 基于投资项目数量的投资组合收益②

注：AngelList 所做的研究表明，拥有较大投资组合的天使投资人更有可能获得较高的回报。

在这些顶级天使投资人中，许多都是现任或前任企业创始人，他们已经从自己的创业公司中套现，并通过天使投资的方式留在有前景的创始人的圈子中。还有一些天使投资人是与行业有战略关系的大公司的经营者或者高管。许多天使投资人后来创办了自己的风险投资公司，把天使投资作为成为专业投资人的一块跳板。

若论 10 亿美元规模的公司，大多数投资人如能在他们的投资组合中拥

---

① 劳拉·黄（Laura Huang）、安迪·吴（Andy Wu）和明珠·李（Min Ju Lee）等，美国天使投资人，沃顿企业家与天使投资人协会（Wharton Entrepreneurship and Angel Capital Association），2017 年 11 月，www.angelcapitalassociation.org/data/Documents/TAAReport11-30-1.pdf?rev=DB68。
② Abe Othman：《投资组合规模如何影响早期风险投资回报》，Angel.Co，2020 年 4 月 23 日，https://angel.co/blog/how-portfolio-size-affects-early-stage-venture-returns。

有一家就很幸运了。在我的研究中发现，一些天使投资人拥有 5 家或更多独角兽级别的公司。在这些顶级的天使投资人中，许多人以前都曾经是公司创始人。例如，Mixer Labs 和 Color Genomics 的埃拉德·吉尔，Yammer 的戴维·萨克斯（David Sacks），Path 的戴夫·莫林（Dave Morin），Weblogs.com 的詹森·卡拉卡尼斯（Jason Calacanis），Yelp 的杰里米·斯多普尔曼（Jeremy Stoppelman），Epinions 和 AngelList 的纳瓦尔·拉维坎特（Naval Ravikant），Eventbrite 的凯文·哈茨，Da Vinci 的佩吉曼·诺扎德（Pejman Nozad）和马特·奥科（Matt Ocko），Twitter 的本·灵（Ben Ling）、罗恩·康韦、比兹·斯通（Biz Stone）和比尔·塔伊（Bill Tai），贝宝的彼得·蒂尔，Reddit 的亚历克西斯·奥哈尼安（Alexis Ohania）和 Salesforce 的马克·贝尼奥夫等，都是投资过 10 亿美元创业公司数量最多的投资人。请注意，这些天使投资人中有些也是风险投资人，或者后来成为风险投资人，但我只计算了他们个人出面投资的公司，而不是代表风险投资公司，而且是在天使轮或种子轮。沃顿商学院的一项调查显示，所有天使投资人中约有 50% 是前创始人，在投资过最多的独角兽创业公司的天使投资人中，这一统计数字跃升至 85%。这表明，由创始人转型而来的天使投资人更有可能发现或者拿到重要的投资机会。

在沃顿商学院的同一项研究中，对超过 15 个天使投资人进行了调研，发现那些之前有过创始人经验的人也拥有更高的投资回报。AngelList 的联合创始人纳瓦尔·拉维坎特也认为，现任的创始人都是伟大的天使投资人，这也是 AngelList 创建 Spearhead 项目的部分原因，该项目为创始人提供 100 万美元的支票簿，让他们在全职经营自己公司的同时进行投资。拉维坎特告诉我："创业者需要资金，但他们更需要专家建议，而这些建议最好来自刚刚经历创业的过来人，能待他们如同辈一样的那些人，无论那些人现在正在创业还是曾经创过业。"

在我的研究涉及的天使投资人中，埃拉德·吉尔是最成功的一位，他总共投资了24家价值10亿美元的公司，包括爱彼迎、Airtable、Brex、Coinbase、Gusto、Instacart、Opendoor、Pinterest、Stripe、Square 和 Wish，大多数是在种子轮或 A 轮进行的投资。在成为投资人之前，吉尔自己也在创业公司工作过。他告诉我："我是在谷歌大约有 1500 人时加入的，后来在公司达到约 1.5 万人时离开。"在谷歌，吉尔开创了移动团队，帮助购买了安卓系统，并为谷歌的移动地图和移动 Gmail 组建了早期团队，之后他离开并创办了自己的公司 Mixer Labs，专注于数据基础设施，这家公司于 2009 年被 Twitter 收购。吉尔说："这是第一批被 Twitter 收购的真正早期的开发者平台公司之一。当时，Twitter 约有 90 人，两年半后当我离开时，公司已经达到约 1500 人的规模。"后来吉尔又做了一年顾问，通过业务增长和发展分析帮助公司扩大规模，然后他又选择离开，创办了另一家将大数据与基因测试相结合的公司 Color Genomics。

2008 年，他偶然投了第一笔天使投资。他告诉我："在我创业的同时，也在帮助那些正在创业的朋友。当我创办 Mixer Labs 时，很多人会给我打电话说：'嘿，我正在考虑从这个或那个投资人那里融资''我第一次招聘某个职位，我不知道如何面试求职者'，或者'你认为我的产品怎么样'，所以，我在早期其实就帮助过不同的人。这些人又来找我说：'有一个项目融资，你想成为这轮投资的一部分吗？'"

按照吉尔的说法，他最初的投资"几乎是个意外"，但为他在创业界赢得了声誉。"在最初的 5~10 个投资中，我投了爱彼迎，投了 Optimizely，还投了 Minted。我认为自己很幸运，在早期就投资了一些非常好的公司。"

创始人的经历也让他有能力识别出那些爆款产品。他说："我最终选择投资,或者说让我对Gusto、Stripe和PagerDuty等公司感到兴奋的原因之一,就是如果没有这些工具,我们公司也愿意自己去制造,但我们宁愿不这样做。有一大批公司做出了这些非常有趣的、我们自己本来也会采用的解决方案,所以我投资了它们。因此,我作为投资人,识别什么是好东西完全就是基于个人的需要。"这也许是为什么前创始人在天使投资方面成功率更高的原因之一。

孵化器与加速器项目

创业公司获得早期资金的另一种方式是通过加速器和孵化器项目,这些项目通常(但也不总是)在天使轮融资之前或同时进行,为处于初始阶段的创业公司提供支持。加速器通常是较短期的项目(持续几个月),并将重点放在加速获得客户或融资上面,如Y Combinator和Techstars。孵化器通常是长期项目,更注重产品和创意的发展。仅在美国就有超过250个这样的项目。

围绕这些项目及其价值的所有议论,很容易让人以为大多数(如果不是全部)10亿美元规模的创业公司都经历过这样的项目。毕竟,许多风险投资公司和天使投资人都是马不停蹄地从一个路演日赶到另一个路演日,不断搜寻下一个独角兽创业公司。然而,数据告诉我们的是另外一回事:85%的10亿美元规模创业公司没有经历过任何加速器项目,而那些经历过加速器项目的公司,包括Stripe、爱彼迎、Coinbase和Instacart,大都出自Y Combinator的项目。

这里并不是要否定这些项目的价值。加速器和孵化器提供的关注、资源和网络肯定能给创业公司带来优势,例如,与随机组相比,经过Y Combinator项目的公司确实更有可能达到10亿美元的规模。然而,问题是是否通过这些项目不应作为最终的目标，何况大多数 10 亿美元级的公司都没有经历过这些项目。

当然，对初次创业的人来说，这些项目特别有利。不过正如我们在第 4 章中所看到的，10 亿美元级公司的创始人中大多数并不是初次创业，其中许多人之前就成功创业并被收购。这样的创始人不需要加速器或孵化器的帮助，他们可以直接从顶级风险投资公司融资，所以他们起初不太可能去申请这些项目。

天使投资人就像一个顾问，他们愿意把钱投到他们说到做到的事情上：他们希望创业公司成功，因为他们与你共担风险。对创业者来说，天使投资人是一个很好的资金和导师的来源。我建议你挑选的天使投资人，要么是前创始人／经营者，要么是在你的行业中能够回答特定专业问题的人，他们能帮你与客户建立联系，或者通过公众形象提升你的品牌。从本质上讲，你必须从天使投资人那里拿钱，你希望他们最好能成为顾问、雇员或者董事会成员。通过给他们一个机会，让他们投入少量的资金来增强彼此的关系，并且让他们的资金发挥作用。有时候，你可以将一轮融资的一小部分分配给这些个人投资者。例如，如果你正在筹集 250 万美元的种子轮资金，那么为 5~10 个人留出 10 万~20 万美元的资金将是一个很好的策略，他们可以在人脉、行业知识和品牌大使方面给你帮助。需要注意的是，增加太多的人作为公司的所有者可能会造成一些法律上的麻烦，但你可以使用各种方法，如创建联合投资的法律实体，将所有这些个人投资放在一个法律实体中，可以减少未来的法律工作。

从多产的天使投资人到风险投资人

采访 Founders Fund 公司的基斯·拉博伊斯

在成为风险投资人之前,基斯·拉博伊斯(Keith Rabois)是一位多产的天使投资人,之前,他是贝宝的早期雇员(贝宝被易趣网以 15 亿美元收购)。他投资了几十家公司,包括许多知名品牌。我和他坐下来讨论了早期创业公司及天使投资,让我们直接来听听他的看法。

我目前是 Founders Fund 的普通合伙人。在此之前,我在风投公司 Khosla Ventures 担任了 6 年的专业投资人。再之前的 13 年,我大部分时间在很优秀的公司担任高管,从事企业的经营工作。2000 年,我开始担任贝宝的执行副总裁。之后,我花了 1 年时间与彼得·蒂尔一起孵化公司,然后跳槽到领英,全职担任业务发展与企业发展执行副总裁。大约 3 年后,我离开了那里,并与我在贝宝时的朋友马克斯·列夫琴在 Slide 公司重逢。不幸的是没有人会记得这家公司,它在 2010 年被谷歌收购,这段历史已被尘封。然后,我作为第 21 名员工加入了 Square。我们花了两年半的时间创建了公司,并从零用户发展到拥有大量的用户群体。

在这 13 年中,在担任运营管理人员的同时,我的另一个身份是天使投资人,我在这方面也相当活跃,先后投资了大概 80 家公司,其中成功率最高的可能是 YouTube、爱彼迎、Palantir、来福车、Quora、Yelp、Wish 和领英。

其间发生的最根本的转变是 2000 年互联网泡沫,那一代互联网公司只有谷歌、贝宝和奈飞等几家幸存下来,其他还没有取得巨大成功的公司都在硅谷的"核冬天"中被彻底摧毁了。

这个"核冬天"带来的唯一好处是,包括彼得·蒂尔、里德·霍夫曼、罗洛夫·博塔(Roelof Botha)、马克斯·列夫琴和杰里米·斯多普尔曼在内,我们所有人都坚定了这样的理念:尽管我们认为互联网和消费技术已经没落,但实际上,我们觉得肯定会有另一波浪潮即将出现。因此,在我们都离开了贝宝之后,就立即开始着手探索新的事业。

我最终投资并联合投资了很多由贝宝老友们创立的公司。当里德·霍夫曼创办领英时,我开了一张天使支票。当杰里米·斯多普尔曼创办 Yelp 时,我为其投资并很早就加入了董事会。当 YouTube 创办时,我做了第一个投资承诺,然后帮助它从红杉资本那里获得了资金。因此,基本上来说,我为大多数创业的贝宝老友们进行了投资和天使投资。随着这些公司做得风生水起,也让我进入了一个创业生态圈。杰里米是一名工程师,后来被提拔为工程经理,再后来成为工程总监,创立了 Yelp。查德·赫尔利(Chad Hurley)是一名设计师,他设计了贝宝的第一个标志;贾韦德·卡里姆(Jawed Karim)是一名工程师;史蒂夫·陈(Steve Chen)是一名工程经理:他们创办了 YouTube。里德是一位执行副总裁,他创办了领英。马克斯·列夫琴是我们的首席技术官。所有这些人都继续创办了新公司,而我要么是够疯狂,要么是够聪明,要么是两者兼而有之,有幸投资了其中大部分公司,这也让我有机会一直参与其中。

严格来说,我的第一笔天使投资应当是 2003 年初投给了领英,当时里德正在创办公司，在我们还在贝宝等待那笔交易完成时，就对领英及其他点子进行了头脑风暴。此外，我也是 Xoom 的准天使投资人，帮助凯文·哈茨（Kevin Hartz）的创业公司起步。我作为董事会成员拥有创始人股份，所以我没有开过支票。之后，我的第三个天使投资应当是 YouTube。的确，人们有时谈论天使投资就像谈论葡萄酒的年份——在一个密集的时间段会产生一批好公司。

这可能有一些道理。显然，我在贝宝的人脉关系相当好，而这些关系网络随着时间的推移会逐渐萎缩。今天，我在贝宝的同事中很少有人再真正创办新公司。

一般来说，我不喜欢投资给专家型的创始人，常常会像躲瘟疫一样避开他们。实际上，我更喜欢那些天真的人，他们更有想象力。我认为你总是可以在日后聘请专家，而大多数行业的专业知识是教你什么不能做或不该做，而不是教你如何去做，而且没有问足够多的为什么。因此，我非常喜欢没有行业专长的人。在贝宝，我们整个公司只有两三个人懂金融服务的事情，而在 Square，我们特意将来自金融服务行业的人员数量保持在较低的水平。在 Square 的 400 名员工中，只有少数人对金融服务有所了解。我认为最具创新性的公司实际上并没有太多的领域专业知识。可能企业软件的工作方式有一点不同，而且规则也可能不同，我通常不投企业软件公司，我承认在企业软件中可能有那么一个公式，在那里你可以获取领域的专业知识并利用它们。但是，在消费者、微型商家和 SMB（小型/中型企业）公司，也就是我主要投资的公司类型，我不认为专业知识有什么帮助。

关于投资给什么样的创始人，我寻找的是创始人身上的一种特质，而不是创始人与市场的契合度。保罗·格雷厄姆（Paul Graham）写过一篇我非常喜欢的博文，讲的是"足智多谋"。我认为这是一个绝对要素，智商是相当重要的，你需要看到其他人看不到的东西。归根结底，我所寻找的创始人的最佳画像是，能够在创业这个"智力迷宫"中穿梭自如的人。巴拉吉·斯里尼瓦桑（Balaji Srinivasan）在斯坦福大学教过一门叫作"创业工程"的课，在一次讲座中他谈到了"智力迷宫"这个概念。我认为，我真正要找的是那种能够陪你从零开始一步步走向成功之路的人，他能避开所有人为的干扰、陷阱以及导致其他人失败的坑。

例如，2003年，我在为彼得·蒂尔工作时想到了Opendoor的点子，我花了10年的时间重新招募人员来做这件事。当你为一个想法深思熟虑了10年，你应当已经想到了每一个可能的情形。即使在今天，在公司成立5年后，我也可以随时走进他们的会议，听他们争论某个晦涩难解的话题，而我相当了解并且常常能提出有见地的建议，这是10年来冥思苦想一个问题以及与之相关的一切问题的结果。如果你的大脑中没有这个思维地图，就很难成功。这就好像看到面前有一堵墙，一个真正杰出的企业家会想出如何从墙下穿过，从墙上越过，与墙交朋友，穿过这面墙，用前所未有的方式绕过这面墙，他们一刻不停地去努力尝试，绝不找任何借口。

此外，我这个人根本不相信关于市场时机的说法，这也许是一个有争议的反向思维。在我看来，时机选择永远是一个借口。企业家的目标就是使公司的发展轨迹与现实世界相匹配。当一个公司没有做到这一点，或者一个创始人没有做到这一点时，这只能说明这个创始人不够好。让我给你举一个具体的例子。当我第一次与

Square 和 Twitter 的联合创始人杰克·多尔西（Jack Dorsey）一起喝咖啡讨论可能加入 Square 时，我们都认为，最理想的状态显然是一个数字产品，可以在没有硬件设备的情况下进行交易（Square 帮助卖家通过销售点的机器向顾客收费）。但是硬件很难建造，建造成本很高，而且会出故障，还必须面对在中国建造等一系列的问题。但是，作为一个非常有才华的企业家（历史已经证明了这一点），杰克说："我们需要硬件，我们需要 Square 设备，需要 Square 读卡器作为一个过渡设备，因为我不能让每个人都立刻上网进行交易。"当时是 2010 年，不是每个人的手机都能轻松上网。他没有找任何借口，后来的事实证明，我们可以进入 iPhone 的耳机插孔，为 iPhone 打造一个插件，这使我们能够更快地进入市场，形成规模，创建品牌，建立商户基础，同时等待市场和技术追赶上来。的确，99.9% 的企业家并不是杰克·多尔西，但他们应当像杰克那样思考，因为他们正在建立一个即将上市的公司，即使那是在未来 5 到 15 年的事。所以，你不希望投资那些明显朝着相反方向发展的事物，但企业家的工作是将现实与短期指标相匹配。因此，当我听到"时机"这个借口时，就会立即想到"糟糕的创始人"。

拉博伊斯能够利用他的人脉网络创造一个伟大的天使投资组合，他本人也是众多从创业公司高管到天使投资人，再到风险投资人的一个样板，这也是风险投资人常见的职业路径。在第 17 章中，我们将研究风险资本投资人在独角兽公司形成中所扮演的角色。

第 17 章
风险投资人

> 把业务做到更好,好到别人根本无法忽视你,这比做好推介更能让你脱颖而出。
>
> ——马克·安德森
> Andreessen Horowitz
> 公司联合创始人

2012 年春天,马克·扎克伯格第一次给简·库姆打电话,他听闻库姆的即时通信应用程序 WhatsApp 的用户量正在以惊人的速度增长,于是打算提议由脸书收购 WhatsApp。

库姆曾经在雅虎担任过多年的基础设施工程师,深知为大型科技公司工作是什么感觉。实际上,他和联合创始人布莱恩·阿克顿(Brian Acton)早在 2007 年就曾申请过脸书的工作,但都被拒绝了。之后,库姆想到了 WhatsApp 的点子,这是一个 App,可以让你与社交圈子时时分享自己的状态,如"我在健身房"或者"电量不足"等。起初并不怎么受欢迎,但是,在 2009 年,当苹果在 iPhone 上推出通知功能时,人们开始使用 WhatsApp

发送大量的信息。库姆关注到了这种情况，于是迅速建立了一个信息传递组件。他刚一做完组件，WhatsApp 的用户就迅速增长至 25 万。

这个 App 的突飞猛进引起了扎克伯格的注意。在与库姆喝咖啡时，他提出了收购提议，但被库姆拒绝了——WhatsApp 才刚刚起步，库姆和阿克顿希望保持独立。

事实上，脸书并不是这家创业公司的唯一青睐者。在扎克伯格第一次到访的几年前，风险投资人就注意到了 WhatsApp 这颗明日之星。2009 年 12 月，当 WhatsApp 成为 iPhone 的 App，开始支持发送照片的功能时，其下载量就陡然激增。红杉资本的合伙人吉姆·戈茨（Jim Goetz）是一个优秀的投资人，他看到 WhatsApp 在趋之若鹜的即时通讯领域显然是个佼佼者。戈茨拥有斯坦福大学的计算机科学硕士学位，并在 1996 年参与创办了一家软件公司，2004 年加入红杉资本，专注于投资企业市场和移动公司。当戈茨开始追踪库姆和阿克顿时，他已经见过了即时通讯领域包括 Pinger、Tango 和 Beluga 在内的十几家公司，他看得出 WhatsApp 的与众不同。他说："我参与过 AdMob（一家被谷歌收购的移动广告公司）的工作，见到过 App 公司如何利用它在消费者面前宣传自己。许多 App 公司在 App 商店大肆进行宣传。然而，在没有做任何广告的情况下，WhatsApp 在各个国家脱颖而出，所以，我意识到一种新的商业模式正在形成。"[1] 对库姆和阿克顿经过几个月的密切追踪，戈茨最终说服他们见面，并提出投资的想法。

彼时，库姆和阿克顿已经从几个雅虎前员工那里筹集了 25 万美元的种子轮资金，他们认为风险投资资金不过是一种紧急救助。尽管如此，戈茨仍然坚持不懈，他向创始人保证，他将充当战略顾问，帮助他们把 WhatsApp

---

[1] 卡拉·斯威舍（Kara Swisher）：《关于红杉资本的吉姆·戈茨在 Wassssup 上与 WhatsApp 的交易的问答》，《沃克斯》，2014 年 2 月 20 日，www.vox.com/2014/2/20/11623738/qa-with-sequoias-jim-goetz-on-wassssup-with-the-Whatsapp-deal。

做大做强，他有把握肯定能成功。最终，库姆和阿克顿同意从红杉资本那里获得 800 万美元的投资。2013 年，在 WhatsApp 发展到 2 亿用户和 50 名员工后，库姆和阿克顿同意从红杉资本那里再拿 5000 万美元"作为保险"。这一轮融资对 WhatsApp 的估值为 15 亿美元，红杉资本仍然是唯一投资 WhatsApp 的风险投资公司，并在脸书最终以 190 亿美元收购 WhatsApp 时获得了数十亿美元，成为史上最成功的投资案之一。

我们经常听到创始人"追求"投资人的故事，想方设法求得引荐，反复打磨推销话术，一次又一次面对风险投资人无情的拒绝。但有时候，情况恰恰相反。许多后来成为独角兽的创业公司大都是被投资人"追求"的目标。即使是像戈茨这样最优秀的投资人，有时也不得不去煞费苦心地吸引创始人。Benchmark 公司的比尔·格利向卡特里娜·莱克伸出橄榄枝，希望投资 Stitch Fix；Andreessen Horowitz 的彼得·莱文也同样拿下了 GitHub。当天使投资人佩吉曼·诺扎德向红杉介绍 Dropbox 时，雅虎和谷歌等公司的传奇投资人迈克·莫里茨（Mike Moritz）已经在一个周六去了创始人的住处听他的推介。据说在周日达成交易的情况并不罕见，为什么呢？许多后来成为独角兽的创业公司大都是在早期融资轮就炙手可热，而风险投资公司竞相争夺的正是这样的投资机会。

在投资回报方面，风险投资基金差别很大。尽管顶级的风险投资基金可以产生非凡的回报，但一般的基金没有做到。就 2009 年推出的风险投资基金而言，10 年后，前 5% 的基金收益率远远高于股票市场（标准普尔 500 指数），但基金收益率的中位数与标准普尔 500 指数相似，甚至更低（见图 17-1）。例如，彭博社的一份报告显示，红杉资本在其第 7 和第 8 只基金中获得了超过 10 倍的高回报。①

---

① 凯蒂·鲁夫（Katie Roof）和莎拉·麦克布赖德（Sarah McBride）："红杉资本警告过'黑天鹅'。相反，2020 年是它有史以来最好的年份之一，"彭博社，2020 年 12 月 6 日，www.bloomberg.com/news/articles/ 2020-12-06/sequoia-capital-s-black-swan-warning-gives-way-to-huge-returns?sref=ip W5reFz。

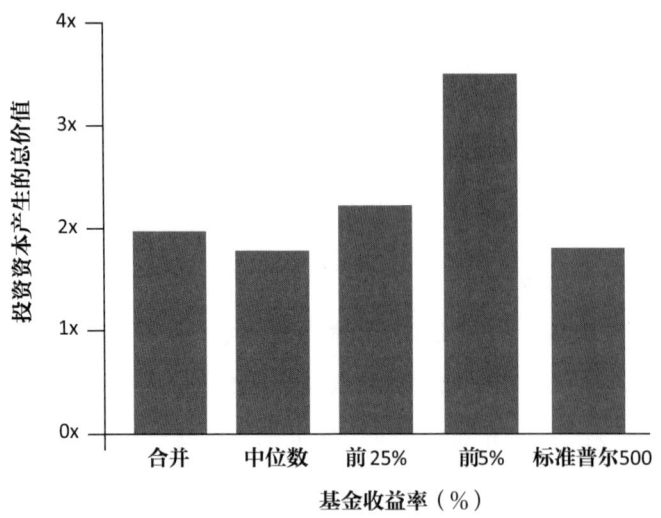

图 17-1 2009 年度的风险投资基金：10 年后资本的投资回报倍数[①]

注：2009 年排名前 5% 的风险投资基金在 10 年内产生了与股市相比极高的回报率，但回报率中位数与之相似或更低。

那么，顶级的风险投资公司究竟有哪些呢？要识别顶级公司实际上很难，因为它们的数据很少公开，其业绩数字也被严格保密。即使你知道某轮融资有多大，你也不知道主要投资者投资了多少，它们拥有多少。在我的研究中，纯粹基于对数十亿美元级公司的投资数量而言，SV Angel、Y Combinator、Khosla Ventures、红杉资本、Accel、Andreessen Horowitz、Benchmark、First Round Capital、Founders Fund、DCVC 和 Felicis Ventures 等公司名列前茅。此外，包括 Index Ventures、Accel 和红杉资本在内的一些公司在投资欧洲及印度的独角兽公司方面也取得了巨大成功。值得注意的是，即使是最好的风险投资公司也只在种子轮或 A 轮投资了少数几家 10 亿美元规模的公司。例

---

① Cambridge Associates、Venture Capital Index 和 Benchmark Statistics，2018 年 12 月 31 日，转载于《风险投资者的战术手册》（第二部分），Medium，2019 年 9 月 19 日，https://medium.com/@flybridge/venture-investors-playbook-part-2-865ebd94453f。

如，在我的研究期间（14年），红杉资本已经投资了13家10亿美元规模的公司，这意味着每年大约有一家。早期阶段的投资难度很大，鉴于这些风险投资公司都有多个投资合伙人（在许多情况下是5～10个），即便是顶级合伙人，在他们的一生中，通常也只能主导投资一两家10亿美元规模的公司。

然而，从基金回报的角度来看，投资更多10亿美元规模的公司并不一定意味着这家风险投资公司更成功。有些公司可能基金规模更大，因此可以投资更多的公司。有些公司并不主导交易，对所有权也不敏感，而分析一家公司的投资对象有多少变成了数十亿美元的公司，可以让我们更好地了解哪些公司是最成功的投资者。从数据来看，这批成功的投资公司中有一些熟悉的名字，如Union Square Ventures、红杉资本、Benchmark、Khosla Ventures、Founders Fund、Accel和First Round Capital。

也许比风险投资公司本身更重要的是主导投资的特定合伙人，因为几乎总是主导该轮投资的合伙人加入创业公司的董事会。"我们一直、一直、一直都在解决谁将加入董事会的问题，"Cloudflare的联合创始人米歇尔·扎特琳告诉我，"公司、品牌名称或名人地位这些并不重要，关键是我们是否喜欢这个人给董事会带来的东西。"董事会成员通过法律权利和对其他董事会成员的影响，将对公司的发展方向产生很大的影响。因此，这个决定不是一般的重要，以至于许多人把它描述为像一场联姻。

实际上，并非所有的创业公司都能找到投资人，能找到投资人已经谢天谢地，更不用说还有很多选择了。但是，在我的研究中，许多10亿美元规模公司的创始人实际上不仅有多个投资人，还有选择权。"融资原来比想象的要容易一些，"Confluent公司的联合创始人尼哈·纳尔赫德告诉我，"在我们推出时，已经有1000家公司正在使用免费的Apache KaTha代码，所以我想说我们的故事并不太寻常，因为在融资之前，产品与市场已经匹配好了。"纳尔赫德还表示支持加州关于女性加入董事会的法案，该法案规定上市公司的董事会中至少要有一名女性。"我认为它实际上真正带来了不同的对话，真正带来了更好、更平衡的对话，"纳尔赫德说，"如果你确实对投资者有影响力，我认为有更多的创始人作为董事会成员更好，因为桌子周围有更多的声音，你就永远不会出错。"

我与创始人的访谈证实，很多人在增加董事会成员时非常重视多样性。Oscar Health 公司的创始人兼 CEO 马里奥·施洛瑟（Mario Schlosser）说，重要的是"在你的董事会中，要有人敢于在公司如何更快发展方面突破界限，还要有人能够站在相反的立场，提出'为什么要去关注增长而不是专注于已有的业务'这样的问题"。当然，董事会成员并不负责公司的日常运营，CEO 需要收集数据并得出独立的结论。施洛瑟指出，董事会成员可能会高估早期的成功，而创始人不会这样做。相反，当事情进展不太顺利时，"董事会可能会反应过激，迅速裁员或调走人员"。理想的董事会成员是那些不会放大问题而能作为 CEO 的"减震缓冲器"的人，当问题出现时，他们可以帮助 CEO 做出最好的决定，并可以帮助 CEO 了解什么是真正有效的，是值得大力投资的。

增加董事会成员和拥有一个庞大的董事会都会带来一些问题。你需要定期开会，报告进展情况，建立衡量标准，并与一些人讨论问题。根据不同的发展阶段，创业公司每年开 4～8 次董事会会议，这需要创始人一方做出大量的准备。Brex 公司的亨里克·杜布格拉斯告诉我，董事会会议"不应当是对公司情况的介绍"。相反，Brex 总是提前分发汇报资料的 PPT，邀请所有董事会成员发表意见并提出问题，然后在董事会上花时间讨论几个战略问题。"我认为，这是能最有效地管理董事会会议的方法，即让投资人提前分别提出问题，然后在会议中直接就需要他们提供意见的实际问题和想解决的问题进行讨论。"

在投资人亨利·德谢斯（Henri Deshays）和欧文·雷诺兹（Owen Reynolds）所做的一项调查中，创始人把与风险投资伙伴的个人关系是否投脾气作为最重要的因素，其次是交易条件和风险投资公司做出投资决定的速度。令人惊讶的是，创始人认为这些因素比风险投资公司的业绩记录或客户联系更加重要。[1] 此外，他们还观察到，大多数创始人并不觉得风险投资公司提供的运营帮助有多大的价值。

17.1 风险投资公司看重什么

风险投资公司在决定投资一家公司时看重的是什么？根据斯坦福大学商学院对 900 名风险投资人的调研，53% 的早期风险投资人认为"团队"是决定投资时最重要的因素，13% 的人认为是与基金的契合度（即投资者是否喜欢投资某个行业或领域），12% 的人认为是产品或技术（见表 17-1）。[2] 尽管团队似乎是风险投资公司考虑的最重要的因素之一，但不幸的是，在评估团队时存在着很多偏见，而且对某些特征有很多误解（如本书开始时讨论的投资人对独立创始人的偏见）。

当同一批风险投资人被要求观察他们投资组合中最成功的公司时，64% 的人再次将这些公司的成功归因于团队，另外 11% 的人认为是时机，7% 的

---

[1] 卡尔·福瑞基弗森（Carl Fritjofsson）：《风险投资真的能增加价值吗？创始人说有时候是的》，Medium，2018 年 6 月 10 日，https://medium.com/hackernoon/do-vcs-really-add-value-founders-say-sometimes-f27bb956eb8c。
[2] 保罗·冈珀斯（Paul Gompers）、威廉·戈奈尔（William Gornall）、史蒂文·N. 卡普兰（Steven N. Kaplan）、伊利亚·A. 斯德布拉耶夫（Ilya A. Strebulaev）：《风险投资人如何做出决定？》国家经济研究局，2016 年 9 月 1 日，www.nber.org/papers/w22587。

人认为是运气。这样看来，在风险投资人的回顾总结中，行业、技术和市场等因素都排名靠后，时机和运气在创业公司的成功中起着更重要的作用。当然，在早期，当天使投资人或风险投资公司进行最初的投资时，情况可能会非常不同。

表 17-1 投资选择的重要因素

最重要的因素	在早期投资者中的占比	在后期投资者中的占比
团队	53%	39%
与基金契合度	13%	13%
产品/技术	12%	8%
商业模式	7%	19%
市场	7%	11%
行业	6%	4%
投资人为创业公司增加价值的能力	2%	2%
估值	0%	3%

成功创办了知名投资公司 Andreesen Horowitz 的马克·安德森曾说，在做投资选择的时候，一些风险投资人"默认"的是勾选复选框："好的创始人、好的想法、好的产品、好的初始客户，勾选，勾选，勾选，勾选。你会发现，他们一直在做这种复选框式的交易，往往不能选出真正卓越与特别的项目。"安德森反其道而行之，他遵循这样的信条："投资'有实力'，不投资'没毛病'。"一些具有极强实力的创业公司可能也是极有缺陷的。"风险投资的一个警示性教训是，如果你不投资有严重缺陷的公司基数，就没有机会投到那些大赢家，而这样的例子不胜枚举。但是，久而久之，复选框式的交易将排除几乎所有的大赢家。安德森说："因此，我们希望做的是投资

给在某个重要方面具有真正极端优势的创业公司，这样我们就愿意容忍它们的某些弱点。"[1]

17.2 估值的奥秘

对许多企业家来说，估值是一个大谜团，这是有原因的。在早期阶段，估值不是收入或其他方面的一个因素。根据斯坦福大学商学院风险资本教授伊利亚·斯德布拉耶夫（Ilya Strebulaev）与他的合作者所做的研究，大多数风险投资公司，特别是投资早期阶段的风险投资公司，并不使用现金流折现、净现值等技术或其他财务模型来评估创业公司的估值。相反，在早期阶段，估值往往只是公司在本轮融资中筹集多少资金的一个因素。

在科技类创业公司的前几轮投资中，每一轮投资通常会给投资人15%～30%的股权。主导的投资人约占该轮投资的1/2～2/3，其余的由较小的投资人获得，并以这个比例稀释了创始人和雇员的股权。估值是根据本轮投资的美元数额以及20%～30%的稀释程度来计算的。实际上，对一家公司进行估值的背后并没有什么硬科学（这主要适用于早期的融资和科技类的公司，不过生命科学类的公司通常会遇到更大的稀释量）。估值只是这种计算的输出，而不是输入。举例来说，如果一家科技公司正在筹集250万美元的种子轮融资，融资后的估值可能为850万～1250万美元，给投资人的总所有权为20%～30%。或者，如果该公司正在筹集500万美元，那么估值通常为1600万～2500万美元，这家公司可能已经赚取了收入，并且获得了一些影响力，或者它可能刚刚开始起步。此时的估值通常不是根据收入的倍数来计算的，而是根据什么能帮助公

---
[1] "如何筹集资金"，2014年10月21日，https://startupclass.samaltman.com/courses/lec09/。

司进入下一个有意义的阶段，以及什么能让投资者对他们所承担的风险有一个合适比例的股权。因此，这更多是一个实用性的问题，而不是什么财务模型。

创始人应当根据达到下一组阶段性成果还需要多少资金来决定筹集多少钱。创业公司通常面临着层层叠加的风险。Susa Ventures 的管理合伙人利奥·波洛维茨（Leo Polovets）称创业公司为"风险包"[1]，其风险层可以像"产品风险"一样宽泛，但在理想的情况下，创业者应当将风险层定义得更加细致和具体。比如，是否存在单位经济方面的风险，即无法以低于成本的价格生产和销售每单位的设备或服务？是否存在无法以低于销售价格的特定比例获得新客户的风险？或者存在"免费"用户可能永远不会转化为付费用户的风险？创业公司应当考虑其风险层，并集中所有的努力，包括筹集资金，以便在每一轮融资中完全消除一个或两个风险层，而不是致力于 10 个不同的目标但在每个目标上都浅尝辄止。

马克·安德森提供了关于如何向风险投资公司进行推介的建议："假设我筹集了种子轮资金，实现了这些阶段性成果，消除了这些风险。然后，我进行了 A 轮融资，又实现了这些阶段性成果，消除了这些风险。现在我正在进行 B 轮融资，这是我的阶段性成果，也是我的风险。当我去进行 C 轮融资时，我将处于这样的状态。"[2] 如此这般，你可以计算并证明你所获得融资的金额，围绕资金的使用建立切实的目标。

创始人应当非常清楚地说明公司所面临的风险，每家创业公司无一例外都有风险，所以有必要直截了当地说明这些风险。我所见过的最好的投资，

---

[1] 里奥·坡罗维特（Leo Polovets）：《创业公司是风险包》，Codingvc（博客），2016 年 3 月 3 日，www.codingvc.com/startups-are-risk-bundles/。
[2] 山姆·奥特曼（Sam Altman）：《第 9 讲：如何筹集资金》，《如何启动创业公司》，2014 年 10 月 21 日，https://startupclass.samaltman.com/courses/lec09/。

是在风险投资人和创始人保持一致并充分意识到风险的情况下，有意通过有条不紊的方式利用资本来逐一消除这些风险。在理想的情况下，风险投资人不断研究并了解一项投资，直到他们能充分意识到哪些是有利的，也能看出哪里行不通。如果让我设计一套商业计划书，我会把它做成一系列的幻灯片，每张幻灯片讨论公司在成为全球主导者的过程中可能遇到的一种风险，以及创始人如何消除或计划消除这些风险的一个计划。

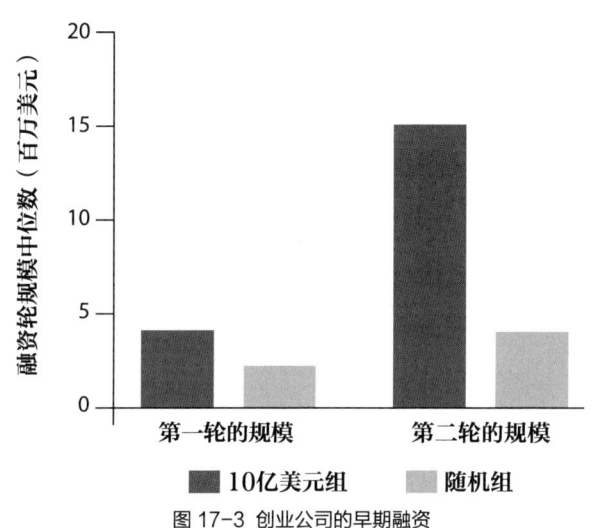

图 17-3 创业公司的早期融资

注：平均来说，10亿美元规模的创业公司早期融资规模较大，估值较高，市场在早期就认可了它们的品质。

对那些最终成为10亿美元规模的创业公司来说，我注意到它们的早期融资轮规模比随机组大。在10亿美元组中，第1轮融资的中位数是400万美元，而随机组的中位数是210万美元。第2轮融资的中位数是1500万美元，比随机组（400万美元）高3倍多。这些公司能够在每一轮融资中筹集到如此多的资金，是因为创始人及其核心支持者在第一轮中的综合筹款实力。这足以表明，在大多数情况下，市场在早期就认识到了创始团队的品质，风险投资公司往往是在多家竞争中才赢得投资这些强大公司的机会，而不是创始人单方面在努力融资。然而，对所有10亿美元级的创业公司来说，融资并非易事，在第18章中我们将探讨这一点。

17.3 变现

风险投资人不仅对增长感兴趣，他们也在寻找退出的机会。投资人、创始人和雇员都需要一个退出的机会，从而将纸面上的估值变成真正的现金。这种退出经常是通过收购或IPO进入公开发行的股票市场来实现的。在所有风险投资支持的创业公司退出的情形中，IPO占15%，收购占50%（其中许多是不达标的，每美元投资的回报甚微），其余没有回报的以失败而告终。也就是说，在10亿美元级的创业公司中，收购并不常见。[①] 毕竟，没有多少公司在手头拥有数十亿美元的额外现金或股票。

在我的数据集中，大多数价值10亿美元的初创公司是通过IPO退出的。在2005年至2010年期间成立的10亿美元规模的公司中（我排除了后来成立的公司，因为其中一些公司还来不及走向成熟，这会使数据出现偏差），46%通过IPO退出，19%通过收购退出，20%的公司仍未上市。大约17%的公司要么正式失去了独角兽的地位，在随后的融资中跌至10亿美元以下，要么一直处于休眠状态。

但是，退出总是需要时间的，而且几十年来，趋势已经发生了变化。在20世纪90年代，公司倾向于更快地启动IPO，因为私人资本来源不够丰沛。例如，亚马逊在成立3年后就进行了IPO，奈飞是4年后，谷歌是5年后。过去，公司从成立到上市平均需要5年半的时间，而现在这个数字已经超过8年。

大多数收购10亿美元规模的创业公司是在国内进行的（例如，美国某

---

① 《2020年全国风险投资协会年鉴》，https://nvca.org/research/nvca-yearbook/。

个超级集团收购了一家国内的创业公司），但也有美国公司在全球范围内收购 10 亿美元规模初创公司的情况。例如，开发流行手机游戏的 Zynga 公司总部位于旧金山，曾以 18 亿美元的价格收购了土耳其一家名为 Peak 的游戏开发公司。同样，优步也完成了多项国际交易，包括以 31 亿美元收购了位于中东的 Careem 公司。

  在融资时，真正重要的是筹集到恰到好处的资金金额。正如卡特里娜·莱克指出的，如果融资太多，为每个项目和创意分配资源的自由过多，就可能会分散管理团队的注意力，使其无法了解阻碍核心业务增长的真正问题。如果融资太少，资源的限制可能会给团队带来过度的压力，做起事来束手束脚，对士气产生负面影响。如果获得了融资，创始人就能够给自己发工资，这很重要，因为这样他们就可以专注于公司的发展。正如我们在本章前面所提到的，估值通常是根据获得的融资金额来计算的。因此，一个看起来炙手可热、对投资人有利的公司可能会试图募集比实际需要更多的钱，这样就令估值超过了公司的价值。如果该公司在下一轮融资前无法实现阶段性成果，就会发现自己处于不得不削减估值的危险境地，这可能会损害团队士气，导致员工离职。这里的关键在于企业家要把融资与具体有形的阶段性成果联系起来，同时给自己足够的缓冲和空间来应对任何可能发生的错误与延迟。

爱彼迎、DoorDash、Houzz、Zipline 等公司的著名投资人

采访红杉资本的合伙人林君睿

众所周知，红杉资本是历来最成功且经营时间最长的风险投资公司之一，其投资组合中包括苹果、雅达利（Atari）、雅虎、谷歌、甲骨文、YouTube、Stripe、Dropbox、思科、Zoom、领英和 Instagram。作为红杉资本的合伙人之一，林君睿主要关注消费者互联网公司。他本人在爱彼迎、Zipline、Houzz 和 DoorDash 等公司的董事会中任职。通过对他的采访，我了解到了更多的信息，包括他如何成为风险投资人，如何加入红杉资本，以及他建议公司创始人应当如何考虑融资并接近风险投资人。接下来，让我们直接听听他怎么说吧。

我出生在中国台湾地区。父母都是商业银行家，因为父亲的工作需要，我在高中时来到了美国。我对技术类的公司和股票非常感兴趣。因此，当我去哈佛大学学习应用数学时，就很想在私人财富管理领域实习，了解经理们如何挑选股票。后来，我到美林证券公司工作了一段时间，了解了如何给客户建议，学会了如何阅读资产负债表、损益表和现金流量表。此外，我还有幸参加了罗伯特·默顿（Robert Merton）的课，他后来获得了诺贝尔奖，当时他建议我应当去读博士而不是从事金融工作，所以我最终去了斯坦福大学。不过，很快我就感觉到读博士非常闭塞，于是后来我退学了，加入了我在哈佛的朋友谢家华的团队，他当时在甲骨文公司工作，

同时还在创建网站并进行营销。那时候很少有人知道如何创建这些网站，更少有人知道如何给网站带来流量。

因此，谢家华创建了一个叫作LinkExchange的横幅广告网络，帮助链接并推广网站。我是以财务副总裁的身份加入的。LinkExchange的做法是这样的：我们在你的网站上每投放两个横幅广告，就会在其他人的网站上投放一个关于你的网站的广告。就这样，我们为网络中的所有网站带来了流量，还能保留一半的广告位来宣传自己的网站，或者通过广告销售来实现盈利。这在当时是一个非常聪明的想法，公司最终以2.65亿美元被微软收购。

在刚起步的时候，我们从朋友、家人和红杉资本那里筹集了不到300万美元的资金，后来公司的收入增长到1500多万美元，雇用了100多人，我们当时考虑上市。在1999年，大多数公司在没有任何收入的情况下就会上市。当时雅虎曾提出2500万美元的收购价，但被我们拒绝了。红杉资本合伙人迈克·莫里茨（Mike Moritz）在雅虎的董事会任职，他听说了我们并促成了红杉资本向LinkExchange投资275万美元。这笔投资很成功，红杉资本在短短17个月内就赚到了17倍的钱。

在LinkExchange被卖掉之后，谢家华和我以为风险投资很容易，但其实不然。我们成立了一个种子阶段的风险投资基金，叫作Venture Frogs，筹集了2700万美元，并且在1年内将筹集到的所有资金火速投资给27家公司。那是在1999年，看起来一切皆有可能，所有的公司仿佛都将大有作为。但是，网络泡沫终于破裂了，在2000年和2001年，因为之前投资太快，家华和我疲于应付由此带来的一连串后果。对其中一些在对的时间被收购的公司，我们感到非常幸运，但在2000年和2002年之间，很多公司遭遇了失败。因此，我们决定把重点放在可以形成规模的几项投资上，其中有一家叫Zappos的公司，在网上卖鞋，另一家是Tellme Networks，是一个语音识别远程处理平台（在云技术出现之前）。

为了帮助Tellme Networks解决财务问题，我加入了这家公司。该公司获得了大量的融资，但每年损失6000万美元，没有任何收入。经过几年的努力，通过进行商业模式转变和精减几轮人员，我们成功地将公司以8亿美元卖给了微软。在此期间，谢家华作为顾问加入了Zappos，并最终成为公司的CEO，帮助公司发展到超过1亿美元的销售额，同时保持收支平衡。2005年，我加入了谢家华在Zappos的团队，担任首席财务官，随后成为首席运营官。我们将公司发展到超过10亿美元的销售额。2010年亚马逊以12亿美元的价格收购了Zappos。那次收购之后，我就加入了红杉资本。

很多创始人对融资本身以及如何以最好的方式进行融资感到好奇。有一点你一定要明白，在早期阶段筹集到的每一美元都将是你所能拿到的资本中最贵的部分，所以，你应当慎重考虑。每个人都在琢磨如何向风险投资公司推销自己的想法，但很少有人想到这一层，那就是他们希望谁出现在自己公司的股权结构表上。没错，融资确实是推销，但也事关合作伙伴的选择。如果你想融资，就应当列出一个简短的名单，上面有你想进一步了解的人，你应当投入时间与他们建立关系。然而，许多创始人都互相提醒说，一定要保持紧凑的融资流程，一定要在很短的时间内筹集资金。如果你想运行一个"拍卖"的过程，这固然不错，但是，你需要解决的是最高价格和最快出价的问题，而这些不一定是作为最佳长期合作伙伴的重要信号，所以你需要格外慎重。因为如果事情进展顺利，你将与这个投资者一起合作10年或15年；即便进展不顺利，起码也要合作5年到7年。实际上，主动发送的陌生邮件可以是一块敲门砖，比如我会阅读每一封邮件。如果确实是深思熟虑的邮件，我就会回复；如果是一封发给我和其他15个人的没有任何改动的格式邮件，我可能就不会回复。如果你要给每个投资人发送电子邮件，你需要先了解一下他们的公众形象，查一查他们的公开资料，由此可以了解到他们的很多想法，以及他们对未来的什么方向感到兴奋。

想一想他们凭什么会喜欢你的公司，你的公司是否符合他们的投资主题。然后，把你的目标名单缩小到特定的风险投资伙伴，他们会用独特的眼光来帮助你的公司。如果你愿意深思熟虑，并将这种深思熟虑体现在你的电子邮件中，我想你会得到回应。说到底，我们的工作性质就是翻遍每个角落去寻找未被发现的人才，寻找罕见的机会。显而易见，每个投资人都知道要去那些计算机科学名校找机会。但是，我们也必须找到一些其他的渠道。

在做实际的业务推介时，你同样需要对你的业务进行深思熟虑。你将在非常长的一段时间内不断推介这项业务：你需要说服投资人去投资它，你需要说服员工来加入，你需要说服合作伙伴成为你的商业伙伴。因此，从根本上说，你应当对推介的内容了如指掌，而且，你应当爱上做推介这件事。很多创始人都讨厌融资，我的建议是，你不要把它看成是融资，而要看成是推介你对世界的独特看法，以及你为什么从事这项使命。我不认为向招聘人员或商业伙伴推介与向投资者推介有什么本质上的不同。如果你想雇用最好的人才或者与最好的公司合作，你就需要深思熟虑，而你的深思熟虑将表明你有一个强大的愿景,并且你有能力使这个愿景成为现实。对投资人来说也是同样的道理,只要以同样的方式对待融资即可。

所有投资人都在寻找同样的东西,我们想支持一支正在解决伟大问题的伟大团队。你可能有一个产品或服务,或者有这样的计划可以解决这个大问题,你也可能有一个差异化的赚钱方式。然而,这并不是真正的卖点。如果你只是符合我提到的所有元素,那并不是重点。我们想看的是,你是否只是触及了问题的表面,还是已经深入探索到第二层或第三层。例如,在市场上,你需要说明为什么你能在这个行业胜出,现在产业结构已经就绪,你将在哪个点发力进攻。很多创始人看起来好像他们要打败一切,但成功的创始人都只是高度聚焦在少数的几项创举上。如果你的产品或服务没有以特定的方式进入市场,就不可能赢得一个大市场,你需要了解用什么样的楔子才能切入市场。我听过许多创始人谈论他们的想法,有些人想挑战行业中的每一个假设,而我则予以回绝。大多数成功的创始人并不这样做,他们在挑战的是行业中的一两个主要假设,而且,他们正在创造的是一个解决方案,因为他们认为有一两个假设本身毫无意义,他们不断在问为什么,并且一直在思索好的答案,深入研究这个行业,探讨为什么他们的解决方案能够成功。归根结底,还是我们红杉资本的创始人唐·瓦伦丁(Don Valentine)总是会问的那个问题——"为什么这家公司很重要?"这是一个强有力的问题。另一种问法是——"为什么你的公司在10年后会成为未来的重要组成部分?"第二种问法对早期阶段的投资者尤其适用。

关于如何组织商业计划推介资料,很多人想知道什么样的架构会被投资人青睐,我们可以在此公开这个架构。你不需要完全按照这个套路来做，但不妨将其作为一种组织推介思路的方式，从而更清楚地说明你的公司为什么重要。以下十条供你参考：

1. 公司宗旨
2. 问题
3. 解决方案
4. 为什么是现在
5. 市场规模
6. 竞争
7. 产品
8. 商业模式
9. 团队
10. 财务状况

此外，在融资过程中建立信任也很重要。我认为存在欺骗性的是，如果你只给我看好的数据，我就不得不去挖掘不好的数据。但是，在这轮融资结束后，我们怎么可能有良好的工作互动呢？如果你想与投资者建立良好的合作关系，就尽可以谈论坏消息。如果我不知道坏消息，就不能帮助你。我从来没有因为创始人向我展示了一些问题就放弃。我选择放弃要么是因为我不是那个能帮助你的对的伙伴，要么我不太认同你的愿景使命，或者我对市场本身和市场动态的看法非常不同。至于你目前面临的所有问题，不管你是在开始、中间还是最后告诉我，我都会把这些问题找出来。为了发展一种相互信任的关系，我不希望你给我什么"惊吓"，不希望在辛勤工作的最后阶段发现一堆不好的信息，不希望第一次去参加董事会会议时，因为不知道一些问题而感到后悔。如果你把投资人当作合作伙伴,他们会帮助你解决一些问题。此外,在融资的过程中,即使有人不投资,他们也可能给你提供一些以前你也许没有想到的想法。因此,你可以利用融资来寻找对你有帮助的伙伴。总之,融资不是一次拍卖,而是设计一个好的过程,让你找到那个真正的合作伙伴——他既能带来资金,又能相信你和你的愿景,并且从长远来看也会有所帮助。你可以利用整个融资过程的优势,更好地推介你的业务,更好地征求投资人对你公司的建议,并且获得资金来资助你的未来发展,希望你能从你所推介的人那里学到一些东西。如果你不认为能从投资者那里学到东西,那你为什么还要向他们推介呢?

  我自己也有学术派一面,我想说,讲一个好故事,做一个好看的PPT演示其实并不那么重要,因为你不会只看表面,不过一个好故事、一个好的演示也提供了一些线索,确实会有些帮助。如果你有时间让故事变得更清晰,那就去做吧!如果你有一个伟大的业务,我们会弄清楚的,但你讲的故事本身会给出一些背景信息,告诉我们你深思熟虑的程度。如果演讲稿设计得不漂亮,我们可以忽略不计,但如果你从事的是一项消费者业务,用户界面很重要,而你的PPT设计很糟糕,那就需要引起你的注意。如果你告诉我,你将会做一个设计精美的App,但你的推介PPT没有设计得那么好,这就有些不对劲了。并不是说你的故事必须是超级鼓舞人心的,但我认为如果你不能打动我,又怎么能吸引其他人加入你的公司呢?关于讲故事本身,有一件事很明确,那就是它显示了思路的清晰度。如果你的思路不清晰,推介内容混乱,我们就会怀疑你是不是一个思路清晰的人。很多商业上的成功就在于拥有清晰的想法、清晰的思路以及清晰的战略,然后将它们落地执行。

对创始人来说，我还有一个建议，可以帮你从投资人和董事会成员那里收获最大的益处，那就是直接求助。作为创始人，你最了解自己的业务。如果你交给我一个具体的问题，我就会努力去解决。如果我可以帮助你，我一定不遗余力。无论是创始人需要帮助，还是突然蹦出一个想法，在红杉资本，我们努力成为第一个接到这通电话的人。如果你想培养良好的合作关系，就可以告诉投资人、合作伙伴或你的董事会成员任何不顺利的事情并直接寻求帮助。我不认为有足够多的创始人能表达出这种真实的脆弱，他们总是到事情变得不可收拾才肯讲实话，而这样做其实是愚蠢的。实际上，你应当从第一天就与投资人建立起信任关系，坦诚地示弱，大胆地求助，因为他们在时刻准备着帮你，他们已经是你的投资人，他们明天不可能卖掉股票，他们必须站在你这边，而且他们肯定会这样做的。

如果以上这些方面你都做到了，但还是没有通过投资人这一关，那么请记住一点：投资人也会犯错。例如，在 Y Combinator 路演日之前，我们遇到了 DoorDash 的徐迅。我们很认真地考虑了合作事宜，并与他本人和他的联合创始人见了几次面。不过当时我们有一些顾虑：这是一个面向大众的通用服务，还是仅适合为斯坦福大学的学生提供的服务？因为他们有父母帮忙买单。

我在纽约市长大，知道很多人叫外卖和递送服务，但 DoorDash 是否只在纽约这样的地方才能做起来？还是可以扩展到其他地方？我们之前也看过 GrubHub、Postmates，所以我们有心理准备，知道这可能是一个有前景的投资类别。但是，我们仍然担心 DoorDash 主要集中在斯坦福大学的校园和帕洛阿尔托地区。因此，我们放弃了对种子轮的投资，但我们一直与他们保持着联系，直到我们获得信心出手投资了他们的 A 轮。应当说，这是一个痛苦而昂贵的错误，但重要的是，我们有亡羊补牢的机会。

这是徐迅和我通过合作建立信任关系的一段插曲。我记得每隔一段时间就会和他聊天，了解业务的最新情况。在一次社交活动中，我坐在他旁边吃饭，我们讨论了他对餐厅所有运营细节的观察，以及他对实际运营问题的深刻理解。我们潜心研究了很多关于餐厅和 DoorDash 运营的细节。从那次互动中，我们意识到 DoorDash 的业务非常难做，运营高度紧张，但徐迅就是那个最合适的创始人，他用心经营，后来居上，终于使 DoorDash 获得成功。

在与林君睿交谈后，我清楚地知道，他投资时最看重的是创始人的思路是否清晰，他在寻找的是那些深刻理解自己业务的人，那些思维深度触及问题第二层、第三层的人，全面思考正在解决的问题为何存在，以及他们如何有机会成为解决这个问题的人。总而言之，他在寻找的，是战略和执行方面的清晰思路。因此，当你与投资人接触时，即使是在电子邮件的沟通中，也要考虑为什么那个投资人会成为你合适的合作伙伴，然后写一封深思熟虑的电子邮件，它很可能会为你敲开投资人的那扇门。

第 18 章 资金募集

> 人们在举重物时受伤，通常是因为他们试图用背部承重。然而，抬起重物的正确方法是使你的腿用力。没有经验的创始人在游说投资人时也会犯同样的错误，他们试图用精心准备的推介来说服投资人。然而，如果他们从了解自己的创业公司为什么值得投资开始，然后简单地向投资人解释，那么大多数人都会取得更好的融资结果。
>
> ——保罗·格雷厄姆，Y Combinator 的联合创始人

瑞恩·哈德森（Ryan Hudson）正在点比萨，此时，他真希望自己能有一张优惠券。因为在经历了几次连续的创业失败后，手头窘迫的他已经习惯了使用各种省钱的方法。最近，他给有线电视公司、互联网供应商和水电等供应商都——打了电话，就他的月度账单讨价还价，最后终于总共减免了200美元。

哈德森后来说：“这就是为什么我在买那个比萨饼的时候抱着一种找优惠的心态，我当时想，可能1张优惠券可以为我节省1美元，而这一点现在就是很重要。”实际上，在搜罗优惠券的过程中，他意识到可以将这个过程

自动化，于是，他拼凑了一个浏览器扩展的原型，可以自动搜索网络上的相关优惠券。

这个浏览器扩展叫作 Honey，2012 年 10 月投入使用。哈德森和联合创始人乔治·阮（George Ruan）在两年半的时间里一直在为这个项目做准备，但始终无法说服投资者相信桌面浏览器扩展的价值，尤其是当消费者的兴趣已经转移到移动端的时候。2013 年，哈德森再次耗尽资金，他不得不通过在一家广告技术公司担任产品经理来支付各种账单。

然而，Honey 的用户仍在不断增加。随着哈德森的退出，乔治·阮带着一个骨干团队继续工作，越来越多的人根据朋友的推荐和一个测试者泄露的 Reddit 帖子来安装 Honey。关于在 Honey 之前曾经失败的创业公司，哈德森说："没有任何东西能让人眼前一亮，但如果有消费者明显喜欢的东西，并且口碑一直增长，那就说明人们确实喜欢这个产品，我知道那里肯定有价值。"

哈德森和乔治·阮继续努力吸引投资者的兴趣，但他们不断被硅谷沙山路投资人拒绝。哈德森说："很明显，风险投资公司还没有准备好为我们正在做的东西开出一张支票。① 一些投资者不喜欢创始人的背景，一些投资者不喜欢他们在做浏览器扩展而不是 App 的事实，一些投资者不相信这个赚钱计划，即通过联盟营销赚钱。"但哈德森和乔治·阮看到了用户的增长，他们知道这个产品有一天会风靡起来。

最终，Honey 从 Mucker Capital、Ludlow Ventures、BAM Ventures 和 Plug and Play Tech Center 几家投资公司那里获得了一笔种子轮融资。4 年后，他们从 RTA Capital 和 SGH Capital 这两家相对不知名的风险投资公司获得了 A

---

① 利比·凯恩（Libby Kane）："一个穷爸爸为给孩子买更便宜的比萨开发了一个 App，现在他的公司有 500 万次的下载，价值 4 000 万美元，"《商业内幕》，2017 年 11 月 17 日，www.businessinsider.com/honey-app-ryan-hudson-2017-10。

轮融资。到 2017 年 10 月，Honey 从 Wonder Ventures 获得了 900 万美元的 B 轮融资，以及由 Anthos Capital 牵头的 2600 万美元的 C 轮融资。在投资 Honey 的风险投资基金中，没有一家是品牌投资商。尽管如此，在 2020 年 1 月，Honey 还是被贝宝以 40 亿美元的价格收购。无独有偶，Anthos Capital 资本的另一项投资，即帮助国际学生获得大学录取的 ApplyBoard，也同样没有在早期融资轮中从品牌风险投资公司那里获得资金，然而，该公司后来发展到了数亿美元的规模，并在其 C 轮融资中得到了 Index Ventures 的关注，公司的估值超过 15 亿美元。

像 Honey 和 ApplyBoard 一样，一些价值 10 亿美元的想法对投资人来说并不完全显而易见，至少，在一开始不是。对有些公司而言，融资可能是一个缓慢而痛苦的过程，创始人可能会听到一连串的拒绝，然而，其他一些创业公司则轻而易举地完成了融资工作。第 1 轮融资需要多长时间以及与资金来自谁有关系吗？在我数据集的 10 亿美元公司组中，大约 60% 的公司从红杉资本、Andreessen Horowitz、Benchmark 或 Accel 等一线品牌的风险投资公司进行了第 1 轮融资，而在随机组中，只有不到 20% 的公司从一线风险投资公司融资，这是两组之间的另一个显著差异。这或许可以解释为一个信号，即从顶级风险投资公司融资可以使公司获得巨大的成功，但更多的时候可能是相反的情况（见图 18-1）。那些最好的创始人有机会、有关系向最有声望的投资公司推介，当交易看起来很好时，领先的风险投资公司将最终赢得投资的机会。从一家顶级风险投资公司筹集第 1 轮资金，最终也将有助于创业公司取得成功。知名的投资人有助于获得媒体的关注，吸引顶尖人才，并获得未来的融资，其中一些人会积极协助创业公司提供招聘和业务发展等服务。那么，这是否意味着所有从一线风险投资公司筹集到第一笔资金的公司都会成为独角兽公司呢？肯定不是。风险投资的数学公式仍在起作用，大多数创业公司,即使是由品牌风险投资公司投资的,都有以不太高的收益退出市场甚至遭遇失败的。此外,还有许多得到一线公司高额投资的公司最终以大规模失败告终。

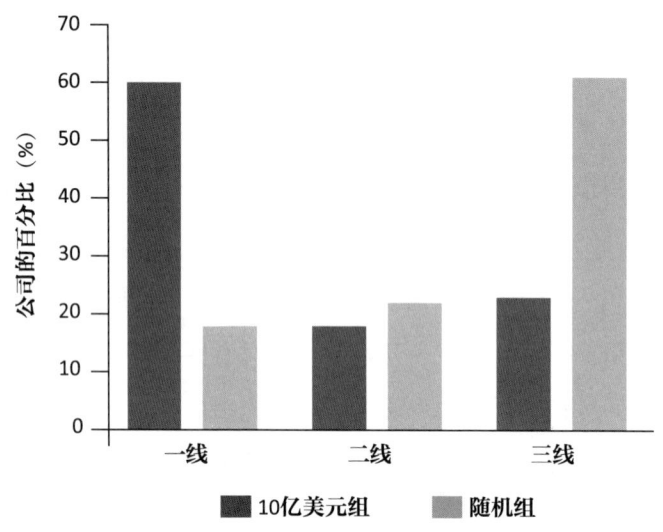

图 18-1 种子轮或 A 轮的投资人

注:最终达到 10 亿美元规模的创业公司更有可能从一线风险投资基金那里获得早期融资(种子轮或 A 轮)。

当然,这在很大程度上是一个自我强化的循环,品牌风险投资公司从中受益良多,因为它们可以看到最好的交易项目,并且通常可以赢得这些交易项目,如此循环往复。即便一家不知名的风险投资公司能够发现并识别出一些顶级交易项目,它们也可能很难赢得最终的投资机会。对它们来说,机会恰恰在那些不起眼的案例中,新兴的风险投资公司可以创造出一个独特的模式并为自己赢得声誉。尽管完成这样的壮举很难,但这种情况一直在发生,也导致了更多新兴风险投资基金的诞生,它们也取得了强劲的业绩,并获得了成功。

18.1 他们都能马上拿到钱吗？

Honey 并不是唯一一家在早期阶段面临重大融资挑战的独角兽创业公司。在创办爱彼迎的一年多时间里，联合创始人布莱恩·切斯基（Brian Chesky）和乔·格比亚（Joe Gebbia）分别负债 2.5 万美元和 1 万美元。公司网站每天的访问量不到 50 次，无奈之下，第 3 位联合创始人内森·布莱切克（Nathan Blecharczyk）已经准备好要放弃。切斯基回忆说："我们向 20 个投资人推介，以 15 万美元出售公司 10% 的股份，其中一半人根本没有回复邮件。其余的人回复了，但大意是说'这不符合我们的投资理念'，或者'我们对旅游这个类别不感兴趣'（见图 18-2）。结果我们没筹集到 1 美元，而我们的业务已经进行了一年半。"

为了使自己摆脱债务，几位创始人开始以 40 美元一盒的价格出售印有 2008 年大选中总统候选人名字奥巴马和麦凯恩的麦片，并从中获得了 3 万多美元的利润，这笔钱帮他们继续建设爱彼迎。最终，在成立一年半后，这家创业公司在 Y Combinator 找到了一个机会。保罗·格雷厄姆向他们敞开了大门，因为他们简直就是一群具备顽强生命力的"蟑螂"——为了生存尝试了所有的可能性，包括去卖麦片。实际上，格雷厄姆在 2008 年经济衰退期间一直在寻找"蟑螂"。在一次 YC 晚宴上，爱彼迎的联合创始人遇到了红杉资本的合伙人格雷格·麦卡杜（Greg McAdoo），于是走上前去向他推介。切斯基说："在两周内，我们就有了一份 60 万美元种子轮的投资意向书。"[1] 从那时起，爱彼迎的命运发生了逆转。

---

[1] 萨拉·莱西（Sarah Lacy）：《不可思议的旅程——采访布莱恩·切斯基的创业故事》，2017 年 1 月 2 日，www.startups.com/library/founder-stories/brian-chesky。

回顾过去，爱彼迎的成功似乎是一个定局。其平台总共有 1.5 亿用户，每晚为 200 多万旅行者提供心仪的住所以及独特的居住体验。公司在上市当天的估值为 1000 亿美元，倘若投资人接受 15 万美元的报价购买 10% 的股份，那将获得极高的投资回报。然而，在创业初期，爱彼迎为获得融资付出了艰巨的努力。

另一个案例是 Peloton 公司，该公司专门销售家用健身自行车以及基于订阅的流媒体健身课程，早年也曾为从风险投资公司融资而苦苦挣扎。到现在，Peloton 已经培养了一个狂热的用户群体。尽管其设备价格很高，但许多人发现，花 2000 多美元买一辆固定自行车比买健身房会员卡更划算、更方便。该公司在 2019 年启动 IPO 之前共筹集了 5.5 亿美元，公司估值为 80 亿美元。但在创业早期，情况并不那么乐观。

致布莱恩

布莱恩：

我们昨天决定不进入下一个投资阶段了。

我们对旅游这类投资总是很纠结。

我们认为，旅游的确是电子商务类别中顶级的一个，但是，由于某种原因我们对旅游相关的业务不是特别有兴趣。

回信（a）

致布莱恩、乔、内森

布莱恩：

感谢你的跟进。我今天不在，到下周四之前我都在外面忙。我真的很欣赏你们取得的进步，但是由于我现在时间上面临比较大的冲突，主要精力，特别是现有的投资需要放在其他一些项目上，无暇顾及爱彼迎的问题。因此，我现在不能投资这个项目了。我对这个项目最大的顾虑如下：

1. 两党的大型活动之后，你们是否还能对用户产生持续上升的吸引力？
2. 技术人才薄弱
3. 联合投资的问题

回信（b）

致布莱恩、乔、内森

布莱恩：

你好。

对不起，回复晚了。我们进行了内部讨论，遗憾的是从投资角度，我们不认为这是一个合适的机会。潜在的市场机会看起来没有达到我们要求的模型。

回信（c）

图 18-2 回信[①]

注：多个投资者给爱彼迎 CEO 布莱恩·切斯基的电子邮件，放弃了其种子轮的投资，当时公司估值不到 200 万美元。

Peloton 的创始人约翰·弗雷（John Foley）说："在向投资者提出的推介计划中，我说'我们将风靡世界'，在前 3 年，他们说'你当然会，但我们不感兴趣，谢谢'，机构投资人不会给我钱。"[②] 没有一家风险投资公司会

---

① 布莱恩·切斯基：《7 次拒绝》，Medium，2015 年 7 月 12 日，https://medium.com/@bchesky/7-rejections-7d894cbaa084。
② 凯特·克拉克：《Peloton 的创始人进行风险投资融资时遇到困难——现在他的公司价值 41 亿美元》，PitchBook，2018 年 8 月 3 日，https://pitchbook.com/news/articles/the-founder-of-peloton-had-a-hard-time-raising-vcand-now-his-companys-worth-4b。

对一个昂贵的运动设备硬件感到兴奋,因为市场看起来很小。

因为风险投资公司对该业务置之不理,弗雷和他的团队求助于天使资金。弗雷说:"这确实很难,很少有投资人能够理解我们所做的事情是多么独特,他们为什么不赶紧把资金投入到这个类别,这真让人头疼。"最终,他们在 A 轮融资中从不为人知的天使团体那里总共筹集了 350 万美元,另外在 Kickstarter 上的产品预购中筹集了 30 万美元。融资一共进行了 6 轮,每一轮都被 Andreessen、Bessemer、红杉资本等风险投资无情拒绝。只有到 E 轮融资时,实在是因为 Peloton 的客户群和收入数字好到让人无法忽视,像凯鹏华盈这样的知名风险投资机构才加入了投资行列。

尽管存在着融资困难的突出案例,但是,对许多最终成为独角兽的创业公司来说,筹资其实相对容易。正如前面所讨论的,事实证明,在早期融资回合中,10 亿美元组能够吸引比随机组几乎大两倍的资金额,而且它们能够在更短的时间内做到这一点。还记得创建凯德药业的阿里·贝尔德固伦吗?在以近 120 亿美元的价格出售公司后,你可能会买一个岛,退休,然后尽情享受轻松惬意的生活。但是,对这些超级创始人来说,情况并非如此。贝尔德固伦和他的联合创始人在卖掉凯德药业后仅 3 个月就成立了一家新公司,并在最短的时间内筹集了可能是创业公司中最大的一笔资金。

在庆祝收购凯德药业的聚会上,贝尔德固伦与一些谈判该交易的投资银行家进行了交谈,其中一位提到了一个新机会,即向辉瑞公司(制药公司巨头)授权或购买一项药物资产。贝尔德固伦立即着手并说服辉瑞公司与他合作,由此开始了他的第 4 次创业,创建了 Allogene Therapeutics,该公司致力于推进异体 CAR-T 疗法,该疗法涉及用来自健康捐赠者的 T 细胞治疗患者。

贝尔德固伦说:"随着与辉瑞公司讨论的加速,Allogene 公司必须确保融资,以最终完成与辉瑞公司的合作。"在短短 1 个月内,Allogene 公司就通过 A 轮融资和一些可转换贷款筹集了 4.2 亿美元。此后不久，该公司在成立仅有 5 个月的时候，就决定启动 IPO 以筹集更多资金。公司在 2019 年 10 月完成了有史以来最大的生物制药业的 IPO，在一次发行中筹集了将近 3.75 亿美元，使公司的估值突然达到约 30 亿美元。2020 年 6 月，Allogene 又以 6.33 亿美元进行了在生物技术史上第二次大规模融资。由此可见，当你拥有连续出售成功公司的记录时，融资这件事当然会变得更容易。总体来说，Allogene 共筹集了 8 亿美元，在创始人考虑创办该公司后不到 1 年的时间里，公司的估值就已达到 30 亿美元。

值得在此重申的是，尽管在 10 亿美元规模的创业公司中，有很高比例的公司能够从顶级风险投资公司那里筹集到第 1 轮资金（而且那些筹集到资金的企业成为 10 亿美元规模公司的可能性更大），但其中 40% 的企业没有得到一线风险投资公司的资助，其中许多公司都是由非品牌风险投资人资助的。

即便无法从品牌风险投资公司融资，你仍然可以创办 10 亿美元规模的公司。以优步为例，优步在其种子轮融资中并没有被视为"优势明显"的投资，尽管它是由两位超级创始人创办的，而且它最终给种子轮投资人带来 1000 多倍的回报。在种子轮融资时，这个想法还仅限于"黑车"和豪华车，平台上大约只有 9 ~ 10 辆 UberCabs。数十家风险投资公司和天使投资人放弃了这个机会，理由是市场规模小，没有人看到它取代出租车的能力，更不用说扩大这个市场，何况还面临与城市官员就出租车执照进行法律斗争的巨大风险，尽管现在看来优步的优势非常明显。此外，两位创始人都还没有承诺全职在优步工作，他们请了一位 CEO 来管理公司。First Round Capital 投了优步种子轮融资，估值为 400 万美元，天使投资人包括米切尔·卡普尔（Mitch Kapor）、班尼斯特夫妇（Cyan 和 Scott Banister）、克里斯·萨卡（Chris Sacca）和詹森·凯拉卡尼斯（Jason Calacanis）。

18.2 独角兽公司是多久炼成的？

接下来，看看这些公司需要多长时间才能成为独角兽公司。根据我的数据，从第 1 轮融资（如 Allogene）开始需要一两年到 12 年乃至更长的时间，平均时间约为 5 年（见图 18-3）。

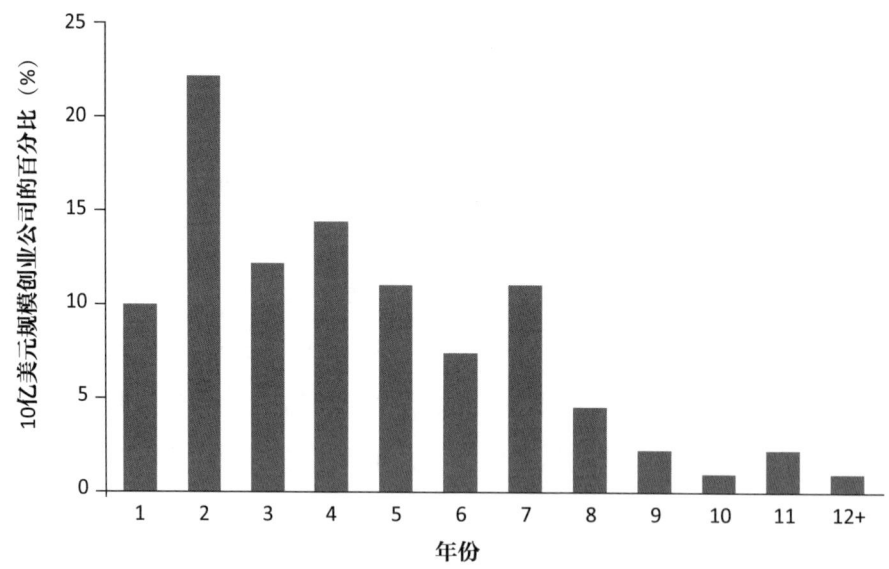

图 18-3 从第 1 轮融资到 10 亿美元规模需要几年时间

注：一些价值 10 亿美元的创业公司只用了很短的时间就取得了独角兽地位，而对其他企业来说，则需要 10 年或更长的时间。

有些公司在突破 10 亿美元大关之前已经存在了很长时间。例如，客户体验管理公司 Medallia，在获得风险投资公司的第 1 笔资金并看到 10 亿美元的估值之前，已经稳步发展了十多年。艾米·普雷斯曼（Amy Pressman）在 2001 年创立了这家公司。在结束了在波士顿咨询集团的一段职业生涯后，普雷斯曼开始了她的创业之旅。在工作出差时，普雷斯曼意识到，酒店的管理团队很少知道客人对服务满意与否，她最初的想法是为酒店等服务机构收集基准数据，并将同一品牌以及直接竞争对手品牌的顾客满意度进行比较。随着社交媒体的兴起，客户的反馈迅速变得比以往任何时候都重要：因为企业深知，一个不满意的客户在网上的抱怨可能真的会损害业务，而一个满意的客户可能真的会帮助业务发展。

普雷斯曼和联合创始人计划筹集资金，他们与投资人会面，并向酒店进行演示。"2001年9月10日，我们去了希尔顿酒店，推介了免费试点。我们回来的时候，已经是9月11日了，"普雷斯曼说，"关于是否会得到资金的决定，我们甚至在那个时候都没去追究。"①

"9·11"事件给这个初创的企业带来了第一次打击，影响了其资金和客户。直到2002年，Medallia才有了第一个付费客户，但到2003年，该业务已经实现盈利，并且收入的增长足以让普雷斯曼决定不再筹集资金。关于这个选择，她后来说："不融资的缺点是你会缺乏知名度。当有一个顶级的风险投资公司支持时，你就能立即获得信誉，说明你已经通过了严格的审查，而我们没有这种审查做背书。"

2008年的经济衰退也削减了业务，但公司经受住了风暴的考验并继续保持盈利。到2011年，Medallia的收入达到3000万美元，客户包括Kate Spade、Tory Burch、Western Union、Best Western、Nordstrom和Vanguard。就在这时，红杉资本找上门来。社交媒体和在线评论已经成为企业赚钱的一个关键部分，这一时机有助于加速业务的增长，同时也提高了Medallia在软件方面的需求。红杉资本继续为该公司提供资金。到2015年，即公司

---

① SaaStr, "To Be Funded or Not to Be Funded with Medallia", 2018年4月18日, www.saastr.com/funded-not-funded-medallia-video-transcript/.

成立 14 年后，Medallia 荣登独角兽地位，估值达到 12.5 亿美元。4 年后，Medallia 进行了 IPO，公司估值超过 26 亿美元。

Medallia 达到独角兽地位的时间比其他初创公司要长，但创始人一直对公司控制有序，并发展起来一项实现盈利和收入稳定的业务。在这个案例中，时机也很关键，公司成立后增长速度下降，并在 2008 年再次下降，而当在线评论和社交媒体扩大了客户满意度对收入的影响，并将 Medallia 变成了客户体验管理的重要工具后，公司的增长速度得以加快。

18.3　两轮融资之间

你可能想知道，独角兽公司的创始人是以什么样的节奏进行融资的呢？根据我的数据，大多数 10 亿美元规模的公司都能以较快的节奏获得融资。这也许是因为能从它们的产品中看到巨大的客户吸引力，可以更快地取得其阶段性成果。价值 10 亿美元的创业公司在成立后仅 6 个月就进行了第 1 轮融资，成立后不到两年就进行了第 2 轮融资。这与风险投资支持的随机组公司相比差异很大：随机组的中位数从成立到进行第 1 轮融资需要 1 年时间，从成立到筹集第 2 轮资金需要 4 年时间。

18.4　融资建议

如果在谷歌上搜索"如何进行融资"，你会发现有数百篇文章告诉你如何精心编排创业故事，如何准备 PPT 等。然而，根据我与许多风险投资同行的交谈，这些东西似乎并不十分重要。我曾见过一些品牌风险投资公司，它们在没有一张宣传页的情况下就把 500 万美元的种子轮融资投给了一个很有实力的团队，更不用说什么幻灯片了（有时，哪怕是在其他创业公司拥有出色项目业绩的首次创业者，也很容易筹集到资金）。我也见过一些创始人，尽管他们有精心制作的宣传文件和详尽的材料，完美的时机和投资信号，出彩的故事和演讲能力，但还是难以筹集到哪怕是很少的资金。

需要提示的是，并非每家创业公司都需要风险投资的资金。只有特定类型的创业公司适合高风险、高回报的模式，在这些创业公司中，许多人成功地进行了创业。对那些希望获得风险投资的创始人，我的最佳建议是：

首先，从战略性的天使投资人群体中进行一小轮融资。这是你获得一批伟大顾问的机会，他们与你风险共担。用这些资金来寻找产品与市场的契合点，并根据需要进行转型调整，直到你看到客户对产品的需求。然后从风险投资公司筹集更大的种子轮或 A 轮融资。在每一轮融资中，给个人投资人留出一小部分比例，如导师、顾问、行业高管和有影响力的人，从而让你最大的拥护者以及能够帮你公司的人成为你成功的利益相关者。风险投资人之间会时常通气，所以你的推介和要求需要保持一致。如果你需要 300 万 ~ 500 万美元来达到下一个阶段性成果，就在一开始向投资者提出低一些的数字。如果你看到投资者有大量的投资需求，就把你的要求转向更大的数字。一般来说，筹集一个较小的数额是比较容易的，而缩小你的筹资金额会给投资者带来需求不足的信号。理想的情况下，你应当能够借助天使投资人为你介绍风险投资公司。然后，在短时间内安排与所有人的初次会面，但要留出足够的时间让每一方去做尽职调查，让你了解他们，也让他们了解你。你一定不要告诉风险投资人你还在和谁谈融资事宜。利用后方渠道作为你的优势，初次见面之后，请介绍人或你的顾问与风险投资公司跟进会面的结果。

你还可以换位思考，假设你是风险投资人，你是否会投资给你这家创业公司，为什么？风险是什么？因为融资本身也是一个好时机，可以借此反思你的公司和你真正想要实现的目标。如何组织好你的推介文件中的 PPT 幻灯片以及你如何讲述故事并不重要。重要的是，作为创始人，你对自己的创业公司进行了深入思考，可以准确地指出你正在解决什么问题以及你们为谁在解决这样的问题。如果你还需要为打算解决的问题列出 5 个要点，为你的价值主张列出 5 个要点，并就为什么现在是最好的时机列出要点，那你就得多想想了。你需要追根溯源，搞清楚你真正要解决的事，以及谁是真正的客户、什么是关键的价值主张，还有使今天成为开始这项业务的理想时间的根本原因。一旦你能说服自己，那么你就可以去推介了。

为了增加从顶级风险投资人那里获得融资的机会，创始人能做的最好的事情莫过于组建一支优秀的团队，并对创业想法进行必要的调整，从而找到大量的客户。我见过的最好的一个例子，是 Stitch Fix 公司的卡特里娜·雷克。在从商学院毕业 8 个月后，仅凭筹集到的一笔种子资金，莱克就能把沃尔玛网站的首席运营官迈克·史密斯（Mike Smith）挖过来，成为 Stitch Fix 的首席运营官。几个月后，她又让奈飞的数据科学家和工程副总裁埃里克·科尔森（Eric Colson）加入了她的团队。对一个没有任何行业经验的创始人以及一家还在种子轮的创业公司来说，这是两个非同寻常的创业团队的新成员。同样如此，Brex 的创始人也从 Stripe 和 SoFi 成功引进了一位经验丰富的 CFO 和总法律顾问。作为公司的第一批员工，创始人应当能识别他们想雇用的顶尖人才，并努力将其带入公司。

在非常早期的阶段，在没有任何资金的情况下，给新人一个联合创始人的头衔会有帮助。在筹集到一点资金后，你可以提供一些基本工资，从而吸引最好的人加入你。当你组建起一支 A+ 级的团队，找到一群对事业充满热情，富有卓越的经验，同时具备与客户联系或工程能力的人，资金就会随之而来。Union Square Ventures 的丽贝卡·卡登（Rebecca Kaden）说：

"我见过的最好的创始人都是这样做的,在他们拥有资本和资源之前,他们有能力让人才加入他们同舟共济,有本事吸引那些想帮助他们的人。"①即使你还没有筹集到资金,也要确定有一流的人才,并说服他们加入你,条件是你要能筹集到资金。在早期,你可以(也应当)在股权和头衔方面更加慷慨,所以一定要利用这些杠杆来吸引你的"梦之队"。当你有了一个30人的团队之后,就不太容易再雇用一个新人并给他联合创始人的头衔或者更多的股权,所以要说服那些超级明星尽早加入你的团队。实际上,正是创始人吸引一流人才的能力给了风险投资人投资的信心,收入或其他指标甚至都是可以忽略不计的。

大多数情况下,你不会马上收到风险投资公司直接的拒绝回复。但是,如果一家风险投资公司对你感兴趣,那么,你马上就会知道,因为它们会迅速行动,调动一切资源,确保合伙人迅速与你见面。如果你有机会见到公司里不同的人,最好请他们给你介绍那个最合适的人。最终,如果你确实收到了多份投资意向书,那么,主导你这一轮融资的合伙人比风险投资公司本身来得更重要。不要低估初级风险投资人、投资助理或投资总监的力量,因为你需要一个全力以赴的铁杆拥护者来推动整个交易完成,而很多时候,投资助理或投资总监就可以完成这项工作。当然,如果你的支持者是投资公司的合伙人或普通合伙人,那么你的融资可能会更容易一些,但重要的是这个人的信念水平如何,以及他会在多大程度上为你争取。不要花太多时间谈论你的故事和背景以及你是如何得出这个想法的,相反,要专注于为什么你提供的是一个巨大的机会。我见过一些创始人描述他们的创业公司是为了解决个人问题,或者分享自己如何得出这个想法的故事,他们在这方面用力过猛。

---

① Startup Grind,"丽贝卡·凯登(Rebecca Kaden)(Union Square Ventures)",2018年6月22日,www.youtube.com/watch?v=PYNpwKYasCw。

恰恰相反，你应当让团队的力量和指标来说话，设法让推介变简单，比起幻灯片，想一想你更希望风险投资人记住什么，会后对他们伙伴说些什么，你最好有能让人津津乐道的一些说法，并确保他们能记住。你可以从自己的强项开始说起，如果可能的话，尽量使用喜闻乐见的比喻，例如，在本书前面就有"医生的领英"这样好的比喻。

许多人会建议创始人无论是否在积极融资，都可以与投资人会面，建立泛泛的关系。我不同意这样的做法，因为风险投资人把每一次互动都看作一次推介，只要有一次不那么令人印象深刻的互动，就会永久地造成负面印象。不要去参加所有的风险投资活动来与他们建立友谊。要少说话，多埋头做事。融资的最好方法是在你的公司中创造发展的势头，聚集最好的团队和最好的天使投资人，他们能帮你介绍关系。如果你有了这些东西，就可以获得融资。即使你和一群风险投资人是最好的朋友，他们可能会给你写小额的个人支票以示支持，但是，他们不会因为你是朋友就站出来主导一轮数百万美元的融资。

融资是10亿美元规模的创业公司成功故事的一个组成部分，在我的研究中，很大一部分创业公司确实不费力气就从品牌投资者那里筹集到一轮又一轮的资金。然而，那些没有得到顶级风险投资商这种程度的关注的创业公司，也能够取得10亿美元的成果。总而言之，专注于你的客户，专注于赚取收入，并吸引最优秀的人加入你的创业之旅，利润将跟随你的成功而来。还是那句话，要让自己变得足够优秀，以至于让别人根本无法忽视。当然，这说起来容易，做起来难。

脸书、SpaceX、Stripe 等公司的传奇投资人

采访彼得·蒂尔

彼得·蒂尔的大名无须赘述，他一直坐在筹款桌的两边，有时甚至同时作为投资人和创始人。他首先投资了后来的贝宝公司的前身，并在不久后以联合创始人和 CEO 的身份加入了早期的贝宝公司。后来又创立并投资了专门从事大数据分析的 Palantir 公司。2004 年 8 月，蒂尔向脸书投资 50 万美元，获得该公司 10.2% 的股份，并加入董事会。这是对脸书的第一笔投资，使其估值达到 490 万美元。2005 年，蒂尔联合创立了 Founders Fund，这是一家位于旧金山的风险投资公司。除了脸书，蒂尔还对许多创业公司进行了早期投资（个人投资或通过 Founders Fund 进行投资），包括爱彼迎、领英、Yelp、Spotify、SpaceX、Asana、Quora、TransferWise 和 Stripe。在他位于洛杉矶的办公室，我与他会面，听这位传奇人物畅谈他的投资经。

我是脸书的第一个机构投资人。当然，我没有想脸书会发展到多大，它最初的产品是面向大学校园的，是在一个超级小的市场。如果你有一个理论上的社交网络产品，在全世界可能有许多这样的空间。但是，如果你有一个只针对哈佛大学学生的产品，并且一经推出在 10 天内就获得了从 0 到 60% 的市场份额，虽然可能没有规模，但你能感觉到它是相当厉害的。这个模式是这样的，如果你有数百个不同的大学校园，就像你有一个媒体公司，拥有全国所有的学生报纸。我认为这将是一个相当有价值的公司，可以值几

亿美元。

脸书只需要买电脑的钱，因为它需要较多的服务器。一般公司需要较多的硬件，是因为对产品的需求大，这家公司是很不寻常的，但这一点相当不错。现在总结起来，我认为市场的定义总是有点不正确。回头看的时候，我们可以说成功的公司有一个差异化的产品和差异化的市场，但这些公司有时没有被这样看待，这是因为它们经常被贴错标签。因此，在谷歌的案例中，它被描述为一个搜索引擎，不过此外还有其他20个搜索引擎，这就是为什么人们在1998年或1999年的时候对谷歌的投资犹豫不决，因为它只是众多同类产品中的一个。后来人们才发现，它实际上是第一个由机器驱动的搜索引擎。在谷歌之前，其他搜索引擎都依靠用户对结果的排名，但谷歌想出了一种方法，使用计算机对结果进行排名。如果你说谷歌拥有的是一个机器驱动的搜索引擎，而不是人工驱动的搜索引擎，那就是独一无二的。

脸书也是如此，它被描述为一个"社交网络"，显然它不是第一家。我的朋友里德·霍夫曼在1997年创办了SocialNet，所以他在公司名称中加入了"社交网络"的字眼，足足比脸书早了7年。SocialNet基本上是用户在网络空间中的化身，你可以成为一只虚拟的狗，我是一只虚拟的猫，这些规则让所有的虚拟猫和虚拟狗都能相互交流。但是，使脸书与众不同、非常强大，并且招致一些争议的是，它不是虚拟人之间的抽象网络，而是基于真实身份的社交网络。MySpace是脸书早期最接近的竞争对手，与之不同的是，MySpace始于洛杉矶，其用户都想成为名人，都是假装成别人的演员。因此，MySpace是以虚构的身份为基础的，而脸书更多是基于真实的身份。拥有真实的身份被证明是超级重要的事情，这在现在看来很显而易见，但那时，人们并不太希望自己的真实身份出现在互联网上。

作为一个创始人，你希望有一个非常与众不同的故事。但有时在早期，你甚至没有恰当的语言来描述为什么你的业务真的与众不同。对于早期的脸书，肖恩·帕克说过这样的话：脸书就是破解了的真实身份。而我则有不一样的眼光和完全不同的框架，对我来说，脸书是大学媒体帝国，不止于社交网站之一。

在投资脸书的前一年，我们投资了Friendster，那年夏天该公司已陷入困境。因此，我们非常关注这样一个问题，那就是你能扩大规模吗？这在某种意义上是一个低标准，但是，如果你能扩大规模，就能打败Friendster。由于各种奇怪的原因，Friendster没能够扩展其技术。当他们达到了200万用户的时候，网站就慢下来了。Friendster有一个功能，当网站上增加人时，可以计算你和其他人之间的分离度，这有点像一个指数级的更复杂的计算问题。

多年来，我们反复讨论了投资人的各种不同标准。我觉得脸书这家公司在人的方面被严重低估了，它发展得非常快，提供了合理的估值，虽然表面看起来很小众，但蕴藏的能量很强大。我认为很多创立了伟大公司的人都非常擅长谈论很多不同的事情，他们在某种程度上都是多面手。如果你和扎克伯格交谈，他可以和你谈论产品的细节，谈社交网络是如何发展的，谈世界上不同地区的挑战，谈论经济分析以及管理理论。作为一个CEO，你必须把很多事情都做得很好。我认为我注意的事情之一是他们对不同的事情了解多少。投资Stripe公司时的情况也一样。我与科里森兄弟（Stripe的创始人）的第一次谈话是关于支付行业的总体情况，很明显他们已经考虑了很多。有关于竞争的观点，也有关于产品的观点；我们有很多不同的想法，都是经过思考的，不过也都不是无懈可击的。

我认为我来来回回讨论的总是技术、商业模式、人，这是一个简单的三分法，而在消费互联网的部分，人们很想说它真的只关乎产品和商业模式。如果产品和商业模式奏效，你就能抢占先机，而且还能继续成功。即使在人的方面有严重的疑虑，也不是决定性的。因此，我认为对一些消费互联网公司来说，在某些方面你会给它们打分，认为它们不够强大，但它们成功了，这似乎只是关于消费互联网公司。如果人真的很糟糕，那就没用。但是，如果他们是 B+ 而不是 A，而且提出了一个伟大的想法，那么他们事业的上限就会低得多。也许杰夫·贝佐斯（Jeff Bezos）在某种程度上比易趣网的创始人更有才华。你知道，易趣网在 2002 年和 2003 年的市值是亚马逊的 3 倍，然后它在 20 多年里失去了思路，但它仍然占着先机。所以我想说的是，行业总是在调整。我认为在企业软件中，创始人是谁绝对很关键。在基于硬科学的公司中，有一些创始人的组合模式，也许是一个科学家和一个生意人，总之必须是正确的组合。

关于业务推介，我认为它的重要性被夸大了，可能有一些非常好的公司的推介并不那么好，有的公司把推介和后续工作都做得很完美，但它仍然不是一个好公司。我想说的是，这就好比 20% 靠推介或讲故事，80% 靠实力或实际情况。我认为，没有哪种推介是真正完美的。

最好的推介是你基本的故事很好，而且你确切地知道问题和挑战所在。我对推介资料的一般建议是，准备 20 张幻灯片，从最明显、最无争议的，到最大胆、最疯狂的顺序排列，形成一个简单明了的结构，这是一个非常强大的技巧。比如，你先说"今天洛杉矶是晴天"这个明显的事实，再说"我向你推销布鲁克林的一座桥"，就比直接说"我向你推销布鲁克林的一座桥"更有力量。我认为，所有这些陈述和技巧问题主要不是说服投资人给你钱，实际上是磨炼你对业务本身的直觉，帮助你了解你想要创造的东西究竟是什么。因此，这样的推介技巧将帮助你筹集资金。但是，如果你真的这么去做了，就会发现："我的想法中哪些部分是显而易见的，哪些部分更值得怀疑。"如果它们更值得怀疑，"有没有一种方法可以让它们更加可信？假以时日，我该如何降低这部分的风险？"

蒂尔强化了我们在本章前面提到的一个说法：在创始人从投资人那里获得融资的能力方面，业务推介的重要性通常被夸大了。此外，他还为我们提供了一些如何组织融资推介的心理模型，并描述了一些由他投资的著名公司在早期时的样子。总而言之，创业者应当把融资过程看成是磨炼他们对自己的想法、路径和风险的一种思考方式。一旦他们能够清楚地阐述业务和愿景，就会更容易说服投资人。书中这些内容都是为作为创始人的你而提供，希望能够让你对问题、解决方案及市场有一个清晰的思考。同时，这一章也为本书画上了完美的句号。接下来，我将总结在书中介绍到的所有要点，以及我们可以从中得到哪些收获。

要点回顾

如果说,创建独角兽公司的故事告诉了我们什么关键的信息,那应当是——传说并不总是与现实相符,数据才能反映真实情况;数据可以破除传说,又可以为理解这些公司的成功提供新的基础。通过仔细研究数据,并听取许多成功创始人和投资人的故事,我希望能让人们更清晰地意识到究竟是什么使得 10 亿美元规模的公司与众不同。以下是一些关键的启示:

- 忘掉那些关于创始人的刻板印象吧!数据告诉我们,10 亿美元规模的公司可以是任何年龄段的创始人创办的,其中有一半人的年龄是 34 岁或以上,而且拥有不同的背景。由此可见,年龄并不是一个重要因素。对某些人来说,如 Brex 公司的创始人,年轻有助于他们提出正确的问题并获得媒体的关注。数据还表明,技术型和非技术型的创始人都能成功地成为 CEO(尽管技术型的创始人有轻微的优势),单打独斗的创始人建立 10 亿美元规模的公司的可能性并不低,联合创始人的数量并不影响成功,所以你可以放心地给新人一个联合创始人的头衔,从而组建最好的核心创业团队。

- 传说中常春藤大学辍学生在寝室里创办公司的情况，只占10亿美元规模创业公司创始人群体极小的一部分。平均而言，10亿美元规模的创业公司创始人比他们的同行受教育程度更高，更有可能在排名较好的学校就读，不过这是一个杠铃式的分布：在排名前10的学校就读的人和在排名前100的学校就读的人一样多。10亿美元规模的创业公司创始人中，拥有博士学位的人比辍学者多。有些人，如阿里·贝尔德固伦，在创办公司之前就已经达到了学术成功的顶峰。

- 决定在哪里工作从而为创业之路做好准备没有什么对错之分。平均而言，10亿美元规模的公司创始人在创办公司前有着11年的工作经验，他们更有可能在职业生涯中创办过公司，或者在谷歌、麦肯锡、脸书等知名公司工作过。令人惊讶的是，大多数人并不具备创业领域的专业知识。由此可见，只要你掌握了正确的软技能和人脉关系，就可以颠覆一个你并不太了解的行业（生命科学和硬科学通常是例外）。请记住 Flatiron Health 的故事，他们没有一个创始人对癌症有任何了解。实际上，学习的速度是更重要的因素，其次就是足智多谋，并且能向对的人提出对的问题。

- 那些成为10亿美元规模的公司的创业想法并不符合任何特殊的原型。一些创始人带着使命，解决他们自身面临的个人问题，但许多创业点子都是刻意构思的结果，是由市场机会驱动的。成功的创始人很少讲述他们从一个想法到另一个想法不断构思的过程。许多像 Confluent 一样价值数十亿美元的公司都是从大型企业起步的。此外，灵活转型常常发生，由此可见伟大的创始人并没有对某个特定的想法执着不放，而是愿意倾听市场的声音。如有必要，你必须彻底改变之前的想法，直到市场把你的产品激发出来。别忘了这样的故事：YouTube 最初的目的是成为一个约会网站，而 Slack 一开始是一款在线多人游戏平台。

- 虽然 10 亿美元规模的创业公司更有可能把总部设在硅谷，但其中一半的公司分布在其他科技枢纽地带。还有一些公司，如 Guild Education 则刻意搬出了硅谷并取得了巨大的成功，这种趋势可能会随着远程工作和分布式团队的出现而不断加剧。
- 拥有高度差异化产品的初创企业更有可能成为 10 亿美元规模的公司，如 Nest 公司就彻底颠覆了恒温器的想法。生产"止痛药"类的产品的公司更有可能成为价值 10 亿美元的初创公司，创造了一种习惯或强大品牌的"维生素"类产品的公司也是如此。相比那些追求便利或娱乐的公司，创造产品以节省客户时间或金钱的创业公司更有可能成为 10 亿美元规模的公司。
- 价值 10 亿美元的公司很多在已有的大型市场上竞争，但那些开辟新市场的公司成功的可能性也不小。与流行的观点相反，创造新市场的创业公司中并没有更大规模的公司。
- 创业成功不在于是谁第一个提出了某个想法，而在于谁更接近市场机会的转折点。想一想《平价医疗法案》是如何促成 Oscar Health 健康公司发展的。许多被反复利用的想法最终成为价值数十亿美元的创意。
- 存在竞争是好事，至少不是毁灭性的风险，超过一半的 10 亿美元规模的创业公司在创立之初就与大型企业竞争。与现有企业竞争或在分散的市场中竞争是件好事，现有企业比拥有同样想法且资金雄厚的其他初创公司更容易被打败。还记得 Zoom 的创始人讲述的与思科和 Skype 等老牌公司竞争的故事吗？他通过专注产品质量和客户打败了那些大公司。数十亿美元的公司通过工程技术（生产产品所需的专业知识、时间和工作）以及网络效应、规模、品牌和知识产权来建立防御能力。那些具有网络效应的公司更有可能成为价值数十亿美元的公司。

- 在为新公司融资的历史上，风险投资相对较新，但其影响非常大。由风险投资支持的创业公司创造了数万亿美元规模的股东价值，并在股票市场中占有很大比例。大约 10% 的 10 亿美元规模的创业公司依靠自给自足或自筹资金，包括 GitHub、Atlassian、UiPath 和 Qualtrics 在内的公司都至少有 4 年的时间是自给自足的。

- 风险投资背后有一个反直觉的数学模型，创业公司结果的幂次定律决定了为什么风险投资公司更喜欢具有巨大潜力的高风险的创业公司，而不青睐风险较低、上升空间也较低的创业公司。你所筹集资金的风险投资公司的基金规模决定了最低限度的退出结果，这将使投资人获得足够的资金来实现目标。

- 在经济衰退期，尽管资金数额和估值都有所下降，创业公司仍然得到了融资，仍然产生了 10 亿美元规模的创业公司。虽然投资人更喜欢资本效率高的初创企业，但一些资本密集型公司在不牺牲效率的情况下创造了巨大的价值。

- 许多成功的创始人成了天使投资人，他们往往有更大的机会发现未来的独角兽公司。在融资时，你如何进行业务推介、PPT 演示稿有多漂亮、材料有多全面，都不如团队成员的背景来得重要。深入思考，考虑你要解决的问题到底是什么，你是在为谁解决这样的问题。你的演示资料应力求精炼，少即是多。用你的精力、金钱和股权来说服最优秀的人加入你的团队，并签下客户。把你的时间花在如何让公司处于一个更有利的位置上，使风险投资公司无法忽视你，而不是花时间去说服他们。

- 10亿美元规模的创业公司的共同点往往与我们所认为的不同。让我们忘掉那些坊间传说和刻板印象。相反，我希望下一代的创始人和投资人专注于那些有影响力的公司，解决世界上真正的问题。我个人喜欢的一些领域是改善水和食品安全、降低建筑和基础设施的建设成本、降低医疗保健成本、为那些被遗忘的人提供教育和新的工作机会，以及解决能源、气候和环境挑战。我还希望下一代创始人和投资人的背景更加多样化，不仅在种族和性别方面，在社会经济背景和职业路径方面也是如此。

本书中提到的一些公司可能将在某一时刻失去独角兽的地位，甚至不复存在（正如所讨论的那样，这是预料之中的，并且已被纳入风险投资的模式），这些公司并非所谓的百年老店，这本书也不是来帮助预测谁有可能或谁不可能成功创建下一个10亿美元规模的公司，而是对创业模式及过往现象的回顾。与任何商业书籍一样，你应当以适度的怀疑态度看待这些结论，并谨慎地应用这些见解和建议。我希望你获得更明智的观点，希望本书有助于减少偏见，带来卓越的结果。

如果说本书能带来什么启示，那就是通往独角兽创业公司的道路往往是从试错开始的。想要创办一家大获全胜的公司，最好的准备就是先开始创办一家公司。如果你从来没有开办过公司，那么最好的准备就是开始创造一些东西，可以是一个俱乐部，或者是一个副业项目。例如，Cloudflare 的 CEO

创办了 Honey Pot，一个报告垃圾邮件的非营利性社区；Confluent 的创始人在领英内部创办了 KaTha，作为一个开源项目；汤姆·普雷斯顿－维纳创建了全球公认的头像 Gravatar，并在启动 GitHub 之前将源代码以少量资金卖给了 WordPress。许多身价过亿的创始人在创建独角兽公司之前，已经创办过成功或失败的公司。那些以前至少创办过一家达到一定规模和适度结果的公司，后来以年收入超过 1000 万美元或类似规模退出的人，就是我们所说的"超级创始人"，昨天的"超级创始人"更有可能创建明天的独角兽公司。不过，1000 万美元的标准不应从字面上理解，这只是真正价值创造的一个代表。在不同的地域或不同的时代，因地制宜或因时而异的数字标准可能更有意义。书中提到了多位超级创始人，如纳特纳在大学毕业后创办并出售了一家比萨饼递送公司，然后在建立 Flatiron Health 之前将一家广告技术公司卖给了谷歌；亨里克·杜布格拉斯在十几岁时就在巴西出售了一家小型金融技术企业，然后创办了 Brex 公司；科里森兄弟在创立 Stripe 之前建立并出售了一家拍卖管理创业公司；豪伊·刘（Howie Liu）在创办 Airtable 之前开了一家公司并将其出售给 Salesforce。即使是像爱彼迎创始人这样的初次创业者，在提出他们的大创意之前，也做过了许多项目和副业。还有一些人，如 Honey 的创始人，曾有过在创办成功的公司之前多次失败的经历。总之，无论任何背景的人都可以成为超级创始人，而且超级创始人更容易创建 10 亿美元规模的公司，因为他们可以建立品牌，可以吸引人才，也可以筹集资金。创业的旅程充满了跌宕起伏，你可能第一次尝试就达到了 10 亿美元的结果，但它更可能发生在你的第二次、第三次或第十次的时候。最后，对踌躇满志的风险投资公司，我的建议是采取以人为本的观点：创建关于人的投资组合，而不是公司的投资组合，在创始人不断地努力中连续地投资给他们。此外，我们也应当承认运气、特权和机会在许多创始人的成功中发挥的作用。即使是最聪明的人，有最好的想法，也有其幸运的地方。不过，重要的是，这些创始人一直在创办公司，直到他们的运气来了。

忘记所有的神话，继续创业吧！不断地构思、创造、推销，循环往复，你就会成为下一个"超级创始人"。

附注：感谢你耐心阅读《超级创始人》！我希望它能为你消除一些困惑并提供一些新的见解。如果你能在购买这本书的网站上留下评论，并将其推荐给身边可能需要这本书的任何人，我将不胜感激。